坂井三郎
「大空のサムライ」と零戦の真実

「丸」編集部 編

潮書房光人新社

写真●大空のサムライ
撃墜王メモリアルフォト

昭和14年、寒風吹きすさぶ漢口基地における坂井三郎二空曹。飛行服の下には防寒用の電熱服を着込んでおり、そのコードが見える。この年の5月、二等航空兵曹になった。

写真●坂井スマート道子／「丸」編集部

少年時代

三郎の兄、秋雄とその子。学業成績優秀で三郎の勉強を見てくれたやさしい兄であった。

坂井三郎の母ヒデ。夫亡き後、一時、三郎ら6人の子供を養った、勝気な人であった。

小学6年生で父親を失った三郎は東京の叔父に引き取られ青山学院中等部に入学した。写真は昭和4年、2年生のとき、叔父一家と三郎(右)。

昭和4年、駒沢練兵場で従妹と三郎（上）。昭和10年、東京に立ち寄った三郎と従姉妹たち。

水兵時代

昭和8年5月、三郎は航空兵を夢見て海軍に志願、佐世保海兵団に入団した。同年9月、海兵団を出て戦艦「霧島」乗り組みを命ぜられ、15番副砲配置となる。写真は副砲分隊の記念撮影で、前列左端が坂井三等水兵（三水）。

昭和9年、艦隊射撃戦技で銀杯を受賞したさいの記念撮影。後列中央が坂井三水。厳しい訓練の中でも、飛行兵の道をあきらめずに操縦練習生受験をめざして勉強を続けていた。だが、このことが上官のうらみを買うことになった。

昭和9年4月の天長節（天皇誕生日）における「霧島」副砲分隊全員の記念撮影。前から二列目、右から9人目が坂井三水。翌10年5月、上官のすすめで砲術学校へ入校、200名中2番という好成績で卒業し、戦艦「榛名」の花形部署である36センチ主砲配置となった。そこで艦載水偵と間近に接し、いよいよ飛行機乗りになる決心をする。だが、これがまた上官の不興を買い、艦底の弾薬庫配置にされてしまう。

操縦術練習生

昭和11年夏、坂井は操縦練習生を受験、学科は問題なく合格したが、身体測定は合格ラインすれすれであった。翌12年3月、第38期操縦術練習生予定者として霞ヶ浦航空隊の門をくぐった。写真は霞ヶ浦航空隊の赤トンボ（九三式中間練習機）。

霞ヶ浦航空隊は陸上班と水上班に分かれており、坂井は陸上班予定者として霞ヶ浦北方の友部分遣隊に送られ、ここで三式初歩練習機による初飛行を経験する。写真は同期の練習生と坂井（前列中央）。

12年7月、友部における3ヵ月間の初歩練習機教程を終えると霞ヶ浦に戻って4ヵ月間の中間練習機教程に移った。同期生50名は次から次とふるいにかけられ、この時点で半数の25名に減らされていた。中間練習機教程で各自の専修機種決定のための評価が行なわれる。坂井はもちろん戦闘機希望である。写真は飛行順番待ちの練習生。前列右から3人目が坂井。後方には赤トンボが並んでいる。

中間練習機教程習得中、赤トンボをバックに同期生一同の記念撮影。最前列、3列目、最後列が練習生、2列目は教官、教員、白い作業服は整備責任者。最後列中央が坂井。ちなみに九三式中練の全幅は11メートル。九三式中練にはフロートを付けた水上機型もあった。

霞空の中央指揮所前における陸軍明野飛行場までの長距離場外飛行に出発するさいの練習生たち。前列左から3人目が坂井。

12年10月末、中間練習機教程を卒業すると同時に練習生各自の専修機種が発表され、坂井は希望どおり戦闘機に選ばれた。写真は九〇式練習戦闘機をバックに戦闘機に選ばれた同期生9名と教官、教員を囲んで。最後列、左から2人目が坂井。11月、第38期操縦術練習生教程を首席で卒業、恩賜の銀時計を拝受した。三等航空兵曹となる。

実施部隊

13年9月、坂井は大陸にあった第12海軍航空隊へ異動。12空は13空とともに支那事変勃発直後から大陸に展開した歴戦の航空隊であった。写真は14年、漢口基地で愛機の九六式艦戦の前に立つ坂井三空曹。

九六式艦戦の操縦席に収まった坂井。この九六式艦戦で坂井は初陣を飾り、先輩搭乗員が上空から見守る中、みごとに敵I-16戦闘機を1機撃墜した。だが、初空戦で敵を落とそうとしたことに対し、指揮官相生大尉から厳しくも暖かい叱責をうけるはめになった。

揚子江・団風付近上空を哨戒飛行中の九六式四号艦戦（坂井機からの撮影）。尾翼の3は12空を示している。四号艦戦は九六式艦戦シリーズの決定版として昭和13年後半に登場した。四号は九六式空一号無線機を搭載しているはずだが、アンテナ支柱が見えないので、無線機は外されているのかも知れない。

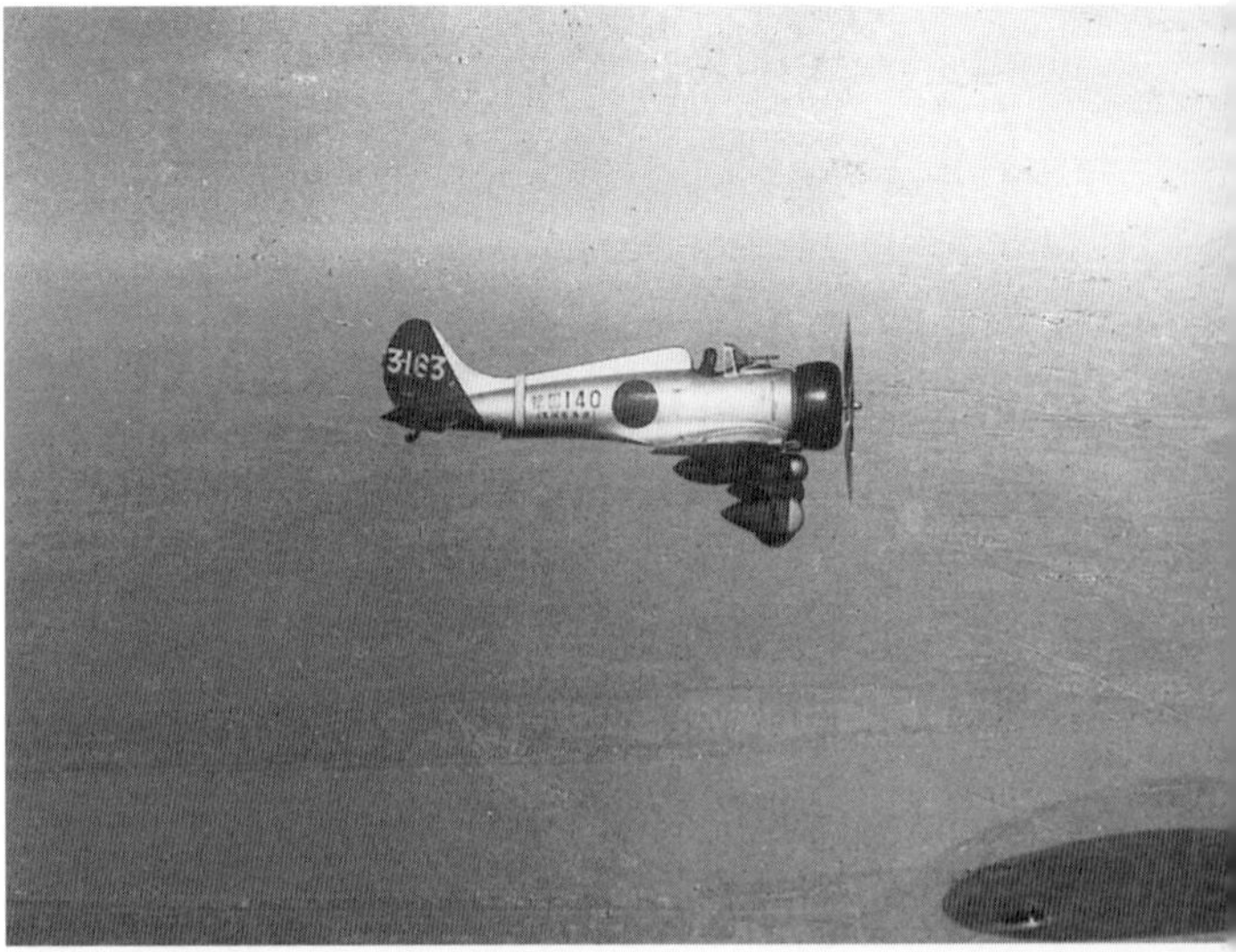

16年6月、漢口基地における12空の零戦搭乗員。前列右から有田義助三飛曹、三上一禧二飛曹、羽切松雄一飛曹、坂井一飛曹、上平啓州二飛曹、後列右から平本政治三飛曹、伊藤純二郎二飛曹、広瀬良雄一飛兵、野沢三郎一飛兵。

16年8月、揚子江上空で試験飛行中の坂井操縦の零式一号艦戦一型(のちの零戦一一型)。零戦は15年7月から漢口の12空に配備が開始され、9月に初空戦を行ない大戦果をあげたが、このころ坂井は残念ながら大村空に転勤していた。16年4月、再び漢口の12空に転勤し、大陸奥地に零戦で長距離攻撃をかけることになる。

16年7月、北支運城基地で読書にいそしむ坂井一飛曹。後方には零戦一一型の列線と向こうに中條山脈の山なみが見える。運城基地は中條山脈の北の平地にあり、標高500メートル、塩湖があって塩水が湧き出ていた。当時、中攻隊と坂井ら12空戦闘機隊はここを基地として中国空軍の拠点である蘭州の攻撃に当たっていた。

太平洋戦争

昭和17年7月ごろ、ラバウル東飛行場で自らライカを手に撮影した己の顔。連日のように空戦に明け暮れる中、レンズを通して坂井の気迫が伝わってくるようだ。

坂井は16年10月に台南海軍航空隊付となり、日米開戦をむかえた。台南空は開戦劈頭の比島攻撃に始まり、南方各地で快進撃を続けた。4月にはラバウルに進出し、ラエを前進基地として東部ニューギニアで航空撃滅戦を展開した。写真は17年7月ごろ、ラバウルの戦闘機隊指揮所における台南空司令・斎藤正久大佐(中央)と搭乗員たち。

前進基地ラエで撮影された台南空搭乗員。前列右から吉村敬作一飛兵、山本健一郎一飛兵、氏名不詳、上原定夫二飛曹、後列右から氏名不詳、吉田一カメラマン、石川清治二飛曹、坂井三郎一飛曹。後方の零戦は坂井も搭乗した二一型V-173号機。

▲昭和17年8月7日、ガダルカナル島上空戦でSBD編隊の後部銃座から銃撃を受けた坂井は頭部に重傷を負った。5時間近くにわたる苦闘のすえ、奇跡的にラバウルに生還した。写真は帰還直後の撮影で、顔面が腫れ上がっているのがわかる。このあと報告を終えると意識を失ったという。▶治療のためやむなく内地に送還された坂井は8月16日、横須賀海軍病院に入院、右目に突き刺さった破片の摘出手術を行なった。頭部の包帯と眼帯が痛々しい。右は同じく台南空の藤林春男一飛兵。11月、飛曹長に進級。台南空は251空に改称され、坂井は251空付となる。右▼18年6月、大村空における坂井。▼18年5月、右目の視力を失ったまま大村で戦闘機専修教程練習生の指導に当たっていたころの坂井。同年8月、少尉に昇進。

戦後から晩年

坂井は横須賀航空隊で終戦をむかえた。その後、隊員の復員業務に従事。最終階級・海軍中尉。終戦直後は闇市で商売を行なったりして糊口をしのいでいた。昭和23年、大西瀧治郎元海軍中将夫人を社長にして、東京・両国で「香文社」という小さな印刷会社を設立した。写真は昭和31年、謄写印刷作業に当たる坂井。

昭和32年3月、『SAMURAI !』を読んで感動した米海軍厚木基地司令官リー少将の招きで、坂井と奥宮正武一等空佐が厚木基地を訪れた。坂井は当時最新鋭のFJ-4フューリー戦闘機の操縦席に座ったりして、米パイロットたちと歓談した。写真は同年8月、再び厚木基地を訪問したさいのもの。

昭和42年12月28日、カンボジアのシアヌーク殿下の弟殿下（左）と東京のカンボジア大使館で会見した。空軍パイロットであった殿下は、『SAMURAI !』を読んでぜひとも坂井に会いたかったという。「ジェット戦闘機の操縦はアメリカに学んだが、精神はあなたの本から学んだ」とうれしそうに語った。

1995年、アラバマ州モントゴメリー米空軍指揮幕僚大学の卒業式典「ギャザーリング・オブ・イーグルス」にて人類初の音速突破の男チャック・イエーガーと。

第二次大戦でスピットファイアを駆ったフランスの撃墜王ピエール・クロステルマンと（1983年の「ギャザーリング・オブ・イーグルス」にて）。

「Saburo Sakaiを撃った男」元SBD銃手ハロルド・ジョーンズ夫妻と坂井夫妻。ガダルカナル上空から41年ぶりの再会であった。1983年、ヘンリー境田邸にて。

1991年、テキサス州フレデリックスバーグのニミッツ博物館シンポジウムに招かれたおりにサン・アントニオ空港で記念撮影。左から坂井、酒巻和男氏（元特殊潜航艇乗組員）、ヘレン・マクドナルド氏（博物館の催事企画総責任者）、阿部善次氏（元艦爆隊隊長）、スマート道子氏。

1997年から亡くなる2000年までの間、坂井はテレビの公開討論番組にたびたび主演した。実戦体験をふまえた歯に衣着せぬ発言は波紋を呼んだ。

1999年（？）自宅応接間にて。後ろにあるのが戦死した戦友を祀った神棚（坂井神社と呼んでいた）。

目次

＊本書は丸別冊『坂井三郎とゼロ戦』（二〇一五年一月、潮書房光人社刊）掲載記事に加筆・修正して再編集したものです。なお、「エース・サカイの零戦操縦法（坂井三郎）」「零戦二一型コックピット（高荷義之）」は『図解・零戦』（二〇一三年一〇月、潮書房光人社刊）より転載。

坂井三郎「大空のサムライ」と零戦の真実

坂井三郎の揮毫「不撓不屈」

ラバウル海軍航空隊

坂井三郎
元海軍中尉

開戦以来、破竹の快進撃を続ける台南海軍航空隊は、ニューブリテン島ラバウルに進出、ここにのちに勇名を轟かす「ラバウル航空隊」が誕生した。そして、坂井三郎を始め、台南空の超人的な搭乗員が熾烈な航空撃滅戦を展開した！

戦闘機の空戦概念

単座戦闘機でさえ敵機捜索用のレーダーを装備している現在と違って、太平洋戦争とうじの空戦においては、搭乗員の視力以外には敵機の所在を探知する方法はなかった。それも邀撃戦の場合は、基地を飛びたつ前に、だいたいの方向、機種、機数、高度などを情報によって知ることが出来るのであるが、こちらから先制攻撃をしかけるときは、逆の立場になるので、敵地上空に達するや、一瞬一秒でも早く敵機を発見することに全力をそそがなければならない。

空中戦闘において、勝を制する第一の要点は敵に先んじて敵を発見することの一語につきる。すなわち敵が気付かない中に、絶対優位の立場から敵に近接して、奇襲の一撃をかける。これは単機格闘戦でも、編隊空戦でも要領は同じである。

「待った」のきかない、大空の命のやりとりは、とにかく第一撃で事は決するのだ。おたがいに目玉を持っているのだから、そううまくはいくはずはない――と思われるかも知れないが、優秀な搭乗員が戦場の場数

〈右〉昭和17年7月、ラバウル東飛行場に展開する零戦二一型の胴体下より望んだラバウル名物の活火山「花吹山」（右側）

と、不断の研究によって、それは可能なのである。
　私の一〇〇回以上におよぶ敵戦闘機との空戦において、ただの一回も敵機から先に発見されたことはない。また、絶対不利の立場で敵と遭遇したとき、すぐがむしゃらに空戦に入らないで、敵機を視界に入れながら、いったん敵の視界外に遠のいて、優位の立場を占めてのちふたたび敵に近接、奇襲の一撃をかけたことがたびたびある。
　それにともなって、気圧の低下、酸素の不足、生命の危険、神経の興奮、責任感、功名心など、あらゆる悪条件を克服しながら行なう空中戦は、経験のない人には想像を絶するものがあり、筆舌につくしがたい要素があまりにも多過ぎるのである。
　昭和二九年三月、アメリカ極東空軍司令部のフランク・カーツ准将とＡＰ通信社で会見したとき、たまたま話が目玉問答に入り、私がアメリカ戦闘機との空戦において、「一度も先に発見されたことがない。アメリカ人の青い目玉は、日本人の黒い目玉より性能が劣ると思う」というと、「そんなことはない。それは坂井さん、あなただけではないか、私は日本機と空戦を行なった経験から、そうは思わない」と否定していたが、いわゆるラバウル航空隊の同僚達の中には私に劣らない優秀な搭乗員がたくさんいて、常に空戦の主導権を握っていたことからカーツ准将の言葉は当たらないと今でも思っている。

飛行機乗りの条件としては、身体のどの部分にも一つの欠陥があってもなれないのであるが、とくに戦闘機乗りにとって視力は生命である。とうじの猛者たちはすべて、一・五〜二・〇の視力をもっていた。

太平洋戦争開戦を前にした坂井三郎一飛曹

戦場において敵を最初に発見するのは、かならず空戦の経験の多い、しかも撃墜数の多い古強者である。すなわち修羅場の場数を経るごとに空戦場の視力はのびてゆくのだ。それは心の眼がだんだんと開いてくるからである。経験のすくない搭乗員の脳裡には、まもなくはじまるであろう命の奪い合いに対する恐怖感、緊張感、孤独感など種々様々な感慨がかけめぐり、不安定な心理状態となり、しらずしらずの間に自己の全機能が萎縮してしまう。こんな状態では、ケシ粒ほどの敵機が目に映るはずがない。ところが逆に古強者たちは、馴れたもので、その日その場の天象、気象、地象、敵の戦法をたくみに判断して、経験によるカンと沈着冷静な精神状態でもって、むしろ今日は何機喰ってやろうかと、舌なめずりするほどの図々しさで、敵機をさがすのである。俗にいう、鵜の目、鷹の目とはこのことであろうか……。

空戦がはじまっても、こんなわけで経験の浅い搭乗員は手も足も出せず、先輩機にぶらさがってついていくのが精一杯、はじめの数回は敵を墜とすなどという余裕はぜんぜんなく、文字通り右往左往する間に空戦は終わってしまう。そうとう経験をつんだころになっても、古い連中の手の早いのには、まったくあきれてしまうほどで、とくに味方機に対して獲物である敵機の数がすくないときなどは、同じ零戦を操縦していてこうも違うものかと、その手際の良さには、あっけにとられることがしばしばある。

古い者は古い者同士で、とくに乱戦に入ったときなどは、よく獲物の奪い合いの形になることがある。良き敵ござんなれと、うまい具合に得意の旋回戦にまきこんで狙いをさだめ機銃を発射した瞬間、ななめ上方から同じ目標にむかって、黄色いアイスキャンデーのように見える二〇ミリ機銃弾が飛び出し、ちょうど三角形の頂点にある敵機に二機の機銃弾が同時に命中することも珍らしくなかった。基地に帰って、その撃墜を奪いあうなど、たがいに撃墜を競いあう古参組は、別の意味において敵以上のまことに頼もしい、敵でもあった。

古強者といえば、中年の小父さんのような感じであるが、とうじ撃墜数のもっとも多い下士官クラスの最年長者であった私が、わずか二七歳であったとは、今考えると感無量なものがある。

ラバウル航空隊の誕生

太平洋戦争の初期——とうじラバウルは、単なる前進基地として海軍の搭乗員のなかでも、ラバウルという地名さえ知らない人が多いくらいだった。

私の所属する台南空（司令斎藤正久海軍大佐）は、開戦第一日のルソン島空襲を皮切りにボルネオ、セレベス、ジャワと疾風枯葉をまくような勢いで、南へ南へと予定以上の早さで進出、終戦の赫々たる戦果をあげて作戦の第一段階を終了して一七年三月はじめ、ジャワ島東方の有名な夢の島バリ島に集結した。

一〇日ほどの休養の後、私たち台南空に与えられた命令は、半数内地帰還（実はミッドウェー作戦の準備）、半数はラバウル行であった。私はラバウル組となって、斎藤司令とともに開戦いらい生死を共にした愛機をミッドウェー組に渡して、輸送船に乗って約一〇日間の航海の後、一七年の四月はじめ、ラバウル基地へ進出した。

着いてみておどろいたことは、戦闘機隊が使ってい

ラバウル東飛行場で整備中の零戦二一型。後方の花吹山が噴煙を上げている

た飛行場は、これで飛行機が発着できるかと思われるほど荒れはてた、飛行場というよりむしろ細長い原ッパであることと、日本名で花吹山と呼ばれている二〇〇メートルくらいの活火山が、二、三分おきに大噴火を起こして一日中降灰がつづき、亜硫酸ガスのために軍刀とか、落下傘の金具が二、三日で錆びてしまうことだった。

朝の日課の仕事はじめは、夜中に飛行機の上に積った灰を竹ホーキで払いおとす作業であった。この活火山は六月のある日、大雨が降ったのち嘘のようにパッタリと噴火がとまってしまった。

その頃、われわれより一月ほど前から進出していた第四航空隊の手薄に乗じて、ポートモレスビーを基地とするオーストラリア空軍が、毎日のように空襲をかけ、わがもの顔に超低空であばれまわっていた。

そういう情況下に、われわれ歴戦の台南航空隊が進出、直ちに四空の戦闘機隊を併合して、新たに強力、精鋭の台南空が編成され、後日、歌にまで唱われたラバウル航空隊が誕生したのである。もちろんこれは正式な名称ではない。

飛行場の整備に当たっていた設営隊や原住民たちも、わがもの顔に毎日来襲する敵機におびえて、さっぱり作戦がはかどらない。そこへ私たちが乗りこんでからは、来襲する敵機をバッタバッタと皆の見ている上空で薙ぎ倒しはじめたので、士気は大いに上がって来た。

搭乗員の張りきり方はすさまじく、一例をあげると、敵襲にそなえて待機している搭乗員は飛行服を着ていなければならないのだが、南方の暑さに飛行服をぬぎすて、中にはランニング一枚で飛行機の翼の下で碁を打ったり、ねころんだりしている。そこへ空襲警報がかかると、早くあがらないと飛行機が足りないため、人に先を越されてしまうと、気の早い奴はランニングシャツのままの恰好で飛行手袋もはめずに、向こう鉢巻で離陸していく。そして、戦果を土産にして還ってくる。これには設営隊や土民も、すっかりどぎもをぬかれたようだ。そのため、基地の設営は急速に整備されていった。

飛行機の補充も間もなくととのって、ラバウルを狙う唯一の敵の航空基地ポートモレスビーに対して連日航空撃滅戦が開始されたのであるが、ガダルカナルに対する敵の反攻作戦がはじまるまでの約四ヵ月、一発の爆弾もわがラバウル基地にはおとされなかった。それぐらいラバウル航空隊は強かった。

零戦の大活躍

そのころ常時使える零戦は、わずか三〇機たらずであったが、台南航空隊はいよいよ意気軒昂たるものがあった。

ラバウル基地が整備されるとともに、ニューギニア東部南岸の要衝ポートモレスビー攻撃の準備が着々と計画され、実行されていった。ラバウルからでは非常に遠いので、ニューギニアのモレスビーとスタンレー山脈をはさんで一五〇浬の近距離ラエへ進出し、そこへラバウル航空隊の出店をこしらえた。

ラエを飛びたって四五〇〇メートルのスタンレー山脈を越せば、すぐ眼下にモレスビーが見えるほどで、片道わずか四五分の行程は、空軍対空軍の基地としては目と鼻の近さであった。

私のラバウル進出、撃墜第一号は間もなく記録され

昭和17年6月、連日のようにモレスビー攻撃に当たっていたラエの台南空零戦搭乗員 —— 前列左から2人目・石川清治二飛曹、中列左・太田敏夫二飛曹、坂井、後列左・西沢広義一飛曹、2人おいて遠藤桝秋二飛曹

た。私の二〇ミリ機銃弾に射ちぬかれた敵機は、初見参のP－39エアラコブラ（空の毒蛇）であった。しかも二機同じ弾丸で撃墜したのである。

進出いらい果敢な攻撃をつづけると、敵戦闘機はほとんど撃滅されてしまった。すると爆撃機隊が悠々と敵の軍事施設を吹き飛ばす順序だ。

若干の犠牲は出したが、まったく零戦の向かうところ敵なしといった感じであった。

飛行機の性能もさることながら、支那事変いらい鍛えに鍛えた古強者たちの空戦ぶりは、一緒に空戦していて惚れ惚れするくらいだった。一例をあげると、こちらから空襲をしかける場合には、出発のとき今日の空戦は何分というふうにきめられる。空戦開始と同時に時計を見て、あと何分まで空戦をやるということを確認してから戦闘に入る。五、六〇機の敵味方機の乱戦となっても、だいたい大勢が決するまで二、三分とはかからない。あとは逃げまどう奴を追いかける。ほとんど瞬間にきまるのが空の戦いの常である。

敵か味方かわからないが、黒煙を曳いて落ちる。空中分解をする。錐揉みになって落ちていく。まっ白い落下傘がいくつも大空に開く。今日の空戦では味方もそうとうにやられたかなと思いながら、終了時間になって引きあげて、予定集合地点に帰ってくると、ちゃんと出て行った零戦の数がぴったり揃う。強いなア、いま落ちて行ったのはみんな敵機だったのかと、われ

ラエを発進する台南空の零戦二一型

ながら惚れ惚れするのであった。

しかし、実際に一騎当千といわれる、ほんとうに強いベテラン搭乗員は六、七人で、それらがリーダーとなって、先頭きって敵を叩きおとしながら若い搭乗員を育てて行った。そして一日ごとに一空戦ごとにラバウル魂が培われて行ったのである。

そのとうじ敵は、零戦一機に対して二機以上でなければかかってはならないという命令が出たほど、バタバタと叩き墜とされた。

零戦の性能を簡単に説明すると、航続距離はラバウルからガダルカナルまでの五七〇浬（東京～種子島間に相当）の長距離を往復して、しかもそうとうな空戦をやっている。私の経験では八時間半というのが一番長かった。旋回格闘性も良く、すべての点で優秀な飛行機であった。

アメリカ軍のそのころの飛行機は陸軍戦闘機ではカーチスP－40、P－39、P－38（双発双胴の機体）、海軍戦闘機はグラマンF4F、ボートシコルスキーF4U、爆撃機ではいわゆる「空の要塞」といわれたB－17四発機、B－24四発機（リベレーター）、中型爆撃機

ではダグラスA－20A、マーチンB－26、東京空襲のB－25、飛行艇ではPBY、PB2Yなどが零戦の好敵手であった。

グラマンは零戦を対象に研究完成された飛行機であった。F4Fが改造され、F6Fとなってからそうとう活躍したが、私がグラマンと一騎打ちをやってみたところでは、その性能にはそれほど感心しなかった。

敬慕された斎藤司令

なぜラバウル航空隊は強かったか？　その源動力は台南空航空隊の司令斎藤正久海軍大佐にあったといっても過言ではなかろう。もちろん隊員たちの不断の努力、切磋琢磨の結晶でもあったろう。しかし、いかに個人の技倆が抜群であっても、軍隊という団体の中にあっては隊員の融和を統べる団結の中心をなすものは司令であり、隊長である。その人の人格である。

地上部隊のように集団の中でもそうであろうが、特に個人の技術がモノをいう飛行機乗りが自分の持っている全力を発揮させるのは、真に指揮官の力量だ。

斎藤司令は非常に小柄な人で、色の黒い、無口な、ぜんぜん風采のあがらない軍人であった。しかし私たちが、この司令の下に働いてみて、この司令のためなら死のうじゃないかというほど、部下を愛した人であった。トコロテン式に昇進して、指揮者の地位に坐り、無能ぶりを笑われた軍人の多い中にあって、斎藤大佐は格別に名指揮をふるうとか、名訓示をたれるとかはまったくなかったが、「この司令のためなら、死ねと言われれば、いつでも死ぬぞ」というような、口ではいいあらわせない偉さがあった。なんというか、人間の持つ大らかな抱擁力というか、大きな信頼感というか、厳父のきびしさ慈母のやさしさを兼ねそなえた人である。

私たちが忘れているような、隊員の戦死の状況を何月何日、だれがどこで、どういう死に方をしたか克明に覚えておられる。出撃した飛行機が還って来ないと、日が暮れるまでモレスビーの方をにらんで、待ちわびている。

前進基地のラエ飛行場を上空から見ると、爆弾の穴の方が多いほど爆撃をうけたが、空襲のあるたび、司

ラバウルの台南空指揮所。こちらを向いて立っているのが小園副長で、その左に座っているのが斎藤司令

令は全員を防空壕へ入れて、一人残らず入ってしまうまでは絶対に入らない。あるとき私たちが邀撃に間にあわず、間一髪のところで防空壕へ飛びこんだ時、司令は私たちが入らなかったと思ったのか、爆撃が終わるのを待って飛びだして見ると、もうもうたる砂塵の中で、司令ただ一人指揮所に厳然と立っていたことがあった。そのくらい部下のことをほんとうに案じた人であった。

マラリヤに冒され四〇度の高熱にあえぎながらも、私たちが出撃するとなると、かならず指揮所にあらわれて命令を下し、私たちが帰還するまで、軍医長がどんなに奨めても、「部下は生命を賭して戦っているではないか」といって、絶対に宿舎とか、病舎には帰らない。

私たち隊員は、真の上官を見る思いで、この司令のためならと知らず知らずのうちにひきずられていったのであった。

隊員の士気はいやがうえにも高揚していった。

飛行隊長は中島少佐だった。名パイロットとうたわれ、豪放磊落、大空襲に出撃するときは自ら指揮をとった。そのときは私はかならず二番機となり、西沢一飛曹が三番機となり、護衛兼見張りの役をおおせつかった。

中島少佐の名隊長ぶりは、司令の次に人望をあつめた。現在、司令は民間に、隊長は自衛隊にあって、それぞれ元気に活躍しておられる。

西沢、太田一飛曹の奮戦

ラエの西沢広義一飛曹

一機対一機の空中戦闘において、零戦の性能とベテラン搭乗員が、アメリカの搭乗員とくらべてどのくらい技倆の差があったかという一例をあげよう。
ある日、非常に敵機の数がすくないときの空中戦だったが、一空戦終わって、さて予定集合地点に引きかえそうと思ったとき、零戦一機とP－39エアラコブラ一機が、たがいにグルグルまわりの戦闘をはじめた。敵は逃げもせず零戦の挑戦をうけて立ったのだから、そうとう腕に自信があるパイロットだったのだろう。
そのとき近くを飛んでいた僚機が期せずして、加勢に近寄って行ったが、一機に対して大勢がかかってもしようがないので、みな遠巻きにしながら見ていた。私もその中の一機だった。西沢機とP－39がだんだん小さい巴戦に入っていって、もうすぐ止めの一撃を加えるかなと思っていると、P－39が零戦の性能につられて、旋回しているうちに、グルグル錐もみになって落下しはじめた。
西沢機はどう処理したものかと迷っている。錐もみだから機銃の狙いようがないのだ。錐もみの直るのを敵機の外側をグルグルまわりながら見ていて、立ちなおるとまた対等の立場から空戦をはじめ、またすぐ向こうが錐もみになる。一発も射たないうちに何回も錐もみになるので、ええ面倒とばかり、海面すれすれで撃墜してしまった。

基地に帰ってから西沢に聞くと、彼は大笑いして、今日は零戦の性能を試そうと思って手玉にとってみたのだといった。それくらい技倆の差があった。

敵機の方も、一機残って立ち向かってくるくらいだから、腕に覚えのあるやつにちがいないが、あまりにも差がありすぎたのだ。むりもない。西沢は私より三つ若かったが、撃墜数は私より多いはずだ。しかも、アメリカ空軍のエース、撃墜王と謳われた名パイロットを倒しているのだ。

彼こそほんとうに空戦の名人で、いわゆる不死身というのか、終戦直前まで活躍していたが、フィリピン上空で、輸送機に乗って基地に帰るところをグラマンに喰われ撃墜されてしまった。どんなに残念だったろうと、今でも彼のことを思うと胸が痛んでならない。

太田敏夫一飛曹も、実に沈着な優秀な搭乗員だった。一度ラバウルに空の要塞B－17が単機で来襲したことがある。すぐさまみんな邀撃に舞い上がったが、あまりにも遠くかつ高度も高いので、一機だからというのであきらめておりてしまった。ところが太田一飛曹だけ帰って来ない。一時間待っても、二時間待っても帰って来ない。ひょっとするとやられたのじゃないかと、みんな心配していたが、約三時間ほどたったところやっと帰って来た。その報告によると、みんなおりたので、俺だけは喰いついてやろうと思って、ジリジリ追いつめ、B－17のお尻（死角）の下にもぐりこみ、こっそりつけて行った。一時間つけて行って、向こうが安心したときにそばによって撃墜したという。

その撃墜はあとで確認された。それくらいねばり強くやったし、また一機でも多く喰ってやろうという、搭乗員らしい功名心もあったのだ。その太田もガタルカナルの作戦において、壮絶なる戦死を遂げた。

これは私が負傷して病院に入っていたときのことだが、アメリカの戦爆連合百数十機がラバウルに来襲してきた。たしか昭和一七年の終わりごろだったと思う。邀撃した零戦四、五〇機でもって敵の百数十機を一挙に全部撃墜してしまった。これは日本空軍はじまっていらいの壮挙であり、世界空戦史にも、その例を見ないであろう。

最後に残った敵一機が、紅蓮の炎を曳きながら、われ全滅す、という電報を打ちながら落ちていった。その電報は敵味方をおどろかすに充分であった。

笹井中尉の三段跳び撃墜

私の直属上官だった第二中隊長笹井中尉は、歳も若く、空戦経験も浅かったが、人柄がよく、私とは気持ちがぴったりあい、二人助けあいながら戦闘機隊をリードして行った。

笹井中尉を指揮官とするわが第二中隊九機が、偵察を兼ねて出撃したある日のことであった。午前八時ラエ基地を出発、四五分の後にはもうモレスビーの上空六〇〇〇メートルを旋回して、索敵をはじめた。敵飛行場には機影を認めない。空にもぜんぜん機影を認めない。むなしく数回往復しているうちに予定時間も来たので、今日は手ぶらで帰るのかなと思いながら引きかえそうとしたときである。

私たちの編隊から五〇〇メートルほど下の前方二〇〇〇メートルあたりに、わが進路と直角に進んでくる三箇の機影を発見した。いずれもＰ－39だ。二〇〇メートルぐらいの間隔をおいて、一機ずつの縦陣で飛んでいる。機数がすくないので、ほかに敵機がひそんでいないかと見張ったが、まずこの三機以外には敵なしと判断した。

ベルP-39エアラコブラ。数々の新機軸をとり入れた意欲作だったが運動性は零戦に大きく劣った

私は中隊長機のそばによりそい、風防をあけて笹井中尉に敵三機発見を知らせ、「あの敵は中隊長に差しあげます。私たちはここで見ていています」という意味のことを手まねでやったのであ

る。

　笹井中尉はニコッと笑って「了解」の左手を軽くあげたと思うと、ただちに右へ急旋回して単機で行ってしまった。あまりに簡単にＯＫされたので、私はすこしあわてた。

　もちろん私がいま中隊長に言ったことは、かならずしも冗談ではなかった。私は笹井中尉に心服もし尊敬もしていた。しかし、もっと撃墜の経験を豊富にして、立派な指揮官になってもらいたかった。そういう日頃からの考えから、冗談ともなく、ついあんなことを言ってしまったのだ。

　笹井中尉は、私が後上方六〇〇メートルくらいの近くに護衛しているのを認めて、「いいか、見ておれ」といわんばかりにグイグイと機足をのばして行った。敵はぜんぜん気がつかないらしい。そのうち中隊長機は早くも最後尾の敵の後上方の位置についた。と見るや、いきなり右へ大きくひねりこんで襲いかかった。さながら雀を狙う鷹の気魄にも似ていた。パッパッと中隊長機の翼端から二〇ミリが火を吐いた。

「やった、やった！」と見ている間に、敵機は火焔とともに空中分解、炎の固まりと機の破片がバラバラと落ちてゆく。ただ一撃で空中分解させた中隊長機は、その余勢でキューンと急上昇して行ったが、その位置は、ちょうど敵二番機の左後上方五〇〇メートルくらいのところである。と見る間にグーンと機首を下げ、ふたたび右へひねりこんで、今と全く同じ攻撃法で確実に、二〇ミリで敵機をつかんだ。今度は搭乗員がやられたらしく、機は大きな錐もみ状態で落ちて行った。落下傘も飛びださない。

　その間に笹井中尉機は、またもや今と同じ要領で上昇、すでに一番機の左後上方に肉迫している。さすがに私も息をのんで、この放れ業を見つめた。間髪を容れず笹井機は、またもや右へひねりこんだ。「うまい！　また喰ったぞ！」思わず私も拳を握りしめた瞬間、敵機にわずかな動揺が起こった。さすがに敵も指揮官機だ、気がついたらしい。と見る間にグッと機首をあげ、宙返りの姿勢になった。

「あッ、反撃！」私は思わずそう口走った。しかし、その宙返りのため、大きく、直角に、笹井機に対して背中をさらした。その瞬間、三たび笹井機の二〇ミリ

郵便はがき

100-8077

63円切手を
お貼りください

東京都千代田区大手町1-7-2

潮書房光人新社　行

お名前《フリガナ》	
性別　男・女	年齢　10代 20代 30代 40代 50代 60代 70代 80代以上
ご住所　〒 （TEL.　　　　）	
ご職業　1.会社員・公務員・団体職員　2.会社役員　3.アルバイト・パート 4.農工商自営業　5.自由業　6.主婦　7.学生　8.無職 9.その他（　　　　）	
・定期購読新聞 ・よく読む雑誌	
読みたい本の著者やテーマがありましたら、お書きください	

書名　坂井三郎「大空のサムライ」と零戦の真実

このたびは潮書房光人新社の出版物をお買い求めいただき、ありがとうございました。今後の参考にするために以下の質問にお答えいただければ幸いです。抽選で図書券をさしあげます。

●本書を何でお知りになりましたか？

□紹介記事や書評を読んで…新聞・雑誌・インターネット・テレビ

媒体名（　　　　　　　　　　　　）

□宣伝を見て…新聞・雑誌・弊社出版案内・その他（　　　　）

媒体名（　　　　　　　　　　　　）

□知人からのすすめで　□店頭で見て

□インターネットなどの書籍検索を通じて

●お買い求めの動機をおきかせください

□著者のファンだから　□作品のジャンルに興味がある

□装丁がよかった　□タイトルがよかった

その他（　　　　　　　　　　　　）

●購入書店名

●ご意見・ご感想がありましたらお聞かせください

（ご回答いただいたご意見・ご感想は広告等で使用させていただく場合があります。）

がきわめて至近の距離から敵機の要部を射ちぬいた。敵機はもろくも左の翼を付根から吹っとばし、片翼になった機はクルクルと風車のようにまわりながら落ちて行った。私は思わず操縦捍もなにもほっぽり出して、空中から拍手を送った。

単機よく三段とびで三機を撃墜――こんなことはおそらく世界の空戦史に類例のないことであろう。

かくして、この日空に浮んでいた三機――そしてそれがすべて――の敵機は、笹井中尉一人でもののみごとに片づけてしまった。笹井中尉はふたたび編隊をまとめて帰路についた。九機編隊、巡航速度。ところが、どうしたことか指揮官笹井中尉機の速度が、いつもの巡航速度より早いのだ。

「やっぱり嬉しいんだなあ」と私は思った。なにか嬉しいことがあると、子供はかならず駈けて家へかえる。あの心理だと、私はほほえましくなった。自然、私もすこし今日の戦果に酔って、気をゆるめていたのだろう。いつの間にか、私の小隊は笹井小隊から二五〇〇メートルも遅れてしまった。戦闘行動中の編隊の原則からいえば、これは非常にいけないことなのであるが、このときにかぎって、きわめて自然にそうなってしまったのであろう。そしてこれがまた、私たちに幸いしたのである。

三段跳び撃墜の離れ業を演じた笹井中尉

笹井小隊危機一髪

この日は、もうすぐスタンレー山脈を越えるというあたり、高度約四〇〇〇メートル付近に相当の層雲があった。その下すれすれにかすめて私たちは飛んでいた。だんだん遠去かってゆく笹井小隊を見送りながら、巡航速度でノンビリ飛んでいた私も、戦闘機乗りの本能として、やはり見張りだけはつづけていた。そのとき層雲の間から飛行機が一機ポツンと現われたかと思うと、ツーと矢のような速さで笹井小隊を追ってゆく。「空の毒蛇だ。送り狼だ！」中隊長は気がつかない。私はハッと背筋に冷たいものが走るのを覚えた。

敵は雲の上から一直線につっこんできているので、ものすごいスピードがついている。追いつこうにも方法がない。それでも私は、スロットル・レバーを叩くように前に倒してエンジン全開、フルスピードで敵機を追った。この間にも、敵機はグングン笹井小隊に迫りつつある。そして私がいつもやるように真うしろの下へもぐりこんでゆく。下からつきあげる戦法だ。万事休す。このままでは三機とも確実に喰われるおそれがある。それではそのまま今のお返しだ。電話のない飛行機に地団太ふむ。私はさらに速力をつけるために、ノメルのように機首をつっこむ。笹井小隊（三機）——敵一機——坂井小隊三機の順で追いかけっこだ。笹井中尉——私が一直線にならぶ。敵はやや斜めだ。

私と敵機の距離は、それでも徐々につまって七〇〇メートルぐらいになったが、しかし、笹井機は相も変わらずいくらか早めの巡航速度で進んでいる。私と敵機との距離もつまったが、それ以上に敵機と笹井小隊との距離はつまった。もう、ついに射撃距離寸前まで来てしまった。もう方法はない、駄目か！　と私は観念したとき、フト思いついた。それは敵機が私に気がついていないということである。そうだ！「貴様のうしろに零戦がいるぞ」ということを知らせなくてはいけない。そして敵をあわてさせなくてはいけない。どうしたらいいのか？　思考がすばらしい早さで廻転する。

機銃を射つ！　そうだ、それ以外にない。だが、ややななめから進んでいる敵に対して、私の機銃がとどくか——この距離、この速度、おたがいが全速力で飛んでいる。ここまで考えたとき、私は、これは危ないけれども笹井機を狙わないと、敵機への私の警報がとどかないと気がついた。笹井機との距離は七〇〇〜八〇〇メートル、これだけ離れていれば多分当たらないとは思ったが、しかし、当たるかもしれないという危険感も強い。しかし、もう一瞬のちゅうちょも許されない。事態は切迫しているのだ！　やむなく私は眼をつぶるような思いで、笹井機を照準器に入れた。そして、死から生への引金を引いた。

しかし、敵機は一向に気がつかない。おそらく兎を追う猟犬のごとく夢中なのであろうか。とうとう二〇ミリを全弾射ちつくした頃やっと気がついた。が、それは敵機ではなくて、笹井機の方だった。笹井機は敵機に射たれたと思って、おどろいて編隊のまま急激な左ななめ宙返りを打って射弾をさけた。その瞬間、敵機も気がついたらしく、これも左ななめ宙返りを打った。

ここにチャンスが来た。私はいきなり左垂直旋回で、敵が宙返りからおちてくる下へつっこんでいった。敵はあわてて、旋回しながら左へひねりこんで、機首をグングンつっこみ、降下の格好で逃げはじめた。もう眼の前がスタンレー山脈である。敵機は山腹をこするようにして逃げる。降下姿勢をとっているので、敵の方がまだいくらかスピードが早い。敵との距離一五〇メートル、まだ早いとは思ったが、私は引金をひいた。二〇ミリは射ちつくしていたので、七・七ミリだけだ。感じにして二〇〇発ほども射ちこんだころ、敵機は黒煙をふきながらジグザグ飛行をはじめた。そのため私との距

戦後は農業を営んだ元台南空司令の斎藤正久氏

離が急速につまった。一〇〇メートル……五〇メートル……よし、ここだ！　ともう一度、いつもの戦法、ななめうしろから射ちあげた。この射弾はそうとうな手ごたえがあったが、そのとき、雨雲がサーッとおおいかぶさってきて、私はなんにも見えなくなってしまった。残念ながら私は敵機を取り逃がしてしまった。しかし、私の列機本田二飛曹が、この敵がジャングルに落ちていったのを確認していた。

私は機上でひとり想う――古参搭乗員ともあろうものが、ところもあろうに戦場で、指揮官から二〇〇〇メートル余も遅れて飛んでいた。なんたる心の驕り――だが、それが幸いしたのである。編隊を組んでいたならば、親愛なる笹井中尉を救えなかったかもしれない。いや運が悪ければ自分が喰われたかもしれない。

生も死も、戦場では紙一重の差である。運命とは、なんとふしぎなものだろう……。笹井中尉と私は影と形のように、その後いくたび死生を共にしたことであろうか。ガダルカナル出撃で、ついに不死身を誇った私も重傷をうけ、内地後送ときまったとき、ラバウルの波止場で笹井中尉は私の手をしっかり握って、「貴様と別れるのは、貴様よりも辛いぞ！」といった。その眼には涙がいっぱい溢れていた。

これが笹井中尉との、最後の別れとなったのである。笹井中尉はその後八月二六日、その日は奇しくも私の誕生日であるが、ガダルカナル上空において壮烈なる戦死を遂げたのであった。

海軍航空隊の華と謳われたラバウル航空隊の古強者たちも、長い間にはやはり隙ができたり、数量に圧倒されたりして、一機二機と大空に散っていった。

現在、生き残っているのは、私の知るかぎりではわずかに五人、当時の司令斉藤正久大佐、副長小園安名中佐（終戦時、厚木空司令、大佐）、飛行隊長中島正少佐（終戦時、硫黄島飛行隊長、中佐）、私、それから石川清治という下士官である。ほか数名という惨状である。約五〇人の人材を誇った台南航空隊も、物量の前には一たまりもなく潰滅し去ったのである。

（「丸」昭和三一年四月号・戦記特集第1号）本稿は坂井三郎氏が「丸」に寄稿された手記の中で最も古いものである。

私が会得した空戦必勝法

坂井三郎
元海軍中尉

昭和一三年の日華事変での初陣以来、太平洋戦争が終わるまでエース坂井三郎が経験した二〇〇回以上にわたる戦闘で学んだ空戦の極意。負けることすなわち死という究極の勝負を繰り返しながら、坂井が昼となく夜となく考え続けた勝つための方策とは？

再び来ないチャンスをいかにモノにするか

私は日華事変から、ひきつづいて太平洋戦争と、数えきれないほどの空中戦を経験し、その間、四度、空中において敵弾のため負傷したが、〝命みょうが〟というか、死神に見はなされたというか、いまもなお健在である。

ガダルカナルの激戦でうけた右眼のきずは、ほとんど失明にちかく、これだけは不自由を感ずることがあるが、南海の雲を血しぶきに染め、祖国の光栄を信じて散っていった戦友たちや、私以上のきずを負い、いまなお、そのきずと戦っている方たちのことを思うと、私のきずなど、ものの数ではないと思っている。

その右眼の負傷のため、戦後、再開された大空への復帰は断念したが、一度、大空を自由自在に飛びまわることをおぼえた私にとって、それは残念なことであった。

それでも、三つ子の魂百までというが、昨年あたりから、元海軍の戦友たちがやっている藤沢の練習飛行場へ、おりをみてはかけつけ、数十分の同乗飛行をた

ソロモン諸島の雲海上空を飛ぶ零戦二二型編隊

のしみ、当時をしのんでいるが、ほこりのない上空のすみきった空気と、飛行機特有のにおいのミックスした、あのにおいを鼻にすると、なんともいえないなつかしさがこみあげて、二十年のむかしに若がえったような感激をおぼえる。

さて、このたび本誌より、当時の対戦闘機空中戦における、私のもっとも得意とする戦法を書けとの要望であるが、困ったことに、これといったキメ手が思いだせないのである。

むかしから剣術において、危機一髪とか切っ先三寸にして身をかわすとか、柔道やレスリングのような、相手と立ちむかうスポーツにおいても、きわどいはなれ技をもちいて勝つことを、美技として賞賛する傾向がある。

しかし、きわどい技で勝利を制するということは、ぎゃくに考えると、そのきわどいことをすること自体、自分をそのたびに、ピンチにさらしていることであって、空中戦では、それはつねに敗北、いいかえれば〝死〟と紙一重のところで対決しているということである。

勝負師としては、たとえその場は勝ちえたとしても、けっして満足すべき勝ちかたではないと私は思う。

空中戦は、スポーツやほかの勝負事とちがって、負けることは、すなわち死であって、今度は負けたが、つぎには挽回するというチャンスは、永久に来ないのである。

そこで私は、未熟な空戦の経験をかさねながら夜といわず昼といわず、ひまさえあれば、いかにして上手に安全に、早く勝てるかということを考えつづけた。

これは、大へんひとりよがりな、よくばった考えかたかもしれないが――。

秘術をつくす空戦法も目的は制空権の確保

いちがいに空中戦といっても、これを大別すると、進攻作戦、迎撃戦、遭遇戦の三つの型に分類することができる。

そのうち遭遇戦は、遭遇地点の位置が敵基地にちかい場合は、進攻作戦に似た型となり、味方基地にちかい場合は、迎撃戦に似た型となる。したがって、対戦闘機空戦は、進攻作戦と、迎撃戦の二つの型に分類され、この二つの型の基本と、その応用を念頭において、空戦のやりかたを私たちは考えた。

この二つの型のなかで、もっともむずかしいのは、もちろん進攻作戦である。

迎撃戦は敵機来襲という、決定的な条件のもとにおこなわれるものであるから、敵の兵力、機種、高度、方向など、敵の状態が手にとるように判明し、また、かならず空中戦がおこなわれるという予想のもとに、これを迎えうつのである。

だから、その観念においては、空戦そのものは、比較的やりやすいが、その反面、戦闘機のパイロットの責任感として、味方基地に一発の敵弾といえども、撃ちこましてはならないという心がまえをもって、一機一機に当たらなければならない。

そこが進攻作戦以上に、この意味においては気をつかうのであるが、なんといっても、フランチャイズの

進攻作戦の目的は制空権の確保にある —— 写真は進撃する3空の零戦編隊

安心感があるので、やりやすいといえる。

進攻作戦——これは文字どおり、こちらから先制攻撃をしかけるやりかたであるが、これを私たちは〝航空殲滅戦〟とも呼んでいた。

この作戦の目的は、敵基地上空の、制空権の奪取、いいかえれば、敵戦闘機を空中において撃滅して、つづいておこなわれる、味方爆撃隊の爆撃を容易にするのである。

敵戦闘機の勢力が大きい場合は、一回ではすまないので、何回もこれをくりかえすことになる。初期のラバウルでは、これがくりかえし、くりかえしおこなわれた。

戦法が違う制空隊と直掩隊

この進攻作戦は、敵の戦闘機が優勢であって、はじめから爆撃隊の空襲をおこなった場合、味方の被害が甚大であると予想されるとき、まず戦闘機隊だけで先制空襲をかけ、敵戦闘機を敵地上空において、補捉撃滅するのが目的であり、いわゆる制空権を賭けた戦いである。

この先制空襲の型にも、戦闘機隊のみでおこなう場合と、爆撃隊と協同でおこなう、いわゆる戦爆連合の場合と二種類がある。

戦爆連合の空襲は、戦闘機隊単独でおこなった攻撃で、敵の戦闘機の勢力をそうとうに減殺しえたと予想したのち、おこなわれるのがつねである。しかし、戦況が急迫して、このような段階をふんでいるひまがない場合や、機動部隊同士の決戦の場合はこの型と異なり、これは文字どおり強襲となるのである。

この戦爆連合の攻撃のやりかたは、まず戦闘機隊はその勢力を、制空隊と直掩隊（爆撃隊にピタリとくっついて直接掩護する隊）に二分される。

制空隊の任務は、爆撃隊が敵地上空につく予定時間の、約一五分まえに、敵地上空に先行して、これをむかえうつ敵戦闘機を撃滅して、上空の大掃除をおこなうのが目的である。

直掩隊は、制空隊と協力して、爆撃隊に襲いかかってくる敵戦闘機を追いはらって、爆撃隊の爆撃を容易にするのが任務である。


ここでは、同じ空中戦でありながら、二つの、根本的に性質のことなった空中戦がおこなわれる。制空隊の空戦は、徹底的に敵戦闘機を撃墜することを目的として戦うので、あるていどのムリや深追いは、やむをえないが、直掩隊の空戦のやりかたは、少しちがってくる。

爆撃隊（水平爆撃）は出発前、敵地の空中写真や、精密地図をもとにして、敵状その他を考えあわせて、爆撃点への進入方向と、避退針路（帰路につく進路）の計画を綿密にたてたうえ、発進することになる。

この場合、よほどの状況変化がおこらないかぎり、容易にその計画は変更しない。とくに爆撃数分まえになると、指揮官機を先頭に隊形を完全にととのえ、正しい水平直線飛行をおこない、爆撃針路にはいる。ついで爆撃手は、爆撃照準器の時計を発動して、目標の照準をはじめる。

この爆撃針路にはいったが最後、敵戦闘機が攻撃してこようと、高射砲弾が炸裂しようと、僚機が撃墜されようと、そんなものには眼もくれず、ただ投下時刻まで、その高度と針路を正確に維持して直進する。

先制攻撃は零戦のお家芸

この神々しいまでに落ちつきはらったその空襲の主役である爆撃隊の、番犬的性格をもった直掩隊は、襲いかかってくる敵戦闘機と、空戦をまじえるのが目的ではあるが、ここに一つの制約された条件がある。

それは、爆撃隊のそばを離れてはならないということである。もちろん瞬間的には、離れないわけにいかないが、もう一歩追撃すれば、墜とせる敵機があっても、追いかけたその留守に、爆撃隊が他の敵戦闘機に襲われるようなことがあってはならないからである。

そのため直掩隊は、敵戦闘機を撃墜することに専念するより、敵戦闘機を爆撃隊に近よらせないように、これを近いヤツから追いはらうように、機敏に動きまわらなければならない。

あるときは、自分の態勢が少々不利であっても、爆撃隊の犠牲になる覚悟も必要となってくるので、この型の空戦は、とくにチーム・ワークと、判断がむずかしく、戦闘機のパイロットとして、いちばんむずかしい空戦である。

私が得意とした進攻作戦時の一発勝負

太平洋戦争の初期から中期にかけて、零戦のあげた戦果の大半は、この先制空襲であったといえる。

この空戦法は、零戦のように足の長い（進出距離の大きい）戦闘機をもってする、代表的空戦法である。

敵情のはっきりしている迎撃戦とちがって、敵がはたして出てくれるか、またあらわれるとすれば、どこで待ちうけているか、といった疑問を持ちながら敵地に乗りこむという、不安のようなものはある。

しかし、こちらから敵地になぐりこみをかけるという、勇壮な士気と自信。それにもまして、戦いの主導権をこちらがにぎっているという強みは、なにものにも、かえられないものであった。

零戦の長大な航続力は、まことにたのもしいもので、私の経験した、ラバウルからガダルカナルまでの片道距離は、東京から九州南方の種子島との距離に相当する。

そして、空戦時間一〇分内外という短い時間に、雌雄を決する覚悟の、気合いのこもった一発勝負という、その心がまえの点において、私は進攻作戦が好きであり、また得意でもあった。

結果からいっても進攻作戦の方が、問題にならないほど撃墜数が多いのである。

経験がモノをいう空中撮影

まず進攻作戦は、敵状偵察からはじまる。太平洋戦争の初期においては、海軍はこの任務を、九八陸偵（神風型と同じ）が、一手に引きうけていた。

二人乗りの優速機で、これが八〇〇〇メートル以上の高空を単機で敵地上空に乗りこみ、一航過で空中写真や、肉眼で敵情をさぐってくる。

単機であるので、敵戦闘機にねらわれるチャンスは比較的すくないが、武装のないこと、空戦性能のないことは、敵戦闘機につけられた場合、決定的に不利である。したがって、この任務を果たすパイロットと偵察員は、空中経験の豊富なベテランがえらばれる。

そのほか、敵地ちかくにはなったスパイ報告や、戦闘機の強行偵察という手をつかうこともあるが、これらの情報を総合し、まず敵機の数や機種、動静、その他が、司令部において検討される。

これに味方の手持ち兵力とをにらみあわせて、攻撃計画がたてられるのだが、私たち戦闘機隊のパイロットにその命令がつたえられるのは、緊急の場合をのぞいて、ほとんどその前日の夕方であった。

二五一空の戦訓所見にみる零戦の空戦模様

終戦のときに私は、横須賀航空隊に勤務していたが、そのさい、手持ちの機密書類の完全焼却を命ぜられた。生来の横着者である私は、これを心よしとせず、ひそかに隊外へ持ちだした。これこそ私の半生期の、生命の記録であったからだ。

そのなかの勤務録（准士官以上の備忘録として「自己の遭遇、見聞または、研究修得したる事項中、将来、勤務の参考に資すべきものを記載するものとする」）のなかに、二五一空（元台南空、私の所属部隊）の戦訓所見が記録してあるが、ここに、これを原文のまま記載して、当時の零戦の活躍と、空戦の模様を知っていただこう。

（一）本戦訓は二五一空（元台南空）の昭和一七年四月より一一月までにおけるニューギニア、ソロモン方面戦闘にてえたものにして、戦闘機隊幹部の所見を主とする。

（二）敵機の機種は、Ｐ39、Ｐ40、グラマン、スピットファイア。

（三）味方の機種は、一号零戦。

＊　＊　＊

（一）目的——敵の戦闘機優秀にして、攻撃機をもってする空襲は、甚大なる被害を予想され、実施困難なるとき。

（二）兵力——兵力は多々ますます弁ずるものなるも、予想敵出現機数の一倍ないし一・五倍の兵力を有すれば十分なり。状況により、寡兵をもって空襲を実施する場合も、最小限度½の機数なるを要す。わが兵力、敵の½以下となるときは会敵時、空戦の実施きわめて不利にして、戦果小なるのみならず、大なる被害をこうむるおそれあり。

わが兵力小なるときは、若年者は、可及的に参加せしめざるを要す。一名の不適なる行動により、これを掩護せんとして、全体の不利をきたす場合を生ず。わが兵力大なるときは、若年者を多く参加せしめ、実戦経験を得せしむるを必要とす。

（三）離陸——（イ）出発まえの飛行準備位置、適切ならざるときは、大部隊の進発にさいし、混雑を生じ、集合までに大なる時間を消費するものなり。とくに前進基地は、一般に狭小にして、単に滑走路一本の場合多きをもって、なお然りとす。整備員は搭乗員の集合三〇分前までに、飛行場風下側に、適当なる位置に編成せる中隊順にならべおくを要す。

飛行機は、常時、敵空襲を考慮し、分散せしめおくを要するものなるをもって、過早に準備せざるを要す。

（ロ）離陸は、中隊番号順たるを要す（可とす）。離陸後、基準中隊は、高度一〇〇〇メートルていどにて、なるべく飛行場にちかく行動し、後続中隊より

敵状をさぐるため出撃準備中の九八式陸偵

の視認と、集合運動を容易ならしむるを要す。雲ある場合は、雲下を適当とし、断雲といえども、たてまえとして雲上に出でざるを可とす。下方に「ミスト」ある場合は、その上空にて集合するを可とす。

(四) 航空隊形――現在の空襲は、そうとう長時間飛行を要するをもって、航行中の搭乗員の疲労と、編隊運動の難易を考慮し、一般戦闘隊形よりも多少、開距離とするを要するも、長時間行動するときは、しだいに間隔大となり。突入時、隊形の整備に間に合わざることあり。離れすぎざるよう、厳にいましむを要す。

(五) 戦場突入――(イ) 戦闘機をもってする航空撃滅戦は、敵機の補捉を第一条件とすべきをもって、突入場所、高度は、もっとも敵機の出現する公算大なるところを撰定するを要す。進入方向は、敵に先んじて、発見せられざるために、敵の見張所等の上空を避け、太陽を背景にするなど、天象地象の利用に注意するを要す。戦場に突入し、一航過にて敵を発見せざる場合は、一時、戦場外に離脱し、反転してふたたび適当なる方向より、前回より高度を二〇〇〇メートルほど高くし、進入するを要す。突入後、敵を発見せず、そのまま戦場上空を旋回し、敵をもとむるか、または次回の突入高度が前回と同様以下なるときは、敵より奇襲をうけるおそれ大なり。突入にさいしては、運動困難ならざるかぎり、各中隊は可及的に、横広なる隊形にて、一般に後続隊は同高度か、またはわずかに高きを可とす。かくすれば、中隊相互の後方警戒容易にして、協同また

陸攻に寄りそって飛ぶ直掩隊の零戦二一型

容易なり。戦場突入後は敵発見時以外、なるべく大角度の旋回を実施せざるを要す。旋回する場合は、横広の隊形より一時、縦陣となり旋回後、ふたたび横広の隊形となる。

（ロ）戦闘準備は突入前、すくなくとも二〇分に完成するを要す。増槽燃料の主槽切換は、燃料経済のため、突入時または敵発見時、実施するを可とするも中攻隊の掩護の場合は、間にあわざること多きをもって、突入時、適当なる時機に切換を、要すれば、増槽落下しおくを要す。

（六）空中戦闘――（イ）空戦中、敵機を撃墜しうる場面は、①奇襲、②敵機が降下より上昇に転ぜんとする場合、③巴戦にして追跡したる場合、④味方機を攻撃せんとする敵を、側方（後方）より攻撃する場合。

①の場合は、いわゆる隠密に接敵し攻撃開始まで敵に知られざる場合にして、天象地象を利用して接敵、敵に先んじて、発見突撃するを要す。この場合、後下方より接敵すれば、もっとも隠密性あるも、接敵半ばにして敵に発見せられたる場合は、不利なる

対勢となることあり。したがって少数機の場合は、きわめて有効なるも、大編隊の場合は、敵に感知されるおそれ大なるをもって、実施せざるを可とす。状況により実施する場合は、不時にそなえて、一部の隊を上方に配備し、奇襲部隊を支援せしむるを要す。

支援隊は、敵に発見されたる場合は、機宜《きぎ》行動にて、奇襲部隊の行動を容易ならしむるを要す。奇襲部隊、敵に発見せられた場合は、機を失せず、きわめて迅速に敵を攻撃するを要す。後上方より接敵するは、天象地象を利用すれば、わりあいに発見せられざるものなり、しかも発見せられても、優位なる位置より戦闘を開始する利あるをもって、高度の優越を絶対に必要とす。前方より接敵は、敵に発見され易く、また前下方攻撃は、しばしば有効なる攻撃を実施可能なることあるも、攻撃の持続性、小にして、かつ発見される場合、相互反航にて射撃することとなり、不利となること多し。

②項の場合は、優位より敵機を攻撃し、わが回避により、前方にのめり、余力上昇せんと機首を上げる時機は、攻撃にもっとも良好なる時機なり。しかしこの場合、他の一部の敵が上空に支援しおり、敵を追う機を攻撃するは敵のとる常用手段なるをもって厳に注意するを要す。

③項の場合は、巴戦においては、P39、P40は零戦に比し、旋回圏きわめて大なるをもって一、二旋転において、容易に追跡しえるも、横の巴戦は既知のとおり、食い込み手段少々、縦の巴戦より長時間を要するのみならず、他の敵より攻撃をうける公算、きわめて大なるをもって実施せざるを要す。敵は二機の協同をよくし、われ、敵の一機を攻撃追跡するときは、他の敵は、きわめて適切にわれを攻撃し来れることとつねなり。（1）長追いせざること、（2）後方に注意をおこたらざること、（3）味方相互により、協同に後方支援すること肝要なり。モレスビー方面の敵は現在二機協同により、中隊の協同に進歩しつつある状況なり。

④項の場合は、われと空戦の経験なき敵は、はじめは闘志あり、積極的に挑戦しきたるも、技倆われよりはるかに拙劣なるをもって、これを補捉撃墜し、

大なる戦果をあげえたり。
二、三回空襲をかさねれば、わが技倆を知り、奇襲かまたは、優位よりの一撃のほかは遁走するを常とするをもって、きわめて困難となる。敵の遁走は急反転より、数千メートル急降下をつねとするも、未熟者は約二〇〇〇メートル降下して、機首を上げるもの多数あり。この機会を攻撃すれば撃墜容易なり。
戦闘後、味方機を集合する場合、後方より戦闘隊形にはいらんとすれば、敵との識別きわめて困難なるをもって（この場合、味方と思っても、念のために敵対行動をとる要あり）相互に、横より胴体側の日の丸を見せつつ接近するか、また要する場合は、機を傾けて、翼の日の丸を見せるを要す。

味方識別として、たんに「バンク」のみを使用するときは、敵これを利用し、「バンク」しつつ、接近攻撃し来れるものありたり。ときに応じ、「片バンク」などを定むるを要す。

空戦後、集結はきわめて大切なものなるをもって、各員は最善の努力をなすを要す。中、小隊長列機を問わず、相互にすみやかに集結するを要し、われは中隊長、小隊長たるをもって、列機より集結するを待つは、きわめて長時間を要し不可なり。

（七）空襲後の基地帰投――（イ）後方見張りをおこたらざること。敵機は味方の帰投進路に入るを待ち、後方死角より追いて来たり、奇襲一撃をくわえたるのち、遁走することをもちうること、しばしばなり。単機にて帰投するときはもちろん、多数機の場合といえども相互に後方を警戒し、この奇襲をうけざるよう留意するを要す。
（ロ）隊形としては突入時と同じく、できるだけ横広同高度の隊形にして、なるべく近迫しあるを要す。
（ハ）要すれば、しばしば蛇行運動を実施、後方死角を警戒す。（ニ）モレスビー方面の敵は、山脈を越えて一〇〇カイリあまりも追跡しきたれることあり。

（八）空襲より帰投時の基地着陸――敵航空基地は、一に飛行場を多数有するをもって、一飛行場を壊滅せしむるも、他の飛行場は使用可能なること多々あるをもって、味方の空襲後、敵、追打的に空襲しきたる公算大なる場合多し。味方としては、着陸または直後の空襲もっとも痛し。したがって、この空襲を予期する基地においては、帰投せる機は、すみやかな燃料弾薬を補給し、待機せしめ、要すれば上空哨戒に発進せしむ。そののち帰りたる機にて、燃料弾薬に残量ある機は、暫時（先に帰投せる飛行機の準備に要する時間、約三〇分）上空に残り、警戒を厳にする要あり。

（九）被弾時の処置――（イ）燃料槽に被弾ありたるときは、この燃料槽を使用しつつ、全速にて帰途につき、この燃料槽ゼロとなりたるとき、他の槽に切りかえ、経済速力にて帰投すべし。出発基地まで帰投不能なるときは、前進しつつ不時着場または、味方艦ふきん海上に不時着す。

（ロ）発動機に被弾、不調となりたりときは、けっしてしぼることなく、むしろ回転を増加し、もっとも震動少なきところにて、すみやかに帰投す。一般に、しぼれば停止すること多し。

（ハ）機体に被弾ありたる場合にして、空戦に危険を感ずるときは、すみやかに戦場を離脱、帰投す。

（ニ）油滑系統に被弾せし場合は、全速にて、もっとも近き基地、または味方部隊所在地に不時着するごとく帰投す。

（ホ）機体に被弾せる場合、着陸にさいしては、降着装置の被害の有無に注意し要すれば、基地上空を低空にて飛行し、地上員に良否を点検せしむるを要す。脚関係に被弾のおそれある場合には、基地上空に到達するまでは絶対に脚、把柄等にはふれざるを要す。みだりにふれる時は、たとえ「上げ」にするとも、「ケッチ」がはずれ、脚突出しなどいかにするとも収納不能となること多し。脚装置の被害確実にして、脚を出して着陸せば、転覆のおそれ大なるときは、脚を出すことなく、着陸するを可とす。

この場合、フラップを出さんとして、脚把柄を上にするとき、かえって「ケッチ」がはずれ、脚が突び出すことあり。フラップは出すことなく、そのまま着陸するを要す。

現今、西南大西洋方面における戦闘は、航空撃滅戦の連続にして、敵の空襲も、つねに予想される情況にて、また実際において、敵の空襲熾烈なるゆえに、攻撃の途中において遭遇することあり。また敵戦闘機は、わが攻撃部隊の帰途を待ちぶせること、しばしばにして、離陸出発時より、帰投着陸まで、絶対に油断をなすことなく、十分なる見張り警戒をなすとともに、敵上空において、空中戦いかに激烈をきわむるとも、けっして全弾を撃ちつくすことなく、のこしおくを要す。

極力格闘戦を避け、零戦の持ち味を生かす

このように、いちがいに空中戦闘といっても、千変万化であって、私の経験した数多い空戦をふりかえってみても、一回といえども、同じ型のものはなかったのである。

空戦というものは、陸上戦闘などとちがって、空中に浮いて、しかも当時の飛行機のスピードをもってしても、秒速一〇〇から一五〇メートルという、猛スピードで飛びまわり、それが上下左右と、その向きをおたがいに変えながらおこなうのであるから、その型は、さまざまだといえよう。

戦闘機の機銃は固定銃といって、胴体や翼のなかに前方にむけて、ボルトで固定してあるので、敵機が自分の直前方に来たときでないと、発射しても命中はしない。

一般に、戦闘機のことを知らない人たちは、そんな不自由なことをしないで、三六〇度射撃できる機銃を装置すればよいではないかと、考えることが多いが、それはあやまりである。

当時の複座以上の飛行機に装備された旋回銃と、単座戦闘機の固定銃の命中率の比は一対七〜一〇だといわれそるほど、大きな開きがあり、それほど固定銃の威力は大きかった。

世界中の主力戦闘機が、複座として、後席に旋回銃を装備するという方法をとらず、一〇〇パーセント単座機であるという現実をみても、やはりうなずけることである。

ところが、敵機が直前にあらわれ、照準器の中心に、その敵機を入れて発射すれば、命中するかというと、なかなかそうはいかない。

もちろん、同高度で直後につくか、真正面になった

距離が近い場合は、無修正でもよいが、目標はものすごいスピードで飛行しているのだから、ねらった敵機との角度が大きいほど、また距離が遠いほど、修正量が大きくなり、命中率が悪くなる。

空中戦の射撃は、静的射撃の場合の、弾丸の命中とは、その性質がまったく異なり、命中というよりも、自分の射った弾丸と敵機を、自分の予想した一点で遭遇合致させるといった方が正しいのである。

角度が大きい場合は、敵機を照準器の中心に入れて、直接照準発射をしても、飛んでいった弾丸がついたときには、敵機はすでにお留守になっている。

これを命中させるには、敵機の速度と自分の速度、敵機との距離、角度、弾丸の速度を、瞬時に計算して、敵機の未来位置にむかって発射しなければならないのである。しかも距離、角度とも、目測であるので、不正確でもある。

零戦の名人芸・格闘戦法

たとえば最大角度九〇度、射距離一〇〇メートルで発射するとき、敵速、自速ともに、約一一〇メートル／秒、弾丸発速九〇〇メートル／秒とすると、敵機の先端から約一三メートルまえ（操縦者を目標とする）へむけて発射しなければならない。

この修正量を小さくし、射距離を近くすれば、命中率はぐんとよくなる。

その最良の射撃位置とは、敵機の真うしろにぴったりくいついた位置である。

この位置は、敵の機銃はうしろへむかないのでもっとも安全な位置でもある。

ところが、敵機といえども考えはおなじで、このもっとも有利な位置をねらって、まわりこもうとする。そこでおたがいに、その絶対優位の位置へ近まわりしようとして、急旋回の運動にはいる。

この形が、一般にいわれているところのトモエ戦、または格闘戦であり、米英機に比して旋回半径の小さい、零戦のもっとも得意とする戦法である。

ところが、いったんこの格闘戦にはいって、多数の敵味方が入りこみだれてしまうと、おたがいのはげしい動きと、周囲の見張り、そのほかパイロットの神経や思考力、判断力を減殺する、数かずの悪条件がかさなり、いわゆる乱戦となる。

　こうなると、なかなか発射のチャンスがつかめず、また命中率も悪くなり、苦労するわりには撃墜率はよくない。

　そこで私は、この入りみだれるトモエ戦を極力さけて、深追いをさけ、この乱戦に入るまえの、零戦の持ち味であるところの旋回性能と、すぐれた上昇力を利用する戦法をとった。

読みの深さと基本の体得、断行力が大切

　また戦闘機のパイロットが、空中戦でいちばん気になるのは、死角の見張りである。エンジンのかげや翼の下は、機首を左右にふったり、大きく翼をかたむけて注意するが、後方、とくに後下方は、きわめて見張りがやりにくい。

　視界のよい零戦にくらべて、米英の戦闘機は、その構造上、後上方の視界はあまりよくなく、この二つの弱点を突き、絶対優位のこの位置へ、いかにして、もっともすばやく、また安全にくいこむかということを考えた。

　そして、けっきょく空戦というものは、将棋と同じであって、最後のつめ、すなわち、逃げられない王手の一手にもっていくまでの読みの深さと、それを実行する機敏なはこびであると思った。

　その〝読み〟とは、空戦においては優秀な見張力である。その見張りも、ただ単に空中の視力がすぐれているだけではだめで、眼光翼背《がんこうよくはい》に徹する心眼《しんがん》の見張りであり、敵の常套戦法やその日の天象、気象、地形を、最大に活用したものでなければならないことを、一戦一戦を経験するたびに考え、それを活用した。

　また、空戦場における優位の条件として、敵より高度の高いことが、第一条件といわれている。

　大編隊の場合は、もちろんその通りであるが、小隊単位の小さい編隊の場合は、私は、少しぐらいの高度の優位よりも、その高度差をスピードのエネルギーにかえ、この敵機の死角であるところの、後下方へもぐり込み、敵機のわきの下めがけてヤリを突き上げるような攻撃を好んでとった。また、これはすばらしく成

功した。

しかも、後下方から射ちこんだ弾丸の威力は、とくに敵機に火災を起こさせ、操縦者を死傷させるのに有効であった。

また、この後下方からする攻撃は、射撃まえの接敵中に、敵に発見されても、反撃をうけにくい利点がある。しかも敵の得意な垂直急降下逃走戦法も、その直前に、こちらが下にいるだけに、その初動をピタリとおさえて撃墜することができる。

さらに急上昇や宙返り、急旋回で回避しようとしても、それは零戦の思うツボであるからだ。

一部では、私のこの戦法を、敵より高度が低い接敵法という不利を心配するムキもあった。しかし、勝負というものは、虎穴に入らずんば虎児をえずのたとえのとおり、空戦においても、空中戦そのものが、命をかけた勝負であるかぎり、あるていどの危険も、あえてこれを断行する決断力と実行力が絶対条件であった。

しかもその断行力も、森の石松式の暴勇ではなく、空戦の基本を完全にマスターした、計算づくめの、柳生流の正流をくんだ剣法でなければ、はげしい一回一回の空戦を勝ちぬくことは困難である。

海戦は、最初の五分間が大切といわれるが、空中戦闘は、最初の一〇秒間できまるといえる。読みの深さと基本の体得、そして断行力、この三つは、すべての勝負師のこころえるべき条件ではあるまいか。

私は、さいわいにして、敵の戦闘機の弾は、わが身、わが機体に一発といえども触れさせなかった。

（「丸」昭和三九年一月号「戦闘機と空中戦」）

くんずほぐれつの格闘戦は極力避けるべきだ

エース・サカイの零戦操縦法

坂井三郎
元海軍中尉

基本操作

零戦を始動するには

パイロットが飛行機を操縦する場合、搭乗する前に必らずやらなければならないことがある。それは外見上の愛機の点検である。もちろん熟練した受持整備員によって点検、試運転が綿密になされていても念には念を入れなければならないからだ。愛機を一まわりしながら、視認によってタイヤの空気圧、車輪止め、主脚、尾輪、オレオは正常な位置にあるか、胴体の各点検窓カバー、各燃料補給口の蓋の締付は確実か、ピトー管カバー、二〇ミリ機銃の銃口の栓が除かれているか、三舵の振れ止め板は除いてあるか等々を確認したのちさらに飛行作業と空中戦闘に必要な携帯用具、物品は完全にそろっているかを確認して搭乗する。

搭乗したら何を置いても、まず燃料計をみて、燃料の確認と燃料コックを主タンク使用とする。落下傘バンドと落下傘を直結し、自動索が機体（座席）と結合しているかを確認する。

つぎに腰と肩バンドをかけ座席の上げ下げを試す。そして、操縦装置を最大限まで念入りに操作してエルロン（両翼の補助翼）、昇降舵、方向舵の動き具合を実際に舵を見ながら確認し、はじめてエンジン始動となる。

地上の整備員の動きを確認して、「前放れ、スイッチオフ、イナーシャまわせ！」を大声で叫びながら、主スイッチの「断」を確認する。整備員が操作するイナーシャ・スターター（慣性起動機）の回転音によってその回転数が最大に達したことを確認したのち、再度大声で「コンタクト」と叫びながら整備員に知らせ、主スイッチを入れ、イナーシャとエンジン軸を直結するため座席右前方の引手を引く。

　ここではじめてイナーシャの回転力がエンジンを動かし、プロペラが回りはじめるが、左手をすばやくスロットルレバーに移し、若干開き気味にしながらプラグの発火によって始動するのを待つ。

　このとき両手をいそがしく使うため、操縦桿から手を放すことになるので、右足で操縦桿を巻きこみ、手前に引きつけて上げ舵一杯にとって昇降舵によって尾部を押えつけ、飛行機が鼻をつくのを防ぐことを忘れてはならない。

　エンジンが始動したら、動力計に注目する。そして、第一番に確認するのが油圧計（潤滑油）である。燃料がないか、あるいは燃料系統に故障があれば、エンジンは直ちに停止するが、油圧が上がらなくても、エンジンは焼きつくまで回るからである。潤滑油量計はないから油圧計に頼る。これは、内燃機関を運転する者の忘れてはならない鉄則であるからだ。スロー煖気運転をつづけながら運転状態をみる。

　零戦二一型の場合油圧が四キロ／平方センチ、燃圧〇・二二キロ／平方センチは各回転を通じて不変であ

ブースト計

油圧計（左）・燃圧計（右）

回転計

シリンダ温度計

るが、油温は四〇℃～五〇℃が最良である（油冷却器のシャッターの開閉でコントロールできるが、正常な運転と適正な油量であれば、あまり上下するものではない）。油温が四〇℃になったことを確認してはじめて試運転を行なう。

動力計には吸入圧力（ブースト）計、燃圧計、油圧計、油温計、回転計、筒温計、排気温度計等があるが試運転を行なう前に、座席右前方にあるカウルフラップ把手を操作してカウルフラップを全開にする（筒温過昇を除くため）。

A.M.C.（オートマチック・ミクスチャー・コントロール（左七・七ミリ機銃の左側にある））の把柄をフリー、（必要に応じて任意に固定することができる）にする。A.C.レバー（九六戦まではA.C.だけで高度に応じて運転状態にあわせてミクスチャーのコントロールを手動のみで行なったが零戦ではA.M.C.が装置されたが、予備としてA.C.も残されていた。スロットルレバーのレールに併行して右側にある赤い円型のレバーがそれである）を目盛ゼロ（手前一ぱいに引く）位置にする。

試運転でなすべきこと

エンジンの運転状態をもっとも敏感に示すのは、ブースト計と回転計である。一般に実用機の計器盤は盤の色は黒、指針は白（蛍光塗料が塗ってある）であるが、動力計器の中でブースト計だけは盤の右側の約三分の

排気温度計

スイッチ

高度計

速度計

一が赤色で示され、左側の約三分の二が黒色になっているが、私たちは黒の示度を黒（－）ブースト、赤の示度を赤（＋）ブーストと呼称した。ブースト計の示度の意義は、シリンダーに供給される混合（ミクスチャー）気の圧力を示すもので、黒の範囲は混合気の圧力が大気圧に対してマイナス、すなわち、混合気をシリンダーが吸いこんでいる状態であり、赤の示度範囲では過給器（スーパーチャージャー）の働きによって押しこんでやる状態である。性能の低い練習機や地上の一般の自動車その他の内燃機関は過給器の装置がなくアクセル全開で最大馬力を出しても高性能機の黒ブースト一ぱいの力しか出ない。自動車で一〇〇〇メートル、一五〇〇メートルの高地で走行するとき、アクセルを一ぱいふんでも出力が低下するのは、このスーパーチャージャーの装置がないからである。

　黒ブーストの目盛はマイナス四五〇から〇まであるが、〇が黒ブーストの最高出力で、そのとき供給される混合気の圧力が大気圧と等しくなったときであり、〇を通りこして針が右側、すなわち赤ブースト側にまわったとき混合気が圧入されることになって、出力が更に上がるのであるが、二一型の場合プラス二五〇ミリが限度であった。だが、五二型、五三型と改良され、赤ブーストも三五〇ミリと上がった。

　また過給器装置も二速となり、高度三六〇〇メートルで一速の赤ブーストの限界に達し、更にパイロットが手動で二速に切りかえることによってエンジンが生

旋回計

水平儀

昇降度計

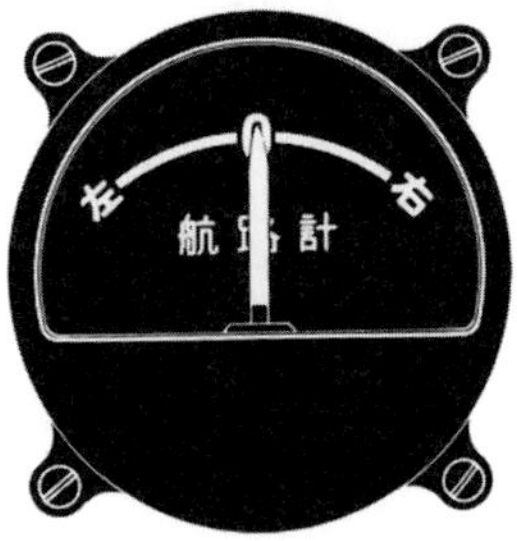

航路計

高荷義之 精密イラストレーション

零戦二一型(A6M2)コックピット(左舷)

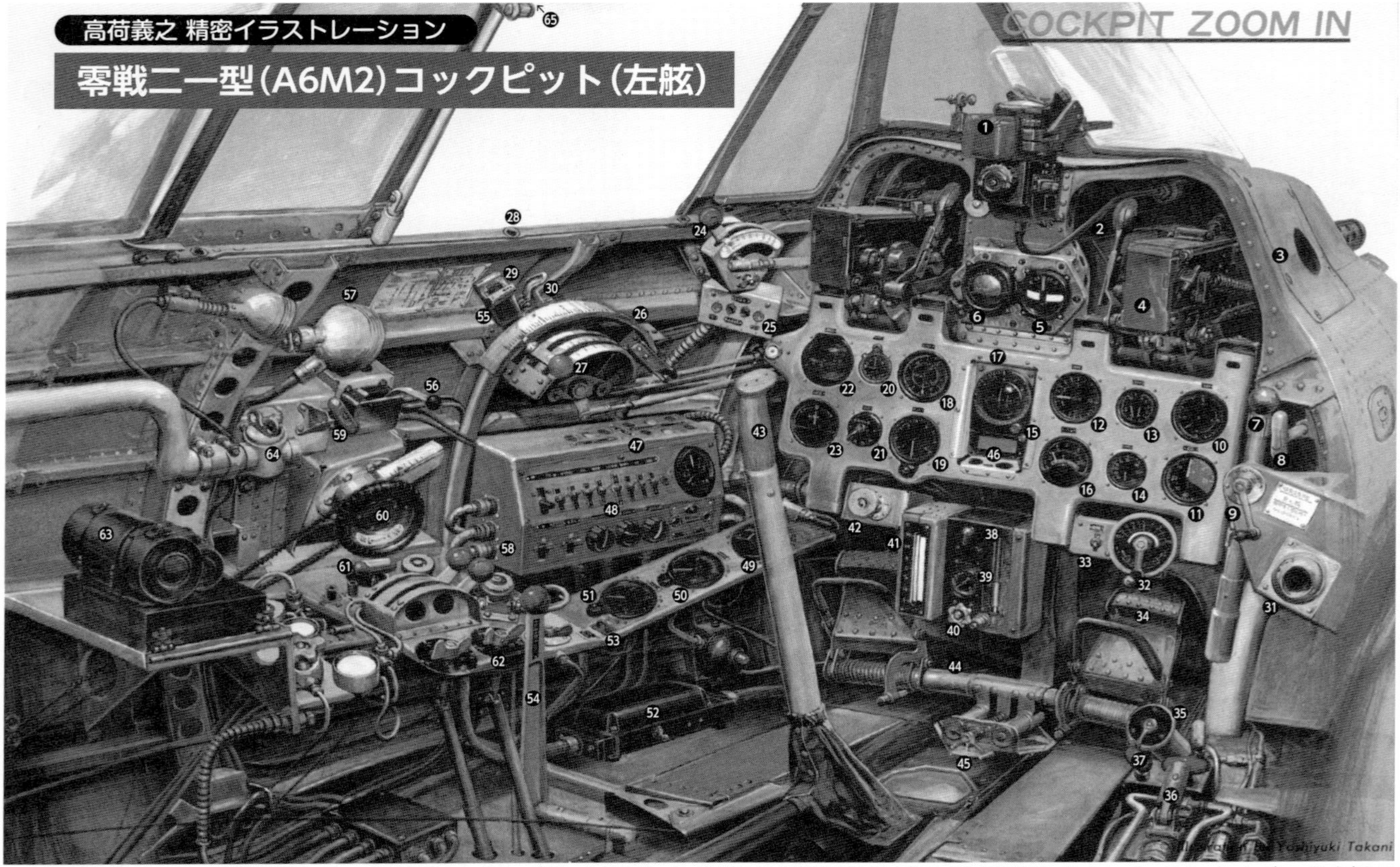
COCKPIT ZOOM IN
Illustration by Yoshiyuki Takani

1. O.P.L.照準器　2. 7.7mm機銃装填用レバー　3.給弾扉　4. 7.7mm機銃　5.旋回計　6.水平儀　7.応急用手動ポンプハンドル収納位置　8.イナーシャスターターレバー　9.カウルフラップ開閉ハンドル　10.回転計　11.吸入圧力計　12.油圧計　13.燃料圧力計　14.油温計　15.昇降度計　16.シリンダー温度計　17.磁気羅針儀　18.速度計　19.高度計　20.航空時計　21.エンジン・メイン・スイッチ　22.混合比計(三二型より排気温度計に換装)　23.航路計　24. A.M.C.　25. 20mm機銃装填指示灯　26.プロペラピッチ変更レバー　27. A.C.　28.風防ロック孔　29.機銃切換スイッチ(7.7mm両、20mm併用)　30.機銃発射レバー　31.座席空気取入口　32.オイル冷却器シャッター開閉ハンドル　33.点火栓昇圧器スイッチ　34.主車輪ブレーキペダル　35.燃料タンク冷却扉開閉ハンドル　36.応急用手動ポンプ(使用時にハンドルを接続する)　37.応急脚出用引手　38.自動酸素吸入器　39.酸素計　40.酸素給断コック　41.前後傾斜計　42.燃料注射ポンプ　43.操縦桿　44.フットバー　45.フットバー・アジャスト・ハンドル　46.自差修正表　47.主脚・尾輪作動指示灯　48.配電盤　49.給気温度計　50.胴体タンク燃料計　51.翼内タンク燃料計　52.コントロールボックス　53.落下傘自動曳索掛　54.手動燃料ポンプ　55.スロットルレバー　56.機銃安全装置　57.紫外線灯　58.爆弾投下器レバー

零戦二一型(A6M2)コックピット(右舷)

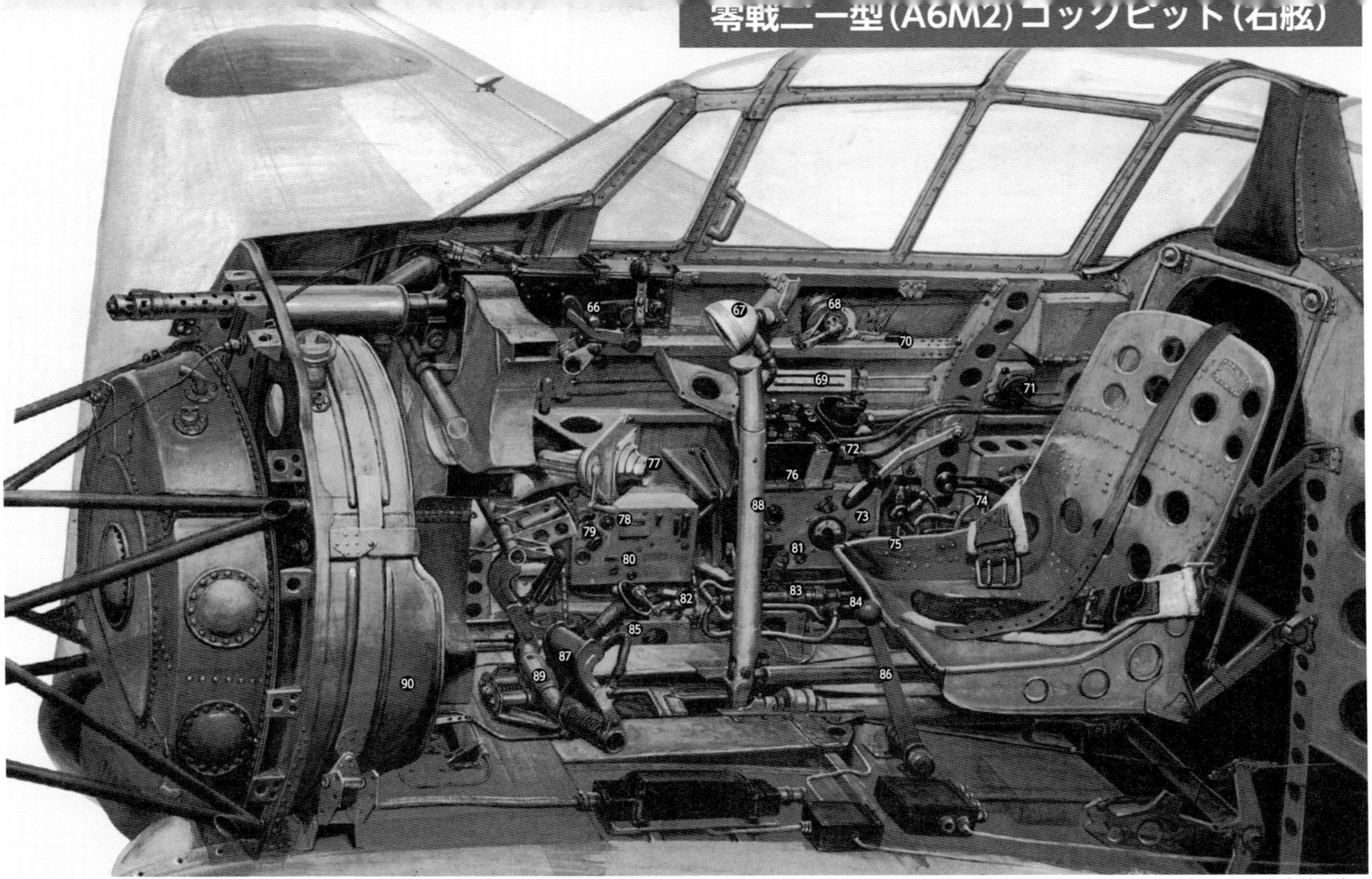

66. 右7.7mm機銃　67. 紫外線灯　68. 着艦フック巻き上げハンドル　69. 着艦フック下ろし量およびフラップ開度指示器　70. 着艦フック下ろしレバー　71. 空中線切換レバー　72. 無線帰投方位測定器調整レバー　73. 着艦フック離脱レバー　74. フラップ切換レバー　75. 脚切換レバー　76. 無線器　77. 座席空気取入口　78. カウルフラップ開閉ハンドル　79. オイル冷却器シャッター開閉ハンドル　80. ラジオ受信機　81. ラジオ送信機　82. 応急脚出用引手　83. 応急用手動ポンプ　84. 座席上下操作レバー　85. 燃料タンク冷却開閉ハンドル　86. 手動燃料ポンプ　87. ブレーキペダル　88. 操縦桿　89. フットバー　90. 燃料タンク

き返り、高度六〇〇〇メートルでも赤ブースト一ぱいの出力を得た。

試運転ではブースト計と回転計を交互に比較しながら、排温計（基準約八〇〇℃）、筒温計（基準一八〇℃）とのブーストに応じた変化のバランスを確めながら行なうが、地上においては赤ブーストはエンジンに無理を生ずるので、ごく短時間に限るが、回転数は約二五〇〇回／分が限度の常態である。左右二コの発電機が働き、一シリンダー二コのプラグで発火を行なうので、ブースト〇、回転数約二〇〇〇回転の位置で主接断器（メーンスイッチ）を「両」使用から左単独、右単独に切りかえた場合、とうぜん回転数の落差があるが、右、左各五〇回転以内の落差であればよいとされているが、切りかえ運転の状態がエンジンの好・不調を知る上に一番肝心な極め手である。

また、試運転中身体に感じる振動の状態、その性質、音、臭気などに全神経を集中する。そして、脚およびフラップの作動油圧、O.P.L.射爆照準器の点灯を確認してオフとし、七・七ミリ機銃の半装塡（発射可能の全装塡は空中で行なう）、二〇ミリ機銃の装塡と尾栓の後退を兵器員と連絡をとって行ない、さらに無線電話の点検をする。

かくて零戦は大空に

準備完了、出発となるが、風防を一ぱい開き飛行眼鏡をかけ、座席を一ぱい上げる。四囲をくまなく見張り、エンジンを一ぱいしぼってスロー回転とし、整備員に手先信号で知らせ、車輪止めを除く。

地上滑走を開始したら、主脚、尾輪のオレオ、タイヤの空気圧を確認し、ブレーキのきき具合を試す。風に向かって離陸点に立ち前方目標を定め、ブレーキをしっかり踏みこみカウルフラップの全開を確認して、地上滑走でスロー運転を続けたあとなので、ブースト〇近くまでエンジンをふかし、プラグの汚れを払って運転状態を再確認する。

さらに地上上空の前後を見張ったのち、ブレーキをゆるめながらスロットルレバーを早からず、遅からず、適当に開きながら目標に向かって操縦桿を前方におさえスタートを切る。操縦桿を前方に押す（下げ舵）操

ブイン基地から出撃する零戦二一型。搭乗員は風防を開き、座席を一ぱいに上げている。カウルフラップが開いているのが分かる

作は昇降舵をきかせて三点姿勢から早く機を水平飛行の姿勢にするためである。

これには二つの目的がある。一つは速度を早く得るためであり、一つはパイロットがエンジンの上から目標をつかむためである。

離陸は原則としてエンジン全開で行なうが、プロペラ機は離陸に際して方向舵中正位置では絶対に直進はしない。零戦の場合プロペラは操縦席からみて右回転であるので、急速なプロペラの回転増によって、左指向（左旋回）をはじめるので、右足を踏みこむ（これを当て舵という）ことによって修正しながら直進する。そして、機が失速速度以上に達する（パイロットは勘によってこのことを知る。このとき速度計は見ない）少し前から除々に操縦桿をもどし、やや上げ舵になった時機に静かに地面を切る。そのまま上昇しながら高度約一〇メートルで脚把柄を上げにとる。両脚表示燈が青から黄となり赤となったとき、脚が完全に収納されるが、さらに両翼上面、二〇ミリ機銃の少し内側に突き出ている脚位置指示板が翼上面まで沈んだことによって再確認をする。脚収納が終わったら把柄を必ず中正にすることを忘れてはならない。

そして、座席を適当な高さ（好みにもよるが、照準器と目の高さが基準）に調整し、風防を閉め飛行眼鏡をはずす。

上昇力は赤ブースト一ぱい（エンジン全開）にした場合、一〇〇〇メートルまで約一分、二〇〇〇メートルまで約二分、三〇〇〇メートルまで約三分、四〇〇〇メートルまで約四分強、五〇〇〇メートルまで約五分三〇秒、六〇〇〇メートルまで約六分三〇秒、七〇〇〇メートルまで約七分四〇秒、八〇〇〇メートルまで約九分三〇秒、九〇〇〇メートルまで約一九分〇〇秒、一〇〇〇〇メートルまで約三二分を要し、一一五〇〇メートル以上となると上昇力は急速に低下する。

必要高度に達したら水平飛行に移るが、零戦の巡航高度は三〇〇〇メートルから四〇〇〇メートルが最適であった。

恒速プロペラの特長

零戦は恒速プロペラ使用であるので、地上試運転、上昇、高速時はプロペラピッチ把柄は「常時」の指示位置、すなわち低ピッチ固定の位置で行なう。低ピッチ固定の位置ということは、零戦以前の戦闘機に使用されたピッチ（プロペラ角度）の変わらない固定ピッチと同じ状態ということであり、エンジン出力の増減に比例してプロペラ回転が増減するということである。馬力は回転に比例するという立前から、最も出力を要する離陸、上昇、高速飛行、特殊飛行（空戦もふくむ）は常時の指示、すなわち低ピッチ固定で運転するが燃費もまた回転に比例するので、長時間の水平飛行をつづける場合、低ピッチ高回転で得られるスピードのメリットより燃費の増大のデメリットの方がはるかに大きくなる。これを解決するためには、長時間の巡航時に必要なスピードを保持し、燃費を極力少なくするという矛盾した要求が生まれた。それには回転を極力おさえ、プロペラピッチを大きくして、牽引力を増すことである。この要求に応えるために採用されたのが零戦の恒速プロペラである。

零戦が世界一の航続力を保持し得たのは、この恒速プロペラの採用が大きく貢献したのである。

また一面、航続時間と航続距離は比例しない。その理由は、パイロットの採用する飛行高度と時速によって大きく変化するからである。実例を示すと、高度三〇〇〇メートル、速度一二〇ノットで一二時間飛行したとき、距離は一四四四カイリ（約二六七四キロ）の最大値を得られるが、同じ高度で一六〇ノットで飛ぶと飛行時間は七・三時間（約六〇％）距離一一六八カイリ（八〇％）と航続時間と航続距離は低下する。

高度六〇〇〇メートルを採用すると速度一二〇ノットの場合、時間、距離とも若干低下（ほとんど差はない）するが、一六〇ノットの場合は時間、距離とも一・一七倍と予想外の変化が起こる。

　われわれは種々の要因を加味して巡航高度は三〇〇〇～三五〇〇メートル、速度は一二〇～一四〇ノットを常用した。(増槽使用時、爆撃隊の直援時は止むを得ず低速となる)速度はあくまで計器速であるが、大気の風向、風速によって実速は大きくちがってくる。無風状態でも計器は実速より相当少く示し、高度によってもまた誤差が変わるから、パイロットは計算と実

整備中の零戦。プロペラ中心のハブに組み込まれたピッチ可変機構が見える

測をつかみ、航法を行なった。

　零戦の恒速プロペラは、スロットルレバーレールの内側に装備されたプロペラピッチ把柄と連動した油圧によって作動する。

　低ピッチ高回転の上昇飛行から水平飛行(巡航状態)に移ると同時にまずスロットルレバーによってブースト(二)二〇〇ミリ近くまで絞り、速度計と回転計を見くらべながらピッチ把柄を静かに前方に押し出すと回転が落ちはじめる。これはプロペラピッチが低ピッチの固定状態から高ピッチへと角度が大きくなりはじめたからであり、スロットルレバーは固定したままであるのに速度が増大してくる。同時にブースト計も二〇〇ミリから一五〇ミリ、一〇〇ミリと上ってくる。ここでスロットルレバーを絞りながら、回転数を一八五〇回転にセットすると、零戦の経済スピード約一三五ノットに速度計も落ちてくる。とうぜんブースト示度も再びマイナス一七〇ミリ近くに下がり、理想的な巡航状態に落ちつく。

　今まで全開していたカウルフラップも筒温計と見くらべながら閉め位置にするが、全閉近くで筒温は

一八〇℃、排気温度は八〇〇℃前後に必然的に落ちつく。編隊で行動する場合、一番機との速度の歩調が狂ってくるが、スピードのある程度の増減は、スロットルレバーの操作だけで行なうが、このとき速度とブースト計は増減するが回転は変化しない。これは、出力の増減がそのままプロペラピッチの変化となるからである。いいかえれば一八五〇回転にセットされたプロペラはスロットルレバーの開閉によって、その角度を微妙に変えているのである。しかし、赤ブーストの限度までスロットルレバーを開いても（この回転ではプロペラピッチがハイピッチの限度となっても）最大速度にはほど遠い。

したがって、特殊飛行、空中戦を行なうには、ピッチ把柄指示度〇、常時（低ピッチ固定）にもどし、最大回転を得られる状態にしなければならない。

タテ運動とヨコ運動

空中操作（上昇、降下、水平、特殊、計器飛行）を行なうとき、飛行機の状態を示す計器類を総じて、動力計器に対して航法計器と呼ぶ。零戦の場合を列挙すると、高度計、速度計、旋回計（通称針玉）、水平儀、昇降度計、前後傾斜計、定針儀、航路計、コンパス（羅計儀）などである。

計器飛行を必要とする雲中、霧中悪天候の夜間長距離洋上の飛行は別として、特殊飛行を行なうとき、実際上パイロットは計器をいちいち確認しながら行なうことはない。速度計や高度計をチラッチラッと参考にする程度である。もちろん空中戦ともなれば、動力計器も航法計器も一切目を通すことは不可能であり、パイロット自身はその飛行状態を水平線と地形、地物を本能的に把握することができるが、操縦の未熟な練習教程においては各計器の示度と対比しながら自機の飛行状態の把握を演練するのである。言いかえれば、計器飛行以外の通常の飛行中のパイロットは計器を頼って操縦するのではなく、各計器はその飛行機の、そのときその飛行機の飛行状態を示針の指度によって示しているのである。

したがって、読者に零戦による特殊飛行を解説するためには外界と航法計器を同時に視認しながら行なうと仮定して述べることにする。

特殊飛行は大別してタテ方向と横方向の運動があり、その二種を基本として応用操作の変化が生まれてくる。

タテ運動の代表的なものに宙返りがあり、横運動の代表が垂直旋回と緩横転と横転がある。その変化が斜宙返り、宙返り反転、急反転、空中戦に零戦が活用したヒネリコミや失速前の三舵の微妙なききを巧みに応用した失速反転等である。これらは正しい宙返りと垂直旋回、緩横転の基本をマスターすることによって初めてなし得る技である。ただし、錐もみは失速後に起こる操縦不能におちいった飛行機の落下の状態であって、操縦とはいえないが、その錐もみ状態から正常にもどす操作は操縦と言うことができる。

旋回と横スベリ

飛行機を操縦する場合守らなければならない数々の条件の中で、もっとも大切なことは、機の横スベリである。飛行機は前方向からの力に対しては制限速度以内の力に対して充分の強度を保持しているが、横方向からの力に対しては弱いものであるから、あらゆる飛行状態において、横風を機体にあてるような操縦は禁手である。

飛行機の横スベリは、自動車の運転において、キーキーというタイヤのスリップ音をたてながら旋回をくり返すようなもので、エンジン、機体の故障を誘発するもとになるからである。また、横スベリの状態で発射された機銃弾、爆弾、魚雷はそのスベリのために命中精度はいちじるしく低下する。着陸は危険である。

飛行機は昇降舵、方向舵、補助翼（エルロン）の三舵をきかして操縦することは言うまでもないが、昇降舵は機首の上げ下げ、方向舵は機首の右向き、左向き、エルロンは機体の右傾、左傾の働きを受け持ったのであるが、飛行中もっとも多用する旋回操作の操縦法の基本を述べると方向変換、すなわち旋回操作であるから、舵の名称から考えると方向舵が主のように思われるが、実はエルロンが主役なのである。極言すれば方向舵だけでは旋回はできないが、エルロンだけで旋回は可能なのである。その理由は、飛行機は傾斜側へ旋回する性質をもっているからであり、仮りに方向舵だ

ラバウル東飛行場で整備中の零戦二一型

けをきかせてもきかせた方向へ機首は向くが、ほとんど旋回はせず、そのまま横スベリの状態で斜めに前進をつづけてしまう。

したがって、零戦の操縦法を知るについて、このことを頭に入れておかなければ、理解することはできない。これでわかるように、あらゆる旋回はエルロンが主で、方向舵は従であり、この二舵の理想的な釣り合いと、エンジンによって初めて正しい旋回飛行が行なえるのである。ただし、垂直旋回およびそれに近い急激な方向変換には昇降舵が大きな役目を果たすことになるが、このことについては後に述べる。

特殊飛行のテクニック

旋回飛行

飛行機の旋回と横スベリの状態を正直に正しく示してくれるのが旋回計（針玉）である。

旋回計の針は機の方向の大小の変換を微妙に瞬時に

示す。これが針であり、機の左右のスベリを示すのが弧型のガラス管内にアルコールを満たした中に、フリーの状態に置かれた鋼球（または黒メノー）である。針玉の語源はここに発している。

水平旋回

あらゆる空中操作において、直線飛行から方向を変換する時大切なことは、目標を定めることであり、その目標に向かって操作することが鉄則である。

バンク一五度～二〇度の左旋回を行なうには、エンジンの出力をやや増し気味にして、操縦桿をやや斜め前にゆるい押しつぶされたハート型を描くように左に倒す。左バンクに入ったならば、それにつぎ足す気持で左足を軽く踏みこむと左旋回に入る。だが水平旋回であるから、操縦席前方の目安の一点が水平線から上下してはいけない。飛行機は傾いた方へ沈む（機首を下げ、高度を下げる）くせがあるから、エンジン出力と見合わせながら操縦桿を心もち引く（上げ舵）ことによってスピードを一定にして旋回をつづける。このとき気速は水平飛行よりいくらか落ちるので釣り合いのとれた正しい旋回飛行であれば、旋回計の針はもちろん左を指すが、傾斜計の黒い玉は機が左傾斜しているにもかかわらず中央に坐りつづけてくれる。

左バンクと方向舵のききによってなされる左水平旋回による遠心力に加えて、操縦桿をわずかに引くことによって生ずる旋回の遠心力が加味されているからである。旋回中の機首の上げ下げによって生ずる高度の変化は、もちろん高度計が示してくれるし、水平線との上下、傾斜の関係はB図に示す水平儀が示すのである。

A図は水平旋回における旋回計の動きであるが、㋑は三舵のききがうまく釣り合いがとれた正しい右旋回をしていることを示し、㋺は方向舵に対してエルロンをきかせすぎてバンクが過大になったため、機は右下にバンクによって横スベリ旋回をしている状態である。この場合は、バンクを少しもどすことによって玉は中心にもどる。㋩は同じ針が示すように、機は右旋回を行なっているがバンクに対して方向舵が右にききすぎて、方向舵で無理に旋回していることを示しており、方向舵のききをゆるめるか、右バンクを増すことによって玉は中正にもどる。㋺の場合も同じ原理でバンクはそのままで、方向舵を少し右にきかすことによって玉を中心にもどすことができる。このことから玉の動きをよく観察すると、水平飛行中にバンクをとると機はバンク側に沈む（スベル）が、その場合は玉は重力によってバンク側に片寄るのである。また水平飛行中に方向舵だけをグィと右足を踏みこんできかすと、玉は瞬間左側へ片寄る。これは機が急激に右に横スベリするからであって、機の横スベリはバンク過大よりもむしろ方向舵過大から生ずることが多く、その横スベ

A図　傾斜計の指示

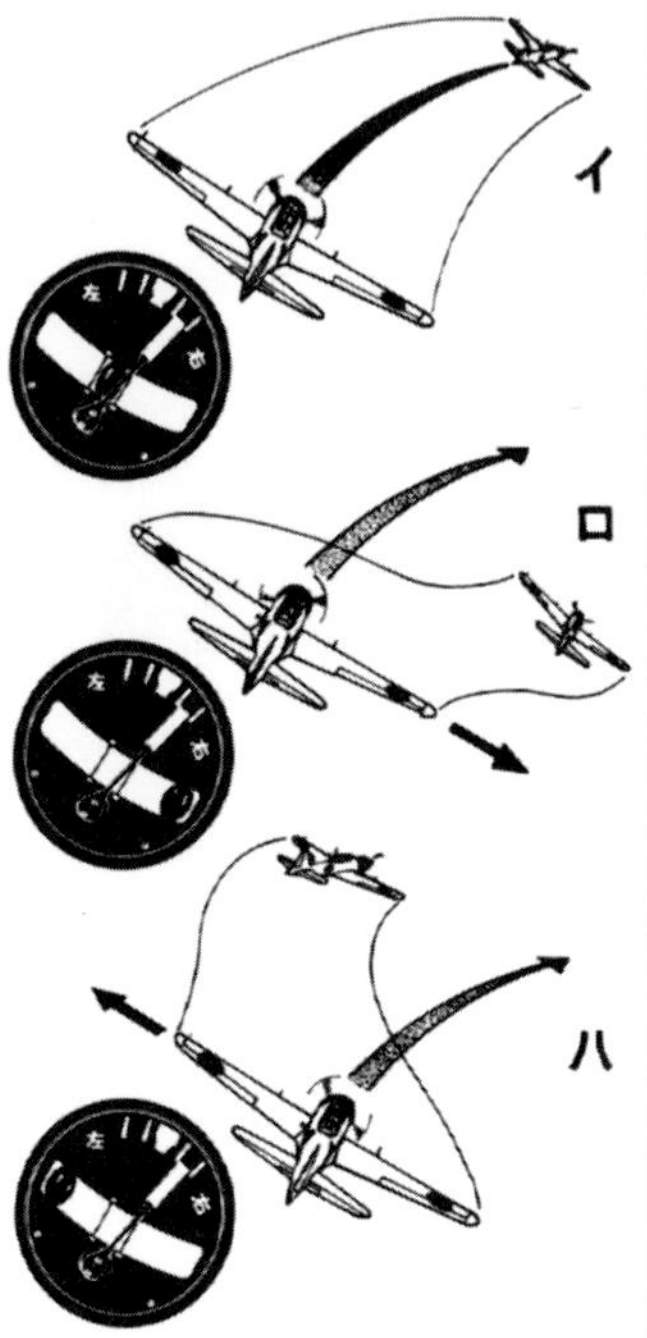

B図　飛行機の姿勢に対する水平儀の指示

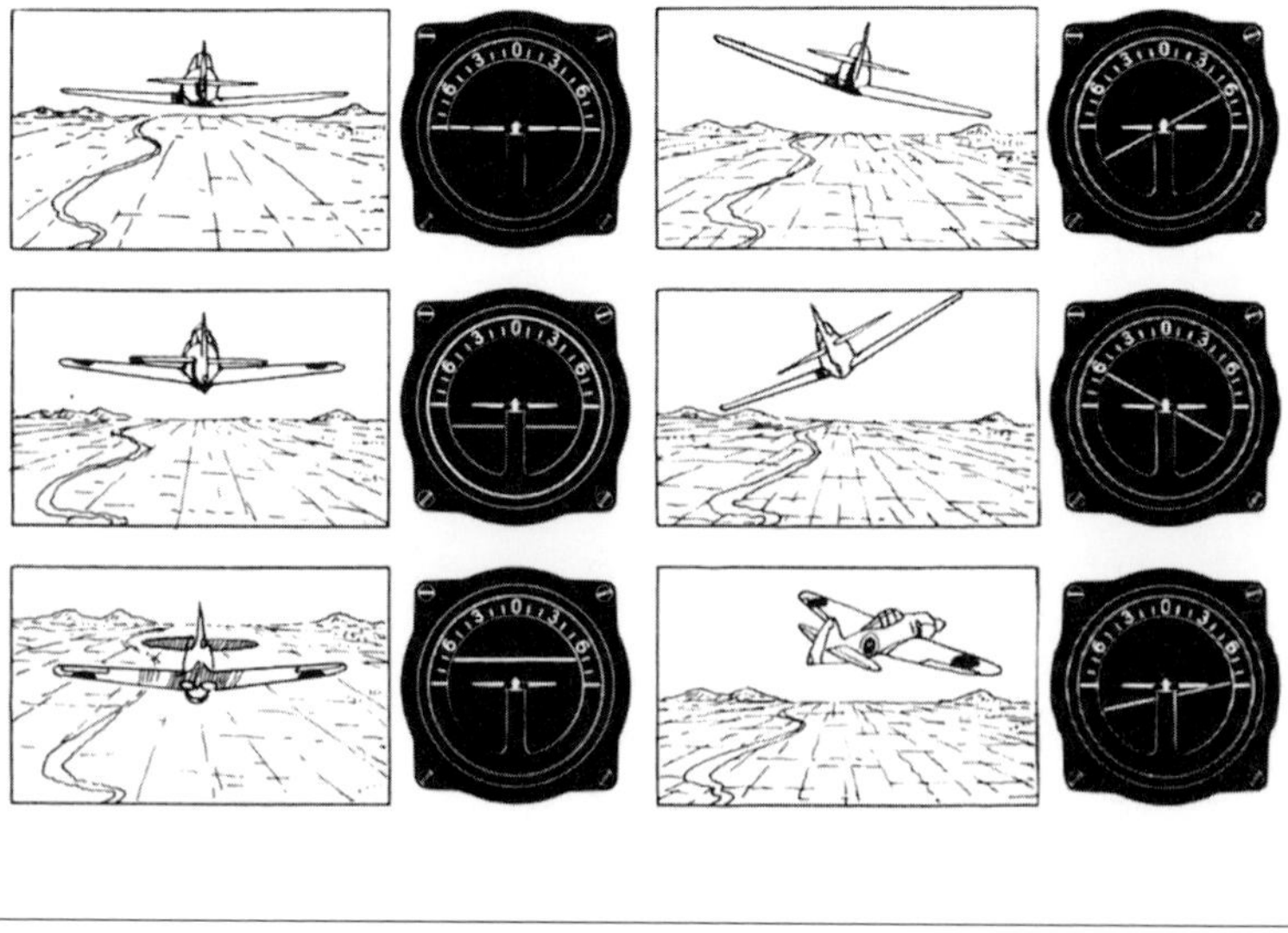

リの性質も後者の方が悪質であるといえる。

パイロットは機の横スベリの実感を、スベリ方向から吹きつける異常な風圧と自身の体に感ずる異和感を玉の動きと同じように感じるのである。

左旋回からのもどしは、旋回に入るときの逆の操作をする。少し引き気味の操縦桿をゆるめる感じで右バンク方向へとり、右フットバーを操縦桿の動きに追従するように踏み、操縦桿とフットバーが中正にもどった時、旋回もゆるやかに止まり、目標に向かって水平飛行にもどる。

垂直旋回

今述べたのはゆるやかに方向を変える緩旋回の操縦法であるが、急旋回を必要とする場合、バンク角四〇度～九〇度の傾斜を持続しながら行なう旋回を垂直旋回という。

垂直旋回の場合、まず目標を選定し、エンジンを全開にし、気速一六〇ノット前後から操縦桿をやや左前方に押し気味にして、急速に左へ倒し大きく左バンクをとり、左足をこれに補足する。同時に、操縦桿を力強く一杯に自分の体の中心に操作量の限度まで引きつける（このとき昇降舵に受ける強大な風圧によって操縦桿を前方に引きもどそうとする大きな力が働く）。

そして、カウリングの上側中心ふきんの一点が水平線をなでながら、左翼は地面を、右翼は天井を指し、機は地面に対し真横になって急速に旋回がはじまる。これとほとんど同時に、今踏みこんだフットバーを中正近くにもどす。この時旋回計の針は左一杯を指し、玉は中心に止まって動かない。水平儀の計器水平線は実際の水平線と平行となり、計器の翼型はこれと直角になっている。

（この時代の水平儀は不完全で故障が多く、特殊飛行など急激な操作を行なうときは、作動させないよう実際にはロックした）

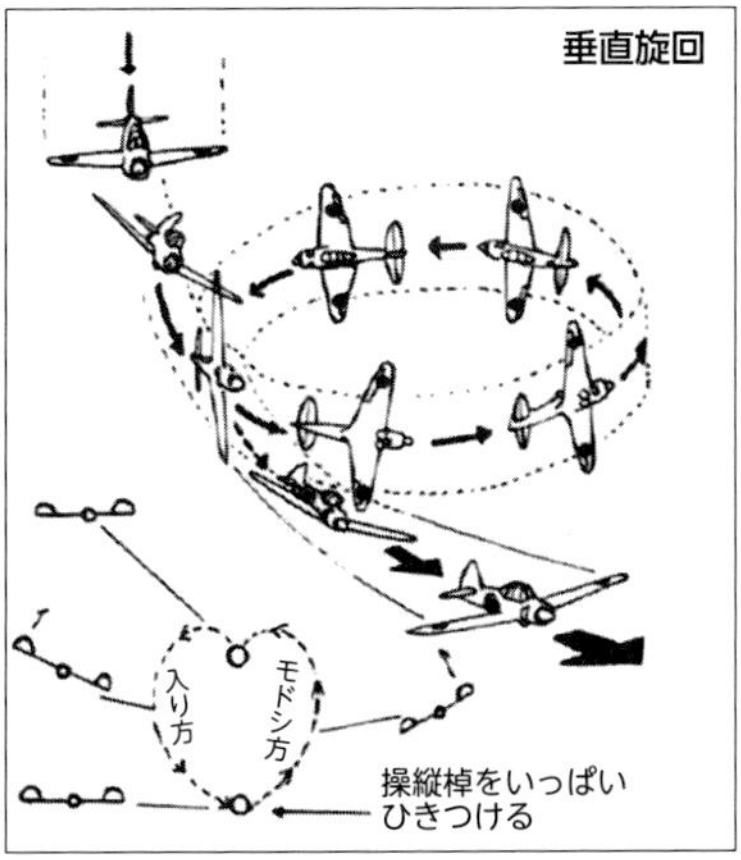

この急旋回の持続中に面白い現象が起こる。それは昇降舵のききと、方向舵のききが入れかわることである。すなわち、この旋回中の水平線に対する機首の上げ下げは方向舵が行ない、旋回そのものは昇降舵が行なうことである。

緩旋回と垂直旋回が同じ飛行機の旋回法でありながら、まったく操縦法が異なることから二種にはっきりと区別されている。

この垂直旋回をタテにしたのが後で述べる宙返りに近い操縦法といえるが、操縦桿の引き具合と気速によっては、パイロットは三G前後の強いGとの戦いを強いられる。旋回終了はもちろん、目標に近づくと共に今まで引きつけた操縦桿を右前方に弧を描くようにもどしながら、右フットバーを傾斜計の玉を飛ばさないように踏みこみ、釣り合いを感じながら機首がもどり、翼の傾きの復元に合わせながら操縦桿、フットバーを中正にもどし、同時にエンジンを巡航状態まで絞り、水平直線飛行とする。この時の操縦桿とフットバーの操作は図のようになる。

S字飛行、8字飛行は垂直旋回の応用である。右回転のプロペラ機では前述したプロペラトルクが働くので、一般に右旋回より左旋回の方が操作は比較的容易である。

緩横転

目標に向かって首尾線を延長した直線を軸にして、機体をゆるやかに三六〇度横転させる操縦法、これが緩横転である。だが、強力な推力をもつジェット戦闘機にくらべて、プロペラ機では完全な緩横転はほとんど不可能である。

左緩横転の場合を説明すると、まずエンジンを全開近くまで開き、気速一五〇ノットを過ぎたとき操縦桿をやや機首をアップ気味にとり、カウリングの下縁が水平線を切るころ操縦桿を急速に左に倒し大きくバンクをとる。六〇度~七〇度付近から左フットバーを大きく踏みながら操縦桿をそのまま前方に突っこむ（これは背面での機首が低下するのを防ぐため）。そのまま横転をつづけ、背面を過ぎたら突っこんだ操縦桿をバンクのままゆるめ、同時に今まで踏みこんだ左フットバーをすかさず右フットバーの踏みこみに切りかえ、目標に直進しながら横転をつづける。目標を水平線に合わせながら操縦桿とフットバーを静かに釣合わせて原姿にもどし、元の水平飛行に移る。この横転中に旋回計の針は微妙にふれ、玉は中正に保つことはむずかしい。面白いのは水平儀の動きで、左右の傾斜角が計器の限度以上になるので、緩横転では短時間ではあるが、デタラメになってしまうことである。

なお、緩横転は特殊飛行操縦法の科目の中でもっともむずかしい操作であるが、水平飛行から横転、背面、水平飛行と大きな変化が、戦闘機パイロットの空中での勘を養う上に必要とされているが、実際には、ほとんど必要としない操縦法である。

急横転

緩横転に対して横転スピードが極端にはやいことが特長であるが、操縦法はまったく違うのである。

というのは、急横転は飛行機のある条件下における自転の特性を応用したものだからである。

左急横転の操縦法を説明すれば、巡航スピードよりややおそい一一〇ノット近くまでエンジンを絞って気速を落とし気味にし、水平飛行の状態から急速に操縦桿をいっぱい引きつけると機体は急速に機首を上げはじめる。と同時に前進方向を軸に瞬間的に左横転を行なうが、左フットバーを同時に踏みこむと横転は更に早くなるが、横転が早いので正確に元姿にもどす操作がむずかしい。そこで水平線と比較しながらバンク角四〇度近くから操縦桿を中正にもどしながら右に倒し、あわせて右フットバーを大きく踏みこんで、水平線と平行にピタリと止めなければならない。

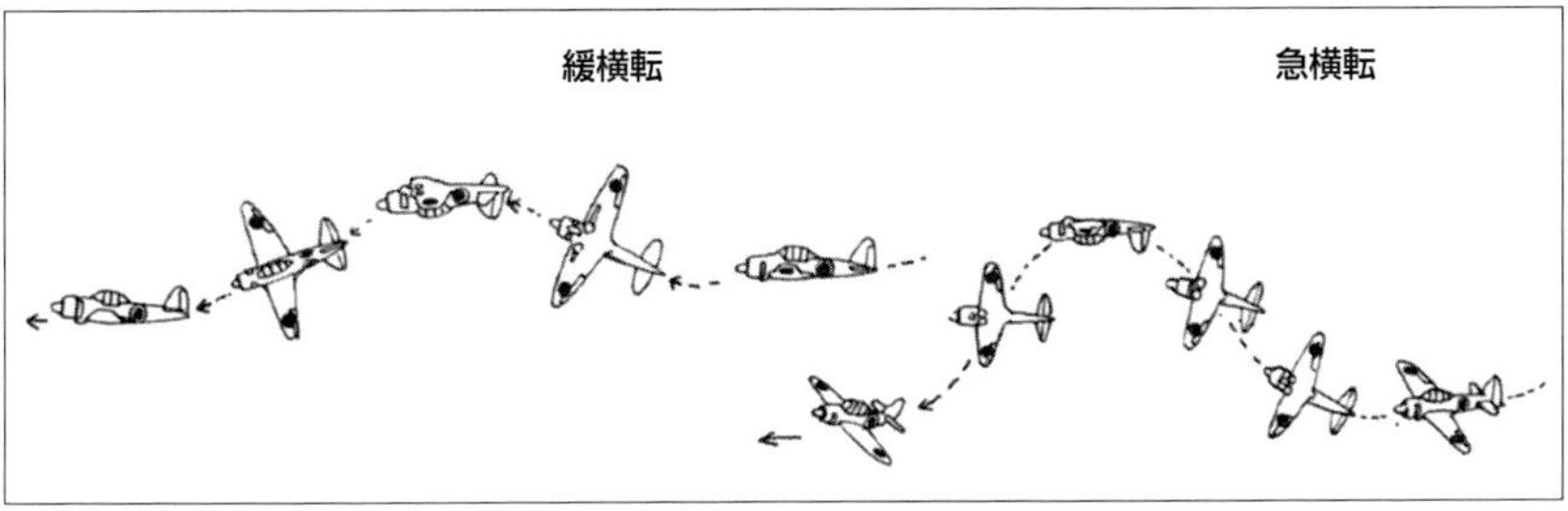

また、急横転を開始するとき、気速を落としすぎるとそのまま錐もみになる危険がある。急横転の操作は錐もみに入れる操作とよく似ているからである。動きが早いので、急横転中計器を読むことはまず不可能である。

宙返り

各種の特殊飛行の中で、宙返りはその代表といわれる飛行法である。操縦法そのものは意外と容易であるが、理想的な姿は航跡が正しい円を描くことである。

その操縦法であるが、まず目標を定め、機首を突っこみ、エンジン出力を上げ、気速計が一六〇ノット（以上であれば可能）になったとき操縦桿を手前に引きつけ、さらにエンジン出力を上げる（特殊飛行の操作における三舵の操縦法と量、エンジンの使い方はパイロットの経験と個性によって、それぞれ持味といった微妙な相違があるが、もちろん基本は変わらない）。

急速に機首が上がり急上昇に移るが、この引き起こし時点から前述のプロペラトルク（ジャイロアクション）が働いて、機は急に機首を左に向けようとするから、すかさず右フットバーを踏みこんで当て舵を行ない、垂直上昇に移るが、このとき両翼の前縁が同時に水平線を切ることが肝心である。もし食い違ったときの修正は、主として方向舵によって行ない、更に操縦桿を限度まで引きつけて気速の余力を残しながら早く背面姿勢になることがコツである。（垂直上昇時間が長すぎると形が楕円型となり、背面で気速不

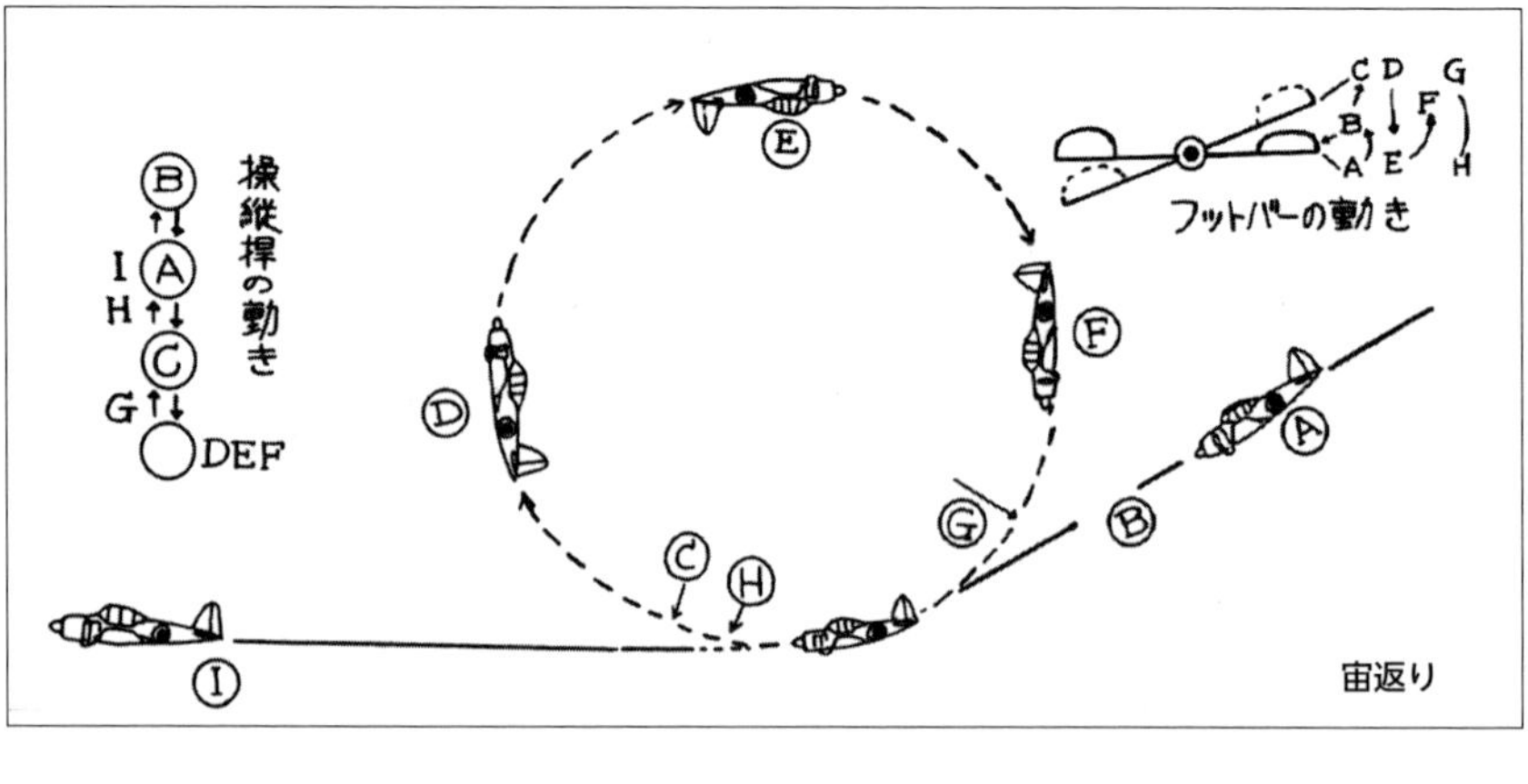

宙返り

足になって遠心力を失い体が浮いてしまうことになる）。

　背面になったら、操縦桿を一杯引きつけたまま首をできるだけうしろに倒して、反対側の水平線が視界に入ってくるのを待ち、エンジンを静かに絞ると、上げ舵のききと、機首の重さが加わって機はゆるやかに機首を下げはじめる（この時はじっと待つ気持）。そのときふたたび水平線と両翼の前縁が同時に切るように方向舵で修正し、そのまま垂直降下から開始前に定めた目標に向かいながら引き起こしをつづけ、水平にもどる。この間頂点背面で失速して遠心力を失わない限り、背面状態においても体が座席から浮き上がることはない。もちろん、はじめの引き起こしの時点で大きなGを感じるが、Gの大小は引き起こし時のスピードと引き起こしの早さによって異なるが瞬間四G～五Gになることがある。宙返りは真円を描き、開始時の位置にもどることが大切である。

失速反転

　失速近くの速度で微妙によくきく三舵の特性を生かして一八〇度方向変換をスムーズに行なう操縦法である。

　左失速反転の場合、真うしろに目標を定め、エンジンをきかせ、約四〇度の上げ角度に上昇飛行を行ない、そのまま除々にエンジンを絞ると気速は急速に低下する。そして八〇ノット（零戦の失速速度は約六〇ノット）になったとき、操縦桿を大きく左に倒し、左フットバーを静

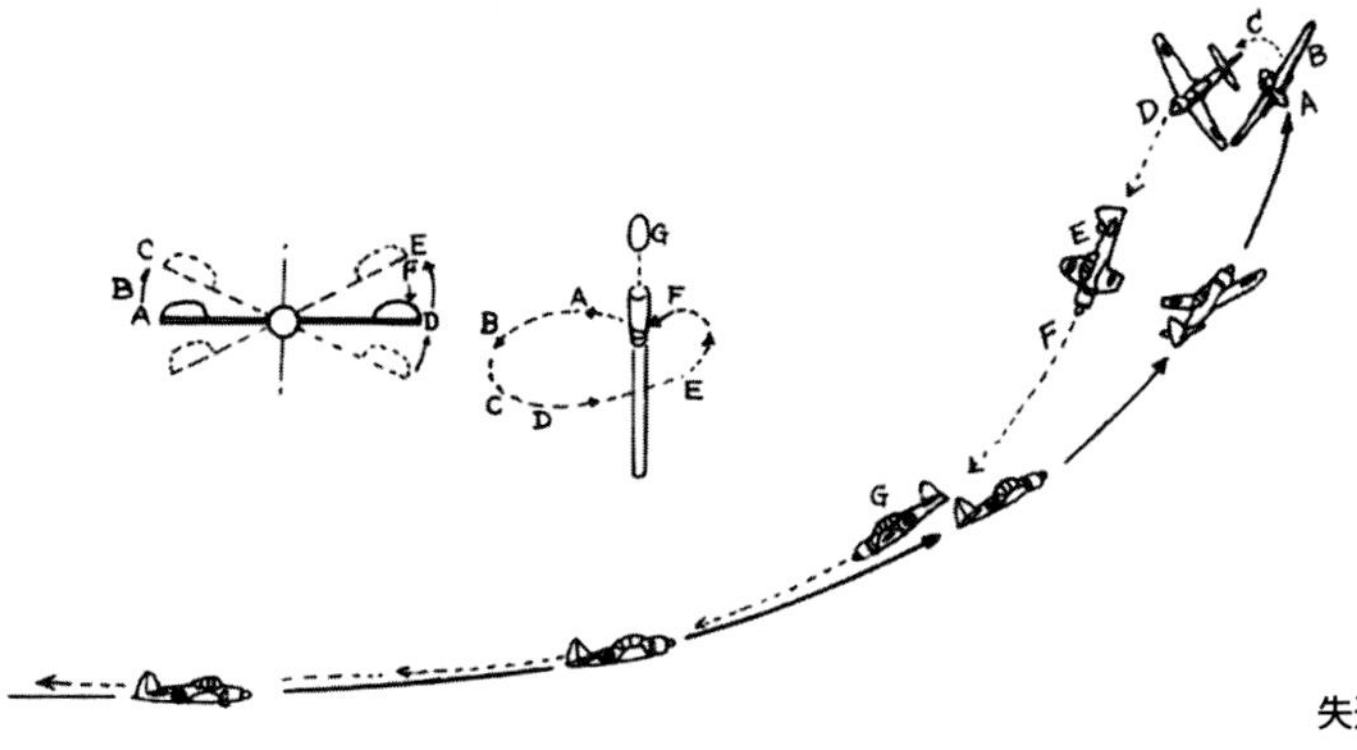

失速反転

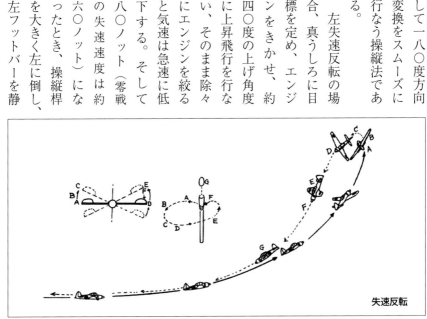

かに足してやると機首は大きく左下へ向き、一八〇度の方向変換を行ない、目標に向かって約四五度の降下に入り、やがて水平飛行に移る。だが、失速近くの三舵のききをパイロットが確実に感じ、反転のとき旋回計の玉の動きと見くらべながらできる味のある操縦法である。

そのほか、宙返り（タテの運動）を利用した変化技に上昇反転、宙返り反転がある。反転とは一八〇度の急激な方向変換を意味するが、水平飛行のまま高度を変えない反転なら垂直旋回を行なえばよいが、反転と高度を必要とするときこれを行なう。

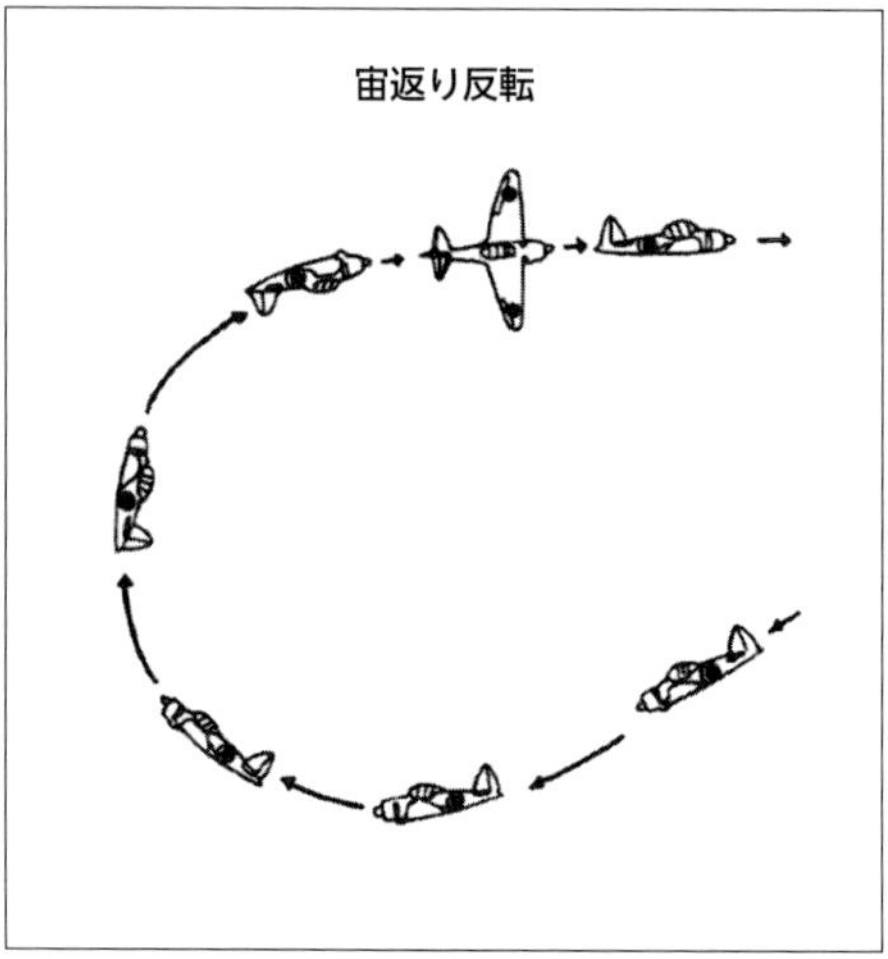

宙返りの引き起こしの途中で上昇垂直旋回に近い操作を行なえば、高度の獲得と反転が得られ、これが上昇反転である。宙返りの背面状態からスローロールの後半の操作を行なうことによって、機を水平飛行にもっていく操作、これが宙返り反転である。

空中戦の格闘戦で私たちが活用した「ひねりこみ」の技は、宙返りと緩横転と一部に垂直旋回の技を加味した格闘技で、この技によって半径を極端に小さくしたタテの運動に相手を誘いこむのであるが、このひねりこみの技は、ベテランパイロット一人ひとりに個性があり、その秘技は口述などで伝えることはほとんどできなかった。空中戦における零戦のずばぬけた強さは、水平面よりタテの運動に強い特長に、さらにパイロットが工夫をこらした結果であった。

反転操作の中に急反転があるが、急横転の横転運動を半分で止め、宙返りの背面（頂点）からの引き起こしの要領で操縦桿を引きつけ急降下する操作であるが、高度は大きく失うことになる。実戦で不意に後ろから敵機に追尾されたとき、垂直旋回とともに射弾回避の操作として実用した。

背面飛行に入るにはいくつかの方法があるが、緩横転の背面で操縦桿とフットバーを中正にもどし、操縦桿を前方に一杯近く押す（下げ舵であるが水平線に対しては上げ舵となる）ことによって、水平飛行に近い状態に保つ。そして、緩横転の後半の操作を行なうことによって水平飛行にもどる。なお、背面飛行は背面時の感覚を体験によって知るだけのことであって、実戦においては無用の技である。

錐もみ

飛行機は失速状態、または失速近くで無理な操作を行なうことによって生起する落下、自転の状態であり空中操作または空中戦で錐もみに入ることは、パイロットの恥といわなければならない。しかし、一度錐もみ状態に入ってしまったらそのまま墜落してしまうことになるので、その脱出法（正常の飛行状態にもどす操縦法）を知らなければならない。複葉機時代には高度さえあれば難なく脱出することができたが、低翼単葉となり引込み脚式となると錐もみの性質も機首を上

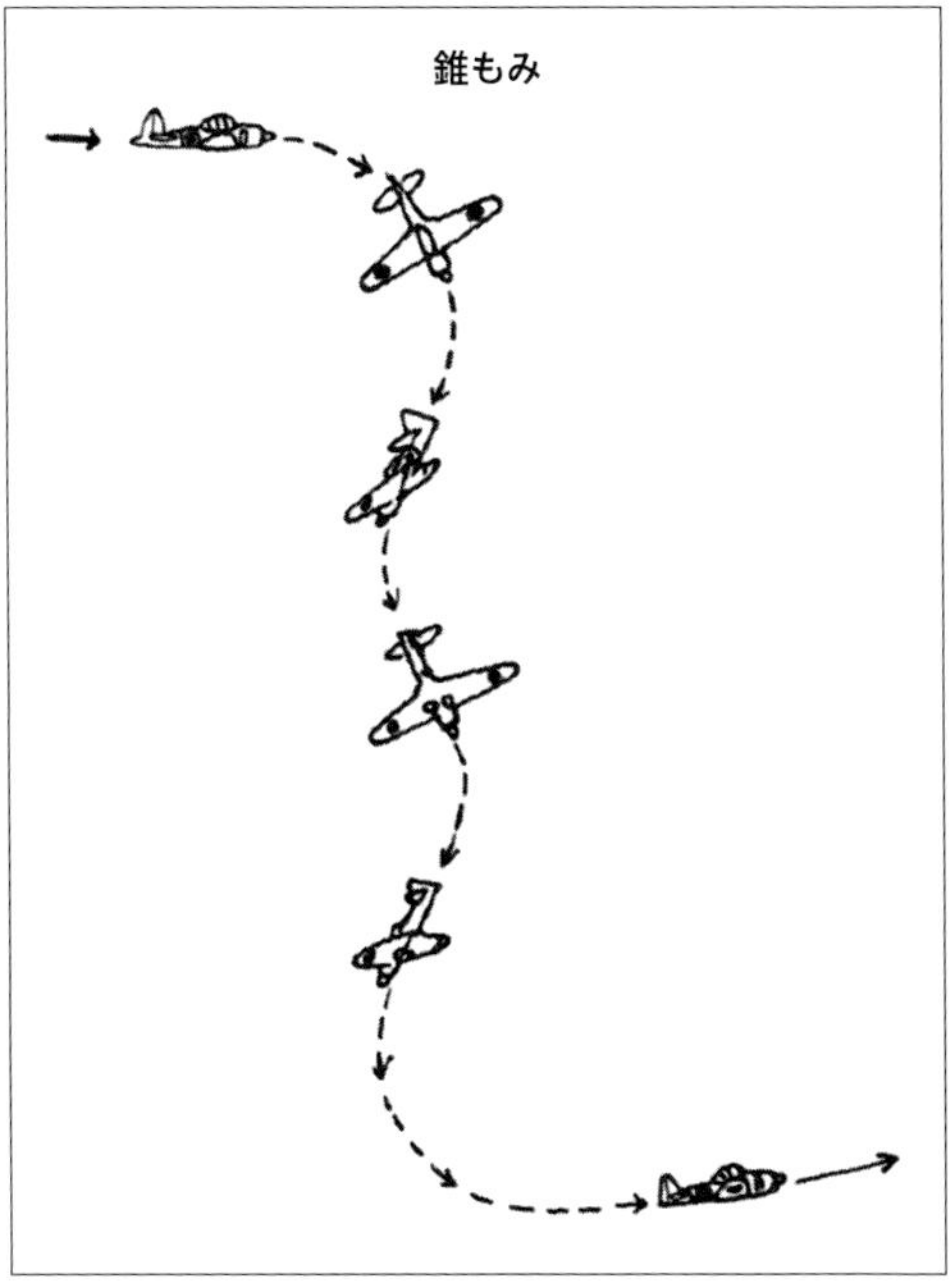

げ気味に大きくまわる水平錐もみなどと悪性化し、実用機での体験は危険であるので一般には練習機の教程で体得するに止めたのである。

錐もみ脱出法

水平飛行の状態から錐もみに入るには、機を失速にする必要がある。零戦の失速速度は約五八ノットであるから、水平飛行の状態で徐々にスロットルレバーを絞ると気速が急速に低下すると共に、機首が重くなって下がりはじめる。そして操縦桿を引きながらスロットルレバーを気速計を読みながら絞り終わると、気速六二〜六三ノット近くから三舵のききが不安定となり、気速計が五八ノットを指した瞬間、機はガクンと機首をおとし三舵はまったくきかなくなる。つづいて左右どちらかへ胴体（首尾線）を中心に旋回運動、すなわち錐もみ状態で落下をはじめる。この時の気速計は、もちろん五八ノット以下を指す。この状態から脱出するには、旋回と反対方向のフットバーを一杯踏みこみ、操縦桿を一杯前方に押し、エンジンを全速にしてじっと待つ。数秒もすると旋回が止まり、通常の降下飛行の姿勢になる。気速計が五八ノットを越えたとたんに、ふたたび三舵がききはじめて、操縦可能な状態にもどる。飛行機と失速、これは現在の飛行理論をもってしては永久に断ち切ることのできない宿命である。また、脱出法には三舵を中正にし、エンジンを絞って旋回の止まるのを待つ方法や、三舵をそのままにしてエンジンを全開にする法、また旋転と反対の方向に三舵をとり、エンジンを絞って待つといったように脱出理論と実際の体験、そして機種と個人の体験差によって、その脱出法はまちまちであった。

いずれにしても、飛行機を錐もみ状態にすることは、何度もいうようにパイロットのもっとも恥とすることであり、最大の危険であるから、これは避けるにこしたことはないが万一誤って入ってしまった場合には、脱出法は知っておかなければならないことである。

着陸操作は単発の他機にくらべて大差なく、むしろ容易であったといえる。

（「丸」編集部編『図解・零戦』平成二五年一〇月　潮書房光人社より）

私たちは熾烈な戦場を生き抜いた
日米パイロット鼎談

坂井三郎 元海軍中尉
フランクリン・C・トーマス中佐
エクター・ラルフ・ジョンソン少佐 在日米軍厚木基地・米海兵隊第11航空部隊所属

戦争の惨禍から一二年が経過し、日本の復興が進みつつあった一九五七年八月、神奈川県の在日米軍厚木基地を訪問した坂井は太平洋の戦場を生き抜き、戦後も航空機を駆るパイロットたちと当時搭乗していた航空機、実戦での苦労、双方の戦争に対する考えかたの違いなどを大いに語り合った！

戦争のとりもつ縁

坂井　こうして、かつての敵味方同士が、一堂に会してみますと、おたがいに生命を的に戦ってきた同士でなければ、とても味わえそうもないような一種の感懐が湧いているんですが……。あれから一二年もたってしまうと、じぶんでいうのも変だが、恩讐をのりこえて、かえってなにかほのぼのとした心が通い合っているんじゃないんですかね。

戦争ほど悲惨なものはないし、反面、戦争ほど、人間を奇妙な関係に結びつけるものはありませんね。私も、こうしてトーマスさんや、ジョンソンさんとお話ができるのも、いわば〝戦争にとりもたれた縁〟ということになる……。

ジョンソン　そういうことになりますかな。

坂井　もういまや勝った敗けたの問題ではない……。

トーマス　そうです、そうです、勝ったの敗けたのということではない……。

坂井　ところで、トーマスさんが、一番最初に出撃

1957年8月、在日米海軍厚木基地を訪問した坂井とトーマス中佐（写真左）、ジョンソン少佐（写真右）

されたところ、つまり最初の戦場はどこだったのですか。

トーマス　私が最初に出撃したのは、ガダルカナル島の北にあるルッセル島からです。そして、当時私は、ニュージョージア島のムンダや、ブーゲンビル島にあった日本の大きい基地や、ニューギニア島のブナの攻撃をやっていた。

坂井　ブーゲンビル島の大きい日本の基地というのは？

トーマス　それが思い出せないんですがね。ブーゲンビル島の最南端に飛行場だけでなしに、日本の本部があったんですが……。

坂井　ブインですか？

トーマス　いや、そういう名前じゃなかったですね。とにかく、私たちは、その南のルッセル島からそこを攻撃していたんですがね。そうして、もう安全だと思われたときに、私たちは湾に沿ってトロキナに三つの飛行場をつくった。それが、だいたい一九四三（昭和一八）年のクリスマス時分だったが、ここへ基地をつくったころには、日本軍の基地は完全に孤立化してしまっていて、もうその基地を確保していることができなくなった。

坂井　当時あなたはなにをやっておられたんですか。

トーマス　私は少尉で、コルセアに乗っていましたが、当時も、私たちは現在と同じように、マリーン・エア・クラフト・グループ11に所属していました。

坂井　ジョンソンさんは、当時どこにおられたんですか。

ジョンソン　MARINE・DIVE・BOMBER・SQUADRON二三六。急降下爆撃隊に所属して、SBD　DAUNTLESS（ダグラス・ドーントレス哨戒爆撃機）を使っていました。

坂井　私もダグラスとやったことがありますよ。

ジョンソン　私は最初ガダルカナルで、これが昭和一八年の夏だった。基地はヘンダーソンで、最初我々はムンダの日本基地と、コロンバンガラの爆撃をやりまして、その後の我々の任務は、日本の基地における港湾並びに施設に対する急降下爆撃だった。

それで最初、日本の零《ゼロ》ファイターと遭遇したのは、チョイセルというところに行ったときでした。また、バラレというところにある日本の基地爆撃にやらされたんだけれども、そこへはほんとに行きたくなかった。

坂井　どうして、いきたくなかったんですか？

トーマス　場所が非常に狭い上に対空高射砲がもの凄かったからです。我々はいつもこれを避けて、ずうっと廻りこんで攻撃していた。

ジョンソン　当時、我々はSBDで行って、急降下爆撃やると、零ファイターは上から攻めてきた。当時、われわれの方の戦闘機隊の援護というのは、コルセアやP－38がやっていたけれども、充分ではなかった。つまりそういうのが急降下爆撃機の上を飛んでカバーしていたが、零ファイターが攻めてくると、こっちの戦闘機隊の編隊がくずれて、お互いにマンジ型になって戦闘するようになる。

トーマス　しかし、本当に熾烈な戦争をやったのは、その後ラバウルにきてからだったが、当時の我々のシステムというのは、六週間戦争をしたらニューヘベレスというところへ帰って六週間休んで、また出て行くと、こういうシステムであった。

坂井　うらやましいことで、日本の搭乗員はただ働

SBDドーントレス急降下爆撃機

きずくめで、そういうことはぜんぜん許されていなかった。

ジョンソン　この制度は非常に効果があって、いつでもフレッシュな気持で戦えたし、つねに立派にやれる操縦士が最前線にいるというふうな結果になった。

トーマス　それに休んでいる間に、オーストラリアのシドニーへ行って一週間遊んでくることができる、という制度もあったし、シドニーで一週間遊んだら、またニューヘベレスへ帰ってきて練習する。そして六週間出て行くと、こういうことであった。

一九四三年のクリスマス頃に、ブーゲンビルのトロキナへ進出し、ブーゲンビルの湾のところに滑走路だけつくった。ところが周りは、ずうっと日本軍がいるんだから、ときによると滑走路のすぐ上の山から日本軍が射撃してきた。当時、私たちはムンダあたりからコルセアなんかで出撃するわけだが、トロシャアイルランドからB－24の爆撃機がやってきて、このトロキナで一緒になって、ラバウルへ攻めて行くという状態で、最初、私たちがラバウルを攻撃に行ったのは、一九四三年の最後の週で、クリスマスの直後でした。当時トロキナへ集まった戦闘機は三六機、それに対して爆撃機の方は二四機で、ラバウルへ攻めて行ったが、当時、日本の戦闘機は無数に邀撃してきた。私はあんなにたくさん日本の戦闘機を見たことがなかった。

ジョンソン　当時、アメリカの陣容はととのいつつあったときで、まだ飛行機をどんどん出して、日本の基地を攻撃することができなかった。だんだん基地の建設ができて、それから次第に数を多くしてやることができたが、当時のアメリカ軍の攻撃というのは、まだたいしたことはなかった。

坂井　ガダルカナルの初日には、戦場におられたんですか？

トーマス　ノー。一九四二年八月のガダルの最初の攻撃のときは、私はいなかった。当時はまだアメリカで訓練を受けていて戦闘には出ていなかった。

零戦さえ与えてくれれば

坂井　ところで、零戦とやられた感想を一つ……。

トーマス　（笑いながら）大変いいと思った。あまり速力はなかったが、旋回半径がとても小さく、さッと廻ってくるし、その行動時間が早い。

坂井　その点はたしかにありましたね。私がアメリカの飛行機を見て感じたことは、グラマンよりも、コルセアの方が優秀で、勇敢だった。

トーマス　そう、たしかにグラマンは、コルセアほどいい飛行機ではなかった。

坂井　しかも、マリーンが一番強かった。

トーマス　グラマンには二種類あった。すなわちガダルで使ったワイルドキャットと、ラバウルで使ったヘルキャットの二種類。

坂井　その二つの機種はどういう点が違っていたんですか？

トーマス　ヘルキャットの方がエンジンが大きくて大型であったし、速力もガダルで使ったワイルドキャットより早かった。しかし私の印象では、コルセアのほうが、零戦より優秀だったと思う。というのは、私たちの

トーマス中佐が搭乗したF4Fコルセア戦闘機の同型機

コルセアは、弾丸があたっても、そのままで飛行をつづけることができる。たとえば私の飛行機は、かつて一〇四発の弾丸を受けて、機体に穴をあけられたが、それでも帰ってきた。そこがコルセアの特徴です。ところが零戦の方は、弾丸があたるとすぐ燃えてしまう傾向があった。

坂井　零戦には、防御装置というものがぜんぜんほどこされていなかった。

トーマス　（笑いながら）その点が零ファイターと違うところだ。しかし、それだけに零戦は機体が軽いから、その点では早いし、我々が追っかけていってもさッと身体をかわされると、追いつけなかったので、なかなかあたらなかったけれども、あたったらもろい。

坂井　それは当時の搭乗員の技量が非常に優秀であったので、防弾装置なんかをやって鈍重なものにするよりも、軽快にして攻撃一点張りの飛行機に設計された。だからその当時、私たちクラスの搭乗員に零戦さえ与えてくれれば、絶対の自信があった。

トーマス　当時、ラバウルには零戦以外に、アメリカでトニー（三式戦の米軍呼称）と呼んでいた飛行機があったと思うが……。P－40に似た、そしてリックエアークーラーを持っていて、相当早かった。

坂井　それはいつ頃ですか？

トーマス　一九四四年の初頃で、ラバウルの上ではじめて見た。

坂井　P－51に似たやつですか？

トーマス　ちょっと、そういうようなものです。

坂井　それじゃ陸軍の戦闘機でしょう？

トーマス　そう、陸軍の飛行機。トニーは零戦と比べて色がちがっていて、ちょっと褐色のような色であったが、それが急降下するときにはとっても早かった。だから私がスーッと急降下をやると、後から零戦がきても、零戦は同じ角度でもって急降下できないから逃げることができた。ところが、この陸軍機は私がダイブすると、後からつづいてダイブしてきた。

坂井　その飛行機は液冷エンジンであって、日本はもともと空冷エンジンで発達したために、どうも工合が悪くてあまりたくさん造らなかった。

トーマス　私たちも、やはりあまり遭遇しなかったけれども、きたやつはとってもいいと思ったが、どうしてあの飛行機は悪かったんですか？

坂井　エンジンの冷却関係がうまくいかなかった。それでそれをやめまして、三式戦の後に四式戦や五式戦を造りました。四式戦は日本の本土上空でＢ－29やＰ－51とやった……。

トーマス　四式戦を我々の方では「フランク」という名前で呼んでいた。

羨ましい米空軍のシステム

坂井　三式戦と五式戦と比較して、どっちが優秀だと思われましたか？

トーマス　自分は一九四四年の二月か三月だったと思いますけれども、ラバウルの攻撃で射ち落とされて、負傷したために、病院へ入ったので、不幸にして五式戦の方は見ることができなかった。

坂井　なんに落とされたんですか？

トーマス　地上の施設を攻撃しているとき高射砲でやられたんです。

坂井　それでどこへ不時着したんですか？

トーマス　デューコーブという島と、ラバウルの間の水上に、私は落下傘で降りた。つまり私は高度を保つことができず、低空を飛んでいて、少し高度を上げようと思って上へ行ったときに、翼がふっとんでしまった。それで落下傘で降りた。

坂井　海面に降りて、なんに助けられたんですか？

トーマス　ＰＢＹ（カタリナ飛行艇）が出てきて、それに助けられたが、五時間ぐらい水の中につかっていた。しかもパラシュートがうまく開かなくて、水面に身体をひどくぶっつけたので、そのとき右の足を骨折した。

坂井　ＰＢＹにどうして発見されたんでしょう？

トーマス　私が落ちるところは浜辺から近くて、日本の大砲が浜辺から射ってくるが、まず私の僚機が基地へ知らせた。そして戦闘機が上を飛んでいて、ＰＢＹがくるまでずうっと守っていてくれた。

坂井　日本ではそんな贅沢なことは考えられなかったですね。（笑声）

トーマス　ラバウルを攻撃した後は、必ずＰＢＹが出てきて、大体その廻りの海面に落ちた搭乗員がいないかどうかと、調べるようになっていた。で、その当時、こういう不思議なことがあった。というのは、毎朝五時頃、私たちの戦闘機が守って、たとえばB－17やB－24というのが、ラバウルを攻撃に行く。そして

（上）トーマス中佐がラバウル方面で目撃した三式戦闘機「飛燕」の同型機。（下）洋上で撃墜された航空機の捜索やパイロットの救助に従事したPBYカタリナ飛行艇

それが帰ってくると、今度は海面にパイロットがいるかもわからないというので、PBYが出るわけですが、その際、PBY一つに戦闘機は四機しかついて行かない。そのくらいの数で、私たちが空襲した付近の海面を調べて歩くんだから、そのとき邀撃されたらこっちは困るんだが、日本の戦闘機は、朝の攻撃のときには八〇機も九〇機も上がってくるのに、そのときはぜんぜん邀撃しない。これは当時、どういう理由でこないんだろうと不思議だった。

坂井　それは、日本では当時、そういう攻撃隊の被害を受けたものの救出作業はぜんぜん計画されていないし、一空戦終わってしまえば、全部帰って行くから、救出しているのを知らない。また知っていても、それは大事なことなんだけれども、ぬけていたんですね。

トーマス　アメリカ側の方は、たった四機しか守っていないから、いまに零戦が来やせんか、来やせんか、と思って、ビクビクしながら救助活動をやっていた。

坂井　おそらく戦闘機が一機もついてなくても行かなかったでしょう。

ジョンソン　ガダルカナルあたりから、ずうッとラ

バウルあたりまでの間を、私たちは渡り廊下と呼んで、毎日のように行っていたが、そこへ行くと、飛行場の砂煙りによって零ファイターが飛び立つのがわかる。そこで〝また零がきた〟というわけで、この道を通るのがこわくてならなかった。

恐ろしかった空中爆弾

トーマス　それから当時、われわれが攻撃に行くときには、爆撃機が下を行って、その上を戦闘機が行くんですが、日本の戦闘機がスーッと下から攻撃してくるときに、パッと白い燐酸の弾丸みたいなものを投げると、それが花火みたいに拡がってとんでくる。

坂井　タコの足みたいなものでしょう。

トーマス　そう、そう。あんまり当たらなかったが、私が見たとき、一度だけB－17の右翼に当たって爆発しその結果、飛行機が落っこちたことがあった。あれはなんですか?

坂井　あれは三〇キロの空中爆弾で、零戦に二発積んで行ったが、対大型機用の爆弾です。これは着想はいいんですが、照準器がなってないから命中率が低かった。この爆弾は三式砲弾を空中に生かしたもので、三式砲弾というのは大きな親の砲弾があって、それが途中まで行くと爆発する。爆発と同時に中から小さな弾丸がとびだして、目標物にとびかかる。それを生かしたものです。

トーマス　こちらでも、たしかに照準が悪いということは気がついていたし、なかなか当たらないということはわかっていたけれども……。

ジョンソン　ちょっとこわかったな。

坂井　そこがねらいだったんです。つまりそういうことを一ぺんやると、向こうもその威力がわかる。そうすると爆弾をだいた爆撃機が目標から避けるわけですね。それで爆弾が落ちても目的物からはずれる。

トーマス　たいがい、急降下して上がるときに、その爆弾を放っていた。

坂井　大体そうですね。あれは爆発までの時間を五秒なら五秒、七秒なら七秒ときめて、その時間が経てば爆発する。同時に命中しても、爆発するようにしてあったが、当時、まだ実験中だった。

トーマス　一時、日本の戦闘機のパイロットが、どうも後ろに気をつけていないという印象を受けたことがあった。それで一度、ラバウルへ攻撃に行って、一日のうちに零戦を三機落としたことがある。それは零戦がスーッと急降下すると、私も降下して行くが、三機とも後ろを見ないで、さッと上がってくるから、その上がってくるところをパッとやって三機落とした。

坂井　僕らはそれを一番注意していたんですが、その当時では、すでに搭乗員の技量が若くなっていたから、どうしても後ろを見ることを忘れていた。

ジョンソン　当時、私が感じたことは、やっぱりパイロットのいいのがいて、とっても強かったけれども、同時に技術的にとっても悪いのもいた。

坂井　そのころは、技術的に悪いのが大半で、強いのは目茶苦茶に強かった。

ジョンソン　一九四三年のパイロットというのはとてもよかったが、一九四四年になってからガタッと落ちたし、タックルにおいても同様に落ちた。自分たちの急降下爆撃機が、編隊を組んで行くと、日本の戦闘機が後方から攻撃してくる。そうすると後ろのガンナーがやるわけですが、後方が急降下爆撃機のもっとも強いところだった。一九四三年頃には、この後ろの機関銃にやられるのを避けていた。これがよかった。

坂井　一九四三年頃は非常によかった。

ジョンソン　ところが、一九四四年の搭乗員はそれを避けることが下手になった。

坂井　それは、ちょっと角度をつけさえすれば、ほとんど当たらないんだが、馬鹿正直に向こうの爆撃機の真後ろについて、進行方向と平行に飛ぶから命中率が高い。

ジョンソン　当時のパイロットは、私たちが飛んでいると、こういう（手真似よろしく説明）角度でもって上がってきて、爆撃機の真っただ中へ突き進んでくるが、われわれにはとってもこわくてできないようなことをやっていた。

坂井　搭乗員が若いから、基本訓練通りにやっていたんですよ。

ジョンソン　われわれは後ろからやられても強かった。で、本当いったら、下から入って射って、それから スーッと下へ逃げたら困った。そこに弱点があった

空中での炸裂が「タコの足」のように見えた対航空機用の三号爆弾

んだけれども……。

坂井　それはわかってましたよ。

ジョンソン　ときどき下からきていたが、たとえば、われわれが知らない間に、一機下からやられて、編隊から離れて行くことがあった。

坂井　私なんかもほとんど下からやった。

ジョンソン　当時、急降下爆撃機の後部の機銃手はよく射たれて死んだが、パイロットを殺すことは難しかったはずだ。

危なかった坂井機

坂井　ところで話はかわりますが、ガダルの初日に出てきた急降下爆撃機は、SBDだったか、それともアベンジャーだったんですか？

ジョンソン　ガダルへ最初に行ったのはSBDで、アベンジャーがきたのは、ずうっと後で、一九四三年です。

坂井　私も初めからそう思ったんですが、そうすると、当時、私がやられたのもSBDの編隊なんです。（当時の飛行帽を出して）ここに弾丸の痕がのこっているが、私はその日にグラマンのワイルドキャットを二機落として、それから小隊長の方へ合同しようと思って高度を上げ高度を四〇〇〇メートルぐらいとったときに、左の方からパンパンと射たれて、私の頭の一フィートぐらいのところに大きな穴があいた。ヒョッと見るとその断雲の間を縫いながらSBDが飛んでいる。その旋回銃が私を射って降下しながら逃げたんですね。私はしゃくにさわって〝この野郎〟というので、真後ろへ入

SBDドーントレスの後部機関銃座は危険と隣り合わせであった

ってすぐ下の方から射ち上げたところ、一撃でピラッと落ちた。それからずうっと東の方を見ると、八機の編隊がいるんです。その編隊の恰好から見て、日本の編隊じゃないし、私は敵の戦闘機だと考え、これはしめたと思った。

そのとき、私の列機が二機いたんですが、それを引き離して、部下の列機二機がくるまでに、八機いるから四機を二機ずつ串ざしに自分で叩き落としてやろうと思って、ぐんぐん近寄っていった。事実、その頃までに、三回ほど二機一ぺんに落としたことがあったので、そのときも欲を出し、戦闘機だとばかり思っていたから、ぐんぐん近寄って行った。ところが、最初は開いていたその編隊が、だんだん縮まってきた。それでもまだ戦闘機だと思いこんでいるものですから、向こうが戦闘機であれば、こっちは後ろに二機しかついてないから、すぐわかれて私の方に向かってくるはずですが、なお編隊を組んでいるというのは気がついてないなアと思った。私はあくまでも戦闘機だと思いこんでしまっているから、これはしめたと思って、一〇〇〇メートル、八〇〇メートル、六〇〇メートル、五〇〇メートル……とぐんぐん近寄っていった。今までそういうことをやったことはないのに、早く射ってはもったいないから、ということで、二〇〇メートル付近から一〇〇メートル以内に接近した。そうして、そのときにじっと見たらSBDで、その八機の機銃が私の方に向いていた。〝しまった!〟と思ったが、もう逃げられないし、これは相打ちだと思った。それで体当たりするようなつもりで、大体五〇メートルから三〇メートルぐらいまで接近して、そこで引き金を引いた。その前に後ろの機銃が射ちはじめましたが、私の予想通り、一番左の二機が火を吹いたのと、私がガンとやられたのが同時だった。そこで完全に失神してしまって、海面スレスレまで墜落した。そのときに私は、今まで何十機というアメリカの飛行機を叩き落としてきたが、とうとう因果が自分にめぐってきたかと思ってあきらめた。（笑声）

しかし、それでも約四時間半かかって、苦心惨憺ラバウルへ帰ってきましたが、そのときに両眼と頭をやられたために半死半生で帰ってきた。

編隊を組んで飛行中のSBDドーントレス

ジョンソン　怪我したのは、そのときだけですか？

坂井　大きい怪我はそれだけ。しかし、そのときもラバウルへ帰ってきたし、飛行機はこわさなかった。

ジョンソン　そのほかのときはぜんぜん怪我しなかったんですか？

坂井　いや、そのほかに空中戦で四回負傷していますが、それでも運がよくて、一〇年間のうちに全然飛行機をこわしたことはないし、事故を起こしたこともなかった。そのとき、血を止めたのが（当時の白いマフラーを出して）このきれです。ところでジョンソンさんは負傷されたことは？

ずいぶん多かった零戦

ジョンソン　私はブーゲンビル島の橋をやったときに、ずうっと下まで降りていったために、下からの高射砲で射撃され、その結果自分は顔を全部やられた。そのときにはバッとやられた瞬間に前が真っ赤になって、なにも見えなくなった。そうして、木の梢すれすれまで落ちたけれども、ようやく片眼を開けて操縦し、

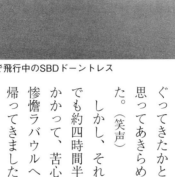

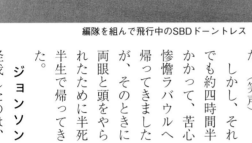

四五分ぐらいそのまま操縦して、基地へ帰った。

坂井　それじゃ私と同じようなことをやっているんですね。（笑声）

ジョンソン　ところがSBDは速力がないんですよ。

坂井　しかし、いい飛行機だった。

ジョンソン　そう、落とすのには難しい飛行機であったし、急降下の目的は、充分達せる飛行機だった。

坂井　僕らがやってみて、戦闘機に攻撃されるときの編隊のチームワークが非常によかった。

ジョンソン　（笑いながら）ベリグッド。

坂井　編隊訓練はよほどしっかりやられたらしい。

ジョンソン　だいたい、一方から零戦がこうやって（手真似で説明）きたら、その方向へ角度を向けて、ガンナーがみんなそっちへ射てるような体勢にする。

坂井　その点はたしかに上手だった。

ジョンソン　しかし、目標物の近くへ行くと、ファイターが上にいて、われわれは真っ直ぐ進まなければいかんわけですが、零戦の方は行動範囲が狭いために、ぐっと廻ってくると、そういう弱味というか、つらいところがあった。

坂井　しかし、零戦があのたくさんいるところへ、SBDの編隊がくるんですから、非常に勇敢だと思いましたね。

トーマス　たしかに当時の零戦の数は、アメリカから見ても随分あったように思った。

ジョンソン　だから大分恐れていた。

最前線の療養所へ

トーマス　ところで零ファイターは、高度はどのくらいまで飛べるんですか？

坂井　大体、一万メートルですが、一番性能がよく発揮されるのは三〇〇〇メートルから五八〇〇メートルぐらいで、スーパーチャージャー（過給器）が二段になっていた。

ジョンソン　コルセアにもスーパーチャージャーをやっていた。

坂井　それでジョンソンさんは、そのときの負傷の結果、病院へお入りになったんですか？

ジョンソン　ノー。基地へ帰ってただ手当を受けた

ブーゲンビル島に集結した米海兵隊所属のF4Uコルセア戦闘機

だけで、後に最前線の療養所へちょっと行きましたが、その次の日には戦闘に出なければならなかった。

で、自分の飛行機は、零ファイターとずいぶん遭遇したけれども、一度も零ファイターの弾丸は当たったことがなかった。しかしながら地上からの高射砲があたって、飛行機をこわしたことはたくさんある。だいたい、われわれの経験では、編隊から一機でも離れると、その飛行機の廻りへ零戦がきて喰ってしまった。

坂井　ジョンソンさんはいつ頃まで戦闘に参加されたんですか？

ジョンソン　自分が戦闘に携わったのは、昭和一八年と一九年で、二〇年になってからアメリカへ帰って訓練の方に携わった。

坂井　それじゃ、硫黄島へはいかれなかったんですか？

ジョンソン　硫黄島へは戦後行ってみました。戦争中は行かなかった。そうして、私はその後朝鮮へも行った。

坂井　朝鮮のときはジェット機ですか？

ジョンソン　自分は一九五二年以後は、ジェット機をやっています。

坂井　ミグとやりましたか？

ジョンソン　当時は、自分は写真偵察機を使っていたから、ミグがきたら機首をかえて帰ってきた。

滞空時間一二時間の記録

坂井　また話は変わるんですが、最後の頃は別として、戦争の初期から中期ぐらいにかけて、私たちはラバウルからガダルまで平気でやっていたが、アメリカの飛行機は、進出距離が非常に短かったんですね。あの頃はどうしてあんなに短かったんですか？

トーマス　ガソリンをそれだけしか積まなかったんです。

坂井　結局、防御装置が重いために、積めなかったんではないでしょうか？

トーマス　いや、最初のコルセアはドロップタンク（増槽）がなかったが、後になってドロップタンクができたので、長くなった。しかし、それでも大体五時間半か、六時間が限度だった。日本のはどうだったんですか？

坂井　僕らは八時間から九時間でも平気でやれた（トーマス、ジョンソンの両氏驚いた表情）。

トーマス　当時、ムンダの近くからラバウルへ行って帰ったことが一度あったが、帰ったときには、もうガソリンはなかった。

ジョンソン　私もやっぱり編隊でもって、ムンダからラバウルへ行ったが、帰るときにはガソリンがなくなって、五機か六機不時着したのがあった。

坂井　零戦は燃料をたくさん積むというよりも、燃料の消費量が少ないんです。

ジョンソン　小さいエンジンだから……。

坂井　たしかに馬力が小さいということもあったけれども、燃料を一滴でも少なく使おうという訓練をやった。零戦が強かったのも、滞空時間に余裕があったから思うようにできたためです。それでも使い方の上手、下手によって、ずいぶん差ができたんですが、私の最低記録では一時間に六七リットルという記録を作っている。大体普通九〇リットルですね。

ジョンソン　ベリグッド。

トーマス　われわれの方は、最大限節約して八七リットルで、普通にやっていると一時間に二一〇リッターぐらいいる。

ジョンソン　普通コルセアの方が、一時間にどうしても一九〇リットルいった。ＳＢＤの方が大体平均して一一五リッターくらいだった。

最後はＳＢＤもあまり大きくなくて、ガスタンクとドロップタンクの両方はやれなかったけれども、後ではエンジンが大きくなって両方運ぶことができた。

坂井　僕は太平洋戦争の始まる前から、非常に遠距離進出する予定で、燃料の節約をやったんですが、私のレコード（記録）で一二時間飛んだ経験がある。それでもまだ燃料が残っていた。それで開戦当時の搭乗員は、これはどこまで飛べるかわからないというので、非常に意を強くした。

ジョンソン　アメリカ側でもパイロットの技量が下がったということが問題になった。ことに雲の中へ入ると難しくなるし、どうしても雲をうまく飛ぶことができなくて、そのために失った飛行機がずいぶん多かった。

日本軍の対空砲火により損傷したF4Uコルセアと不敵な笑みを浮かべる搭乗員

坂井　その点は日本も同じで、南方で天候不良のために帰ってこれない飛行機が相当あったし、これには一番悩まされた。

ジョンソン　それでラバウルへ攻撃に行って、基地まで帰れなくて、途中のいろんな飛行場へ不時着しなければならなかったこともあるし、また、燃料が足りなくなって途中の飛行場までも行けないで、氷の上へ不時着しなければならなかった例がたくさんある。たとえば、零戦が追ってきたときに、基地の方へ向かわないで、アメリカの基地から離れた方向へ行くと、射ち落されなくても帰ってこれない。そのために不時着して失ったことも多かった。

二四〇〇マイル無着陸

坂井　それから、現在、私は飛行機乗りをやめましたけれども、今のジェット機のパイロットに対して一番同情するのは、飛行機は日進月歩どころか、時々刻々進歩しているのに、一つだけ退歩している点がある。

それは滞空時間の少ないこと。いいかえれば非常に燃料をくい過ぎること。これがジェット機のガンじゃないかと思うんですがね。

ジョンソン　そんなことはないですよ。今は相当時間いられるようになった。

トーマス　空中にいる時間は、普通の飛行機に比べたら短いけれども、距離的にいったら延びている。

ジョンソン　私は六時間空中にいたことがあるけれども、大体は二時間か、三時間ぐらい。しかしカリフォルニアからフロリダまで横断するのに、この間、二四〇〇マイルの距離を途中でぜんぜん燃料を補給しないで、戦闘機で一気に飛んじゃった。また、最近できた新しいのは、五万フィート以上の上空へも上がることができる。

坂井　ジェット機とプロペラ機と比較してどちらに愛着を感じますか？

トーマス　ジェット機の方が飛行するのにたやすい。

ジョンソン　それに気圧が調節してあるから、中にいても震動がないし、一時間に一八二〇キロメートルも飛ぶが、それでいて普通の飛行機と同じだ。しかも温度をボタン一つで合わせることができるし、音は後へ逃げて行くから非常に静かです。

トーマス　普通の飛行機だったら、あれを合わせたり、これを合わせたりで、とにかく調節するものが多い。ところがジェット機は操縦桿一つ持っていれば、ことが足りるというくらいに、非常に操縦席の前に機械が少ない。

坂井　昔の飛行機と比べて疲労の点は？

トーマス　ジェット機は、低空を飛んでいるときには、Gが多い。ところが上空を飛んでいるとGにならないから、とにかく真っ直ぐ行って、あまり疲れない。

ジョンソン　戦争中と比較すると、ジェット機の翼の厚さがとっても薄くなっていますが、翼の強さはすばらしい。

坂井　なるほどね。ところでみなさんは一九四三年から飛行機に乗り始めて今日まで一五年間乗り続けておられるんですから、文字通り航空のベテランというわけですね。それではどうも……。

（「丸」昭和三三年一〇月号掲載・戦記特集第20号）

撃墜王・最後のインタビュー

坂井三郎 元海軍中尉
聞き手：藤森 篤

亡くなられた年に行なわれた坂井三郎へのラスト・インタビュー――日華事変、太平洋戦争の激戦を潜り抜けた撃墜王が語る愛機・零戦への思い。

長距離制空戦と二〇ミリ機銃

藤森　太平洋戦争中期まで、零戦が圧倒的な強さを誇った真の理由は、どこにあったのでしょう。

坂井　一般に零戦が強かったのは、「空戦性能が優れていた」からだとされていますが、実は航続距離・滞空時間の長さこそが、強さの根元だったと、私は考えます。戦闘機は飛んでいてこそ、本来の性能が発揮できるわけで、地上にあっては何の役にも立たない、ただの「物体」にすぎません。また常に燃料残量が気になるようでは、判断力が鈍って空戦に専念することなど、できないのです。その意味で、航続距離の延長に貢献した三三〇ℓ増槽は、地味ですが零戦の傑出した特長といえるでしょう。信頼性も非常に高く、私は全期間を通じてただの一度も、脱落や投下不良など経験していません。しかし、航続距離が長いという長所は、海軍に無理な作戦計画を立てさせる要因となり、零戦と搭乗員をいたずらに消耗させてしまったことも、また事実です。洋上戦闘で失われた零戦の約三割は、敵による被撃墜ではなく、実は航法ミスが原因と推測できます。技量A級の熟練者ならともかくB級、C級搭乗員が航法装置のない単座戦闘機で、ガダルカナル

昭和14年、南昌基地における坂井二空曹

攻防戦のように、往復一〇〇〇海里以上の長距離制空戦をやること自体が、無謀だったのです。零戦の強さの源として二番目に挙げるなら、水滴型風防の採用で得られた、視界の良さでしょう。特に後方視界は、抜群でした。先手必勝の空戦では、見張り能力が勝敗の分かれ目になります。ですから私は、遮風板と風防だけは整備員まかせにせず、必ず自分で納得ゆくまで磨くように、心がけていました。またフレームが死角になるので、サングラスさえかけなかったほどです。それくらい視界というものは、戦闘機搭乗員にとって大切なのです。

藤森　戦記や小説では、必ずといっていいほど二〇ミリ機銃の威力が引き合いに出されますが、本当に有用な兵装だったのでしょうか。

坂井　対戦闘機空戦において極論すれば、零戦の二〇ミリ機銃はまったくの役立たずです。小説や戦記に出てくる二〇ミリ機銃に関する華々しい記述は、実戦を体験したことのない者、あるいは当時の記憶が乏しい者が、勝手に想像して作りあげた虚構が、多くを占めます。その証拠として、私は大小六四機を撃墜しましたが、格闘戦で二〇ミリ機銃を使って撃墜したのは、ごくわずかです。大部分は装弾数が多く、信頼性の高い七・七ミリ機銃を、集中的に撃ち込んで落としたものです。二一型が装備していた二〇ミリ一号銃は、装弾数がわずか片銃五〇発しかないので、二〜三撃やったらもうお仕舞い、あとは無用の重量物を翼に抱えてるだけです。それに二〇ミリ弾は、初速が遅いうえに重いので、わずかなGで弾道がダレる〝ションベン弾〟なんです。戦闘機搭乗員が、理想として求めるのは、直線弾道です。初速が遅くて弾道がダレる弾など、格闘戦ではまずもって当たるもんではないですよ。吹き流し射撃試験でさえ、ほとんど命中弾を得たためしがありません。だいいち、弾道がまったく異なる七・七ミリ機銃と二〇ミリ機銃を、一機の戦闘機に載せて、瞬時を争う空戦をどうやって戦えというのですか。二〇ミリ機銃などという役立たずの代物を、戦闘機に載せよと命じたのは、「大艦巨砲主義」に凝り固まった海軍中央の愚かな人間達です。零戦の兵装選定にあたって、横須賀航空隊で二〇〇メートル射座固定試験を実施したところ、七・七ミリ機銃では鉄板がへこんだだけなのに、二〇ミリ機銃は一撃でふっ飛んだため、「これは凄い！」という経緯で採用が決まったのです。炸裂弾ですから、二〇ミリ機銃の破壊力は凄いです。ただし、当たればの話ですが。

当時、中国で戦って、最も実戦経験が豊富な海軍第一二航空隊は、「初速劣小で携帯弾数の少ない二〇ミリ機銃は、単座戦闘機に百害あって一利なし」と意見具申しているにもかかわらず、実状に疎い海軍中央は、それを黙殺してしまったのです。そのあげく、二〇ミリ弾は非常に高価なので、太平洋戦争開戦まで、どこの戦闘機隊も空中での実弾射撃訓練を、全然やってないんです。信じられますか？　日本のような、「大艦巨砲主義」に合い通ずる一発必中に固執するか、米英のように合理性に徹して、「小中口径多銃多弾方式」で弾幕を張り敵機を捉えるか、どちらの兵装選択が正しかったかは、ちゃんと歴史が証明しています。

型式変遷と防弾装備

藤森　最終生産型まで、都合一四回改修された零戦の変遷を、どう受け止められておられますか。

坂井　私はすべての型式に搭乗しましたが、零戦が一番零戦らしかったのは、やはり二一型です。機首が自分の額のように、主翼先端はまるで指先のように、

昭和36年、テレビ番組に出演した零戦設計主務者の堀越二郎と坂井

身体と機体が一体化して、思いどおりに飛ぶことができました。主翼を切り詰めて、防弾板を取り付けた五二型以降は、発動機の出力もほとんど向上せず、翼面荷重が大きくなってしまったので、空戦性能と滞空時間が低下して、零戦の持ち味が随分と薄れてしまいました。設計主務者の堀越二郎技師も、「理想の零戦は二一型です」と明言しておられました。余談ですが、戦後にアメリカでP－51Dマスタングを操縦する機会がありまして、零戦では絶対に真似のできないスパイラルダイブを、三〇〇ノット近くで苦もなくこなしたのには、まったく舌を巻きました。零戦が優れた運動性能を発揮できたのは、せいぜい二〇〇ノットまでですから、もはや「零戦の空戦性能は世界一」などとは言えません。ところで中期以降、零戦が急速に弱体化せざるをえなかった理由として、熟練搭乗員の消耗に伴う著しい技量低下が、追い打ちをかけたことを忘れてはなりません。太平洋戦争開戦前の重要な時期、よりによって航空主兵論を唱える海軍の指導的立場にある人間達が、「戦闘機無用論」なる暴挙を断行し、なんと戦闘機搭乗員数の三分の一を削減したうえ、残った要員の多くも、他機種に転換させられたのです。そのツケが中期以降になって、熟練搭乗員不足として回ってきたというわけです。しかし、零戦が相対的に弱体化していった最大の原因は、開戦初期の大戦果に慢心して、後継機の開発を怠った、海軍中央の無能と怠慢にあります。日進月歩の戦闘機の世界で、重責を担って第一線で六年間も酷使された零戦は、決して理想の名戦闘機であったとはいえないかもしれませんが、本当によく闘いました。

藤森　末期型になるまで、防弾鋼板や漏洩防止燃料タンクなどが装備されなかったため、防御力が欠如した「欠陥機」とする批判的な意見もありますが、実戦を闘った搭乗員としては、零戦をどのように捉えられていたのでしょうか。

坂井　防弾装備については、それまでの弱体な中国空軍機との空戦経験から、当初ほとんどの搭乗員が、必要性を強く感じていなかったことは確かです。従って海軍も、零戦の開発に臨んで要求仕様書の中に、防弾装備を加えてはいませんでした。現実として一〇〇〇馬力足らずの栄エンジンで、世界中のどの戦闘機と空戦をやっても、負けないだけの性能を引き出すためには、重量が著しく増大する防弾装備を、望むほうが無理でした。今のような時代には考えられないことですが、大馬力のエンジンはない、燃料は足りない、せっぱ詰まった当時の日本で、防弾装備を除外するのは、やむにやまれぬ選択だった訳でもあるのです。もちろん防弾装備は必要ですが、零戦でその有無を論じる以前に、自爆を強要したり、捕虜になることを恥じて「死んで潔し」とする、国をあげて邁進した、当時の愚かな思想や教育こそ、厳に問い正されるべきなのです。現に私は、機体に被弾しただけで身体は全く無事なのに、自爆で自ら死に急いだ搭乗員を、ずいぶん目撃しました。結論すると大戦初期に、零戦隊が圧倒的な強さを発揮した理由は、搭乗員たちの技量が優れていたということです。

撃墜王の条件と空戦哲学

藤森　至高の戦闘機搭乗員ともいうべき、撃墜王になるためには、特別な資質や能力、身体条件などが必要なのでしょうか。

坂井　まず最初に、はっきりさせておかなければならないのは、撃墜王の定義です。諸外国では対戦闘機空戦で五機以上を撃墜した者に対して、〃エース〃の称号を与えています。しかし、日本海軍航空隊は、太平洋戦争で個人の戦果を、一切認めていませんでした。戦闘機隊あるいは小隊単位での戦果は記録されますが、搭乗員ひとりひとりの撃墜機数が公表されることは、決してありません。一番機が敵機を撃墜したとしても、一小隊三機編成の場合、それは二番機と三番機が背後を護ってくれているおかげであって、戦果は小隊のものと判定されます。個人が撃墜機数を競うような行為は、編隊空戦法を採用した当時の日本海軍戦闘機隊では、厳に戒められていました。また戦後の書籍は、日本海軍戦闘機搭乗員の撃墜機数を、公式／非公式という項目に区分していますが、実はどちらもまるで根拠が希薄なのです。戦場に審判員がいるわけではなし、多分に自己申告と周囲の証言から、算定しているのが実情です。したがって私の撃墜数も、海軍航空隊が公式に認めたものではありません。撃墜王となるための条件を、端的に申し上げるのなら「体験、研究、努力」のひと言につきます。例外がいない訳ではありませんが、世界各国大多数の撃墜王は、天性ではなく研究と努力によって、その座を勝ち取っています。空戦では体験こそが、真の学問なのです。

藤森　それでは熾烈を極める空戦に生き残って、勝利を挙げるためには、何か哲学や極意のようなものがあるのでしょうか。

坂井　「相手に先んじて発見する見張り能力」、これこそが空戦の要です。見張り能力は単に視力の問題ではなく、数々の修羅場をくぐり抜けることで養われていく、いわば「戦闘機乗りの本能」みたいなものなのです。熟練搭乗員は例外なく、みな見張り能力が優れていました。首尾よく先手を取った優秀な指揮官は、太陽光の反射で相手に気付かれないように、緩いバンクをかけて、そっと接敵するように気遣います。後続の中・小隊長は素早く反応して、最初の一撃に全力集中します。そして、いざ乱戦となったら決して〝優等生〟の飛び方をしないこと、つまり水平直線飛行は厳禁です。ラダーを少しだけ当て、敵には水平直線飛行に見せかけて、実際にはほんのわずか、機体を滑らせるのです。派手に滑らせるとバレて、上手い奴は修正して撃ってくるから危険です。空には対比する物がないので、常にこうして機体を滑らせていれば、まず敵は気付かないし、射弾もめったに当たるものではありません。ただし、こちらが射撃する瞬間だけは、完璧な直線飛行を行なわないと、命中弾は期待できません。実はこの瞬間こそが最も危険で、「撃つ前は必ず後方確認！」これが鉄則です。千変万化の空中戦には、こ

日本海軍では個人ではなく小隊単位で戦果を記録した――3機小隊編成の二一型

れぞという必勝法などありません。ただし、相手が気付かないうちに、死角から先制攻撃かけて落とす、これが理想の撃墜方法です。すなわち先手必勝、機先を制す、これこそが空戦の極意といえるでしょう。いったん格闘戦になったら、手足れの撃墜王といえども、そう一方的に相手を落とせるものではありません。現実の空戦は、腹黒い殺し合いですから、わざわざ格闘戦に引きずり込むことなど、極力避けるのが理です。

つまるところ格闘戦は「最後の一手」として空戦に臨むのが、撃墜王の哲学なのです。ですから架空戦記をにぎわす〝左捻り込み〟のような技を、私は実戦で使ったことがありません。そもそも〝左捻り込み〟とは、全く性能が同じ機種同士の模擬格闘戦で、相手の後尾懐に潜り込むため、体験的に編み出された極め技であって、戦法も空戦性能も違う敵機に対しては、使う必要などないのです。よく「嘘も百回」といいますが、このように間違ったことでも、繰り返し伝えられているうちに、だんだん真実へと変わっていくのは、真に恐ろしいことです。

（取材・文責／藤森篤）

不《ふ》撓《とう》不《ふ》屈《くつ》——坂井三郎の生涯

菊池征男
「零の会」会長

戦前編

「葉隠」発祥の地・佐賀県に生を受け、夢破れて東京から故郷に戻ったのちに目標と定めた航空機操縦への道——海軍に入り水兵、操縦練習生をへて中国戦線で初陣を飾り、実戦を経験することとなる。そして、その後の運命を変えることとなる新鋭戦闘機「零戦」を受領した！

母ゆずりの〝負けん気の強さ〟

坂井三郎元海軍中尉は一九一六（大正五）年八月二六日、父晴市、母ヒデの次男として、佐賀県西与賀村（現在の佐賀市）で生まれた。坂井家の先祖は、鍋島藩の下級武士であったが、明治時代になると士族としての身分はなくなり、一般の民となった。しかし、新しい時代になったからといって、士族に就職先があるわけもなく、畑を耕す農業をやる以外に生きるすべはなかった。

　ところで、次男であるのに、何故、三郎と思われるが、坂井家の本家の祖父が勝三郎であったことにより、末尾の三郎の二文字をもらって命名されたものである。その後も弟や妹が生まれ、四男一女の兄弟が誕生したのだ。

　しかし、わずかな田畑で一家八人が食べるほどの収入が得られるはずもなかった。そんな坂井家にさらな

昭和7年5月、海軍志願兵として佐世保海兵団に入営直後の坂井四等水兵（2列目右から2人目）。13年にわたる海軍時代のスタートとなった

る不幸が襲った。一家の大黒柱である父晴市が、風邪をこじらせ、それがもとで突然、病死したのである。三郎が小学校六年生の秋のことであった。坂井家はまさに貧困のドン底へ落とされた。

母ヒデは、陽気で近所では大変な人気者であったが、その反面、勝気で気の強い人であった。夫が病死しても泣いている暇はなかった。女手一つで子供六人を育てなければならない。そこで、親戚が経営する綿工場に務めはじめ、一日五〇銭の日当で一家をささえた。だが、この日銭で六人の子供たちに腹一杯食べさせることはムリな話であった。そのため、小学校の通信簿の身体欄には栄養乙《おつ》と記載されていた。児童の栄養区分は甲、乙となっており、乙は栄養失調ということである。

それでも三郎少年は元気で、陸上競技では一〇〇メートルを走らせればつねに一着であり、勉強もいつもトップクラスであった。そのため、級長に選ばれた。しかし、彼は正義感の強い少年であったがため、不正を許さぬ性格で、上級生と何度も殴り合いのケンカもやった。が一度も敗けたことはなかった。

時代も大正から昭和へと移り、一九二七（昭和二）年三月、三郎少年が小学校を卒業するころ、亡き父の兄（伯父）が、東京で三郎少年の面倒をみてやろうと、佐賀に帰ってきた。

佐賀を発つ日、母が門出に作ってくれた紺絣の着物に袴をはいて、東京の伯父らと実家を後にした。佐賀駅まで六キロの道を歩いた。だが、母は息子が東京へ発つというのに姿をみせなかった。泣き叫びたいほどの気持であったろうが、人前で涙をみせるのがつらかったのだろう。

首席で卒業の操縦練習生

三郎少年は東京行の汽車に乗った。しかし、その旅は青雲の志を抱いてのものではなかった。東京の伯父が佐賀の坂井家では、三郎を中学へ入学させるほどの余裕がないだろうと察して、東京の中学校へ入れてやろうとしたものであった。

一三歳の三郎少年にとって、東京駅に降りたった東京は、田畑があり、山があり、川が流れている自然豊かな佐賀とは別世界であった。見る物すべてが驚きの言葉以外になかった。伯父に連られて、目黒の上目黒大橋にある伯父の家へ到着した。

数週間後、三郎少年は東京府立第六中学校（現在の新宿高校）を受験させられた。しかし、試験の結果は不合格であった。田舎ではつねにトップクラスの三郎少年でも、当時から東京の優秀校であった六中に受験したこと自体が無理なことだった。

そこで次に私立中学校である青山学院中学部を受験した。今度は合格の朗報が届いた。いよいよ東京での

お世話になった上官と坂井一等水兵（写真右）

中学生になったのである。これにより、三郎少年は野望と向学心に燃えて、中学生の生活をはじめた。かつての佐賀の小学生時代のときのように、クラスの首席をめざした。

しかし、一ヵ月もすると三郎少年の夢は完膚《かんぷ》なきまで叩きのめされた。東京の生徒が、三郎少年よりもはるかに成績がよいという事実をつきつけられたのだ。深夜まで必死になって机にかじりついて勉強しても、首席はおろか、一学期の成績表は、クラスの中ぐらいだった。

三郎少年も失望したが、伯父の方がさらに失望していた。それでも一学年は進級した。ところが、東京の生活にも馴れてくると、悪戯をする日が増して、勉強もほとんどしなくなった。学校の授業にもついていけなくなっていた。

ある日のことであった。三郎少年の保護者である伯父が、学校側から呼び出され、担任の先生から「三郎君の学校生活態度は本学院の校風に合わないので、これ以上本学院で学ばせることはできません」と言い渡された。つまり退学となってしまったのである。

伯父にもさとされ、三郎少年は佐賀の実家に帰ることになった。今度は送ってくれる者もなく、一人で故郷へむかった。夢破れて悄然として母のもとに帰った。しかし、母は三郎少年の姿をみると、叱責することもなく、この数年間で大きく成長したわが子を見て、安心した表情で迎えてくれた。

佐賀に帰ると、本家の伯父のもとで農作業を手伝うことになった。朝は暗いうちから、夜は星を仰ぐころまで作業をつづけた。二年目になると、本家の農作業は三郎の双肩にかかることになっていた。

だが、三郎少年は自分の人生がこのままで終わりたくないと思った。東京では失敗したが、自分の未来には何かが待っていることを信じていた。

子供のころから足が早かった三郎はスピードというものに異常な魅力を感じていた。そして、第一番に自分に向いているのは競馬の騎手ではないかと思い、母に打ち明けると母はもちろん、親族中からの猛反対にあって第一番の夢は砕けた。

つぎに田んぼで農作業中に、大空をゆうゆうと飛んでいる飛行機の操縦手になりたいと思った。しかし、それも叶わぬ夢と思っていたとき、伯父の使いではじめて村役場に行った。ふと壁に張ってある『海軍少年航空兵募集』のポスターが目についた。そのときまで海軍の飛行機乗りは、海軍兵学校出身の航空士でなければなれないものだと思い込んでいた三郎は、このポスターをみて自分にもそのチャンスがあることを知ったのだ。

それからというもの、三郎少年は受験するための勉強をはじめた。佐賀中学に通っている長兄の教科書も借りて読んだ。兄も三郎少年の気持ちを知って積極的に教えてくれた。

ある日、三郎少年は意を決し少年航空兵になりたい旨の希望を兄に打ちあけた。すると兄は賛成してくれ、さらに母には内緒で願書を作成してくれた。そして受験したが、不合格であった。

だが、この失敗は大して気にならなかった。来年がまだあるという希望があったからである。さらに勉強をつづけ、翌年の受験は、手違いで期日を逸し、ついに希望の光が消えたかにみえたが、村のあるところで、海軍一兵卒として入隊しても、飛行機乗りになれる道があるという噂さを耳にした。そうか、そういう手があるなら希望を捨てずにとりあえず海軍に入ろうと思った。そのすぐ後に『一般海軍志願兵募集』が行なわれていることを知り、さっそく受験すると、みごと合格した。

しかし、その当時三郎少年は体重四八キロ、身長一六一センチと、身体検査合格ギリギリの数値であった。

一九三三（昭和八）年五月一日、伯父につきそわれて佐世保海兵団へ入団した。そして海軍四等水兵となり、三郎は佐志水一四七四九号という呼称番号が与えられた。そして、陸戦、砲術、短艇といった新兵教育を五ヵ月受け、一〇月一日、戦艦「霧島」乗組みを命ぜられた。ここで一年間の勤務をへて今度は砲術学校で半年の補習員教育をうけたのち、戦艦「榛名」の主砲分隊へ配属された。「榛名」には九〇式水偵と九四式水偵一機ずつが搭載されていた。これを見た途端、再び飛行機乗りになる希望が拡がってきた。

一九三六（昭和一一）年の夏、ついに操縦練習生を受験した。好運にも第一次の学科試験は合格し、第二

昭和12年6月、霞ヶ浦海軍航空隊で初歩練習機教程を終了した際の記念写真（後列右から2人目が坂井）

次試験は佐世保航空隊で行なわれ、「榛名」乗員として受験、第三次試験は霞ヶ浦航空隊で行なわれるため「榛名」を退艦しての受験であった。そしてついに合格、操縦練習生予定者として、霞ヶ浦航空隊の一員となったのである。

一九三七（昭和一二）年一二月のはじめ、操縦練習生として四月一日に初飛行していらい八ヵ月ぶりに卒業することができた。卒業式にあたっては、二五名中の首席という栄誉をになって、軍楽隊が『誉れの曲』を奏する中、すすみ出た坂井三等航空兵曹は、天皇の御名代である伏見宮博恭王殿下から恩賜の銀時計を拝受した。

九六艦戦からZEROへ

一九三八（昭和一三）年の初夏、佐伯航空隊で三ヵ月の延長教育をうけたあと、高雄航空隊に配属されていた坂井三空曹は、当時、中国江西省の九江に展開していた第一二航空隊（司令・三木森彦大佐）に転属となった。第一二航空隊には、南郷茂章大尉、かつて片

第12航空隊戦闘機隊員と坂井（最後列左端）

翼機でぶじ帰投した樫村一三空曹などの空の英雄たちがキラ星のごとくいた。

その当時、第一二航空隊の使用機は九六式艦上戦闘機だった。相生高秀大尉を指揮官として、一五機の九六艦戦が九江飛行場を離陸した。飛行場の上空を一周すると、針路を西北西にとった。目ざすは漢口飛行場である。坂井三空曹にとって初陣であった。この日の空戦で坂井三空曹はI－16を一機撃墜した。

やがて地上部隊が漢口攻略戦に転じて第一二航空隊も漢口飛行場へ進出、南昌攻略戦にも参加した。

一九四〇（昭和一五）年七月末、坂井二空曹（五月一日付で進級）は大村航空隊へ異動が命じられた。さらに一〇月一七日、台湾の高雄航空隊へ移り、ここで初めて零戦の訓練を受けることになる。いわゆる機種変換教育である。この年の一一月一日付で一空曹になっている。

一九四一（昭和一六）年四月一〇日、坂井一空曹は、もともと高雄航空隊の一員であったが、第一二航空隊員をも臨時に命じられていた。

この第一二航空隊は、漢口飛行場を本拠として、重慶その他の奥地攻撃をおこない、中国軍にも味方航空隊にもその名を知られていた、横山　保大尉以下の零戦隊がその主力であった。その横山大尉に「坂井をオレの隊にくれ」といわれて、坂井一空曹は第一二航空隊とともに行動していたのである。

八月一一日、いよいよ作戦開始の日がやってきた。高雄航空隊の零戦一六機が掩護する七機の一式陸攻が漢口飛行場を離陸した。目標は成都である。暗闇の空を飛行し、成都上空にたどり着いたのは夜明け前であった。成都上空を一周、二周と回っていると、あたりはすっかり明るくなってきた。今回の攻撃隊には出撃のとき「予定の時刻がきたら飛行場をシラミ潰しに銃撃せよ」との命令をうけていた。

その時を待っていたとばかりに指揮官機のバンクを合図に零戦隊は飛行場に突っ込みはじめた。地上にはＩ－16やＩ－15が列線を敷き、全機のプロペラがすでに回転していた。離陸寸前である。思いがけない時刻に突如として現われた日本機にあわてふためいている地上員の姿が手にとるようであった。坂井一飛曹は一機のＩ－16に目標を定めて、いきなり二〇ミリ機銃の一連射を浴びせかけた。零戦による初撃破である。

一〇月一日、台湾高雄飛行場のすぐ側に台南飛行場が完成し、坂井一飛曹らはここに移駐することになった。台湾で新しい航空隊が誕生したのである。司令に斎藤正久大佐、副長兼飛行長に小園安名中佐、飛行隊長に新郷英城大尉らが赴任。五個中隊零戦四五機で編成された台南航空隊であった。

昭和13年夏の出征直前に台湾で撮影した坂井（上）と翌年に中国大陸の九江基地で撮影された激戦をくぐり抜けてきた精悍な顔つきの坂井

戦中編

真珠湾攻撃と相応して実施された、乾坤一擲のフィリピン・クラークフィールド空襲の制空隊を皮切りに、アメリカとの戦闘に突入した坂井――運命のガダルカナル戦では敵戦闘機と勘違いした艦上爆撃機の猛射を浴び、瀕死の重傷を負うという〝絶体絶命のピンチ〟を迎えた！

運命を変えた日米航空戦

一九四一（昭和一六）年一二月七日の夜、台南航空隊の戦闘機搭乗員四五人は、斎藤正久大佐の司令室に集合を命ぜられた。搭乗員全員が北の方角にあたる日本の空にむかって別れの敬礼をした。その後、斎藤司令は、

「いよいよ明早朝、わが戦闘機隊は、マニラ周辺の敵空軍撃滅にむかって出撃することになった。いままでの猛訓練で鍛えあげた腕前で勇戦してもらいたい。今夜ここに集まった四五人の全員が、明晩、もう一度そろうことはまずないだろう。このうちの何人かは永久に帰ってこないことになるかも知れない。みんな、よくよくお互いに顔を見合わせておくように……」

その日の夜は、搭乗員全員の食卓には赤飯が置かれ、

〈上〉ラバウルから日本に帰国して以来、愛知県の豊橋基地で再開した坂井（写真左）と西沢広義

少量ではあったがお酒も出され明日への出陣を祝った。

昭和一六年一二月八日午前二時、坂井一等飛行兵曹は戦友に起こされた。すぐに昨夜から用意していた真新しい下着に取り換えて、戦友たちと戦闘指揮所へむかった。外はまだ薄暗く、空には満天の星がきらめいていた。指揮所に搭乗員が集まってきた。ここで簡単な朝食として握り飯が出た。

零戦隊の発進予定は午前四時となっていた。ところが、午前三時を過ぎたころから、薄い霧が飛行場を覆いはじめた。霧はさらに深くなって、とても航空機が離陸できるような状態ではなかった。午前四時の離陸は変更された。五時、六時、七時と時は過ぎてゆく。

12月8日、海軍航空隊に急襲されたクラークフィールド飛行場

その時、戦闘指揮所から突然、情報が伝えられた。

「今暁六時、味方機動部隊は、ハワイ奇襲に成功せり」

やがて台南飛行場周辺の霧も晴れて、戦闘指揮所から、一〇時発進が発令された。搭乗員たちは、待ちかねたように零戦へむかった。

台南飛行場一帯に轟々たるエンジンの爆音が響きわたった。一〇時ちょうど、五四機の一式陸攻がつぎつぎと離陸をはじめた。

それから約四五分後に四五機の零戦隊も全機発進していった。新郷英城大尉を指揮官とする制空隊二一機（残りの二四機の零戦は一式陸攻隊の直掩隊）は、一式陸攻に先行して、爆撃開始一〇分前にクラークフィールド米軍飛行場上空六〇〇〇メートルに達し、米軍の邀撃戦闘機の列線があれば、これを叩くことが任務であった。坂井一飛曹もこの制空隊の一員であった。

目標突入予定時刻の二〇分前、坂井一飛曹は酸素マスクを装置した。米軍機による邀撃にそなえて、各中隊、小隊と距離をひらき、高度七〇〇〇メートルにあげた。ここで戦闘隊形をととのえた。一三時三五分、ついにクラークフィールド上空に進入した。

広々としたクラークフィールド飛行場は、大型機や小型機の機影が数十機見えた。あと五分ほどで爆撃隊の一式陸攻が上空にやってくる。

坂井一飛曹は米戦闘機がどこにいるか上空から探していると、迷彩をほどこしたP－40五機が一群となって上昇してくる。その高度差は約二〇〇〇メートルである。坂井一飛曹はすぐに連続バンクで味方機へ敵機発見を知らせながら、空戦をおこなうため増槽を切り離さなければならない。左手で増槽投下用の引き手を力いっぱい引くと増槽がヒラヒラと落ちてゆく。味方機もつぎつぎと増槽を落としていくのがみえた。

一三時四五分、零戦の直掩隊に護衛された二七機の一式陸攻が高度六〇〇〇メートルで爆撃針路に入ってきた。するとクラークフィールド飛行場は真っ黒い煙と火炎につつまれた。さらに第二群の一式陸攻二七機

英語版「SAMURAI」に掲載されたラバウルの零戦搭乗員たち。写真前列右から西沢、太田、後列右から坂井、笹井、高塚

が同じコースから進入して爆弾を投下。クラークフィールド飛行場はもうもうたる黒煙におおわれていた。

一式陸攻の爆撃隊が空襲の成功をおさめ、帰路についたあと制空隊の零戦は地上に残されたB－17爆撃機を機銃掃射し、炎上させた。

ところが、空中にあった五機のP－40戦闘機が優位な高度から反航戦を挑んできた。零戦とP－40のはじめての空戦である。この空戦は二分たらずであったが、坂井一飛曹がP－40を相手にした最初の空戦でもあった。

一九四二（昭和一七）年三月一九日、台南航空隊は、ボルネオ島のバリクパパンからジャワ海を越えて、スラバヤ周辺に集結していた約五〇機の敵戦闘機を壊滅させた。その後、各地にバラバラの状態で置かれていた台南航空隊の零戦全機はバリ島に集められ、次の作戦命令を待つことになった。

それから数日後のことである。台南航空隊の新飛行隊長として中島正少佐が着任し、新郷飛行隊長は、半数の搭乗員とともに内地へ帰還することになった。

居残りとなった半数の搭乗員たちはオンボロの輸送船「小牧丸」に乗船して、ニューブリテン島のラバウルにむかうことになった。「小牧丸」は約二週間を要してラバウル港に入港した。

ラバウル飛行場から米豪軍との航空作戦はあまりにも距離が長く、特に米豪軍の要衝であるポートモレスビー攻撃にはムリがあった。そこで坂井一飛曹らはニューギニアのラエを前進基地として進出したのである。

ラエ基地に進出すると、米豪軍との空戦のあけくれであった。しかし、ラエの零戦隊が米豪軍機を撃墜しても撃墜しても航空機が減ることはなかった。米豪軍はつぎからつぎへと補充していたのである。

八月三日、ラエにいた零戦隊の半数がラバウルに戻ってきた。坂井一飛曹もその中の一人で、ラエに進出したときも、すぐに戻ってくるものと思い、私有物はラバウルに置いたままであった。

必ず基地に帰投する

昭和一七年八月七日、中島飛行隊長から「今日のラビ空襲は取りやめだ。新しい目標に向かう」といった。

米軍のガダルカナル攻略を支援する空母エンタープライズで爆弾搭載中のSBDドーントレス

さらにつづけて、

「今朝、五時二〇分、優勢な敵の攻略部隊がソロモン群島の南端ガダルカナル島のルンガに上陸した。同時にツラギにあった浜空の飛行艇は全滅した。しかも目下さかんに敵は上陸中である」

この報告をうけてラバウルの零戦隊搭乗員は、一同顔を見合わせた。

坂井一飛曹らに航空図が一枚ずつ配られた。坂井一飛曹はラバウルからガダルカナル島までの航続距離をはかってみた。五六〇海里（東京〜鹿児島の屋久島くらい）もある。坂井一飛曹は自分の経験で、最長の航続距離を飛んだのは四五〇海里だった。往復となると二二〇海里も長いことになる。

指揮官は飛行隊長・中島正少佐、第二中隊長・河井大尉、第三中隊長・笹井醇一中尉という六機ずつの編成となり、機数も零戦一八機で、坂井一飛曹は第三中隊の第二小隊長で二番機の柿本円次二飛曹、三番機の羽藤一志三飛曹をひきいて出撃した。

「今日は、わが台南航空隊がはじめて敵の海軍戦闘機と戦闘を交えることになるだろう。もとよりかねてから望むところであるが、それだけに絶対に油断は禁物だ。いいか、絶対に俺から離れてはいけないぞ。それから燃料の消費には特に気をつけろ。できるかぎりプロペラの回転をおとし、ＡＣ（混合気コントロール）を有効に使って極力燃料の消費量を少なくするんだ。一分一秒でも、長く飛べるよう心掛けるのだ。いいか、それを忘れないように……。いいな、よし、おたがいにしっかりやろう」

そうこうしているうちにブナカナウ飛行場から一式陸攻の爆撃隊が離陸を開始した。全機で二七機、大きな円を描きながら、制空隊のいる頭上で編隊を組み終えた。

すると、中島飛行隊長の右手がサッと上がった。時計の針は午前七時五〇分を指していた。いよいよ制空隊零戦の離陸である。

編隊は、まもなく第一変針点であるブカ島を左方に見ながら、ブーゲンビルの西岸ぞいを飛んで南下した。さらに飛行をつづけ、ニュージョージア島の南端をすぎ、ルッセル島の上空を通過すれば、ガダルカナルのルンガまで残すところ五〇海里である。

すると、晴れ渡った空にチカチカッと黄色く光るものを目にした坂井一飛曹は、先行した制空隊が空戦をやっていることを直感した。

そのときである。突然、太陽を背にして七、八機の敵機が襲いかかってきた。グラマンF4Fである。坂井一飛曹はこれに対して反射的に操縦桿を引いて機首をむけた。F4Fはもの凄いスピードで、坂井機と一式陸攻の間をまっさかさまに通り抜けた。坂井一飛曹は追いすがって空戦を挑みたかったが、一式陸攻を掩護中である。だからその場を離れられなかった。

やがて、一式陸攻の爆撃隊は、米船団の上空に達すると、つぎつぎと爆弾を投下し、そのまま旋回するとラバウルへ帰投していった。

そのとき、笹井中隊長機がバンクを振った。これは出撃前に打ち合わせしてあったことで、もし戦況が許せば、爆撃隊を敵機の危険圏外まで送ってから零戦隊だけで引き返して、敵戦闘機と一戦まじえようという計画であった。

内地に帰還後、豊橋基地で飛行訓練を開始した当時の坂井

そして、ついにF4Fと会敵した坂井機はF4Fの真うしろ五〇メートルぐらいに追いついた。この距離で二〇ミリを使うのはもったいないと思い、七・七ミリを二〇〇発ほど射ち込んだ。しかし、F4Fはなぜか落ちなかった。そのうち米人パイロットは落下傘で機外に飛び出し、空中に浮かんでいた。

この日、笹井中隊長ひきいる一七機の零戦隊は、米軍機約七七機と戦って三六機を撃墜した。笹井中隊では吉田素綱一飛曹が戦死した。坂井一飛曹は三機を撃墜、この日一番活躍したのは西沢広義で、六機のF4Fを撃墜している。

坂井第二小隊長、二番機の柿本二飛曹、三番機の羽藤三飛曹の三機は、笹井中隊から離れてガダルカナル上空を高度二〇〇〇メートルで飛行していた。すると一機のSBDを発見した。坂井機はSBDとの間合いをつめると、後上方から二〇ミリと七・七ミリの一連射をあびせた。命中弾を受けたSBDは左へ回転しながら落ちていった。そこで三機は笹井中隊へ追いつくため高度をあげた。

するとはるか前方に小さな八個の点をみとめた。それが敵か味方かは判別できなかったが、敵と判断して列機に連続バンクで空戦を開始するという合図を送った。そして、スロットルレバーいっぱいの全速をかけた。ところが列機はついて来ない。エンジンの調子が違っていたのだ。

坂井機は仕方なく、一機で四機編隊の敵機に接近していった。高度は五五〇〇メートル、敵機との距離は五〇〇メートル、さらに接近して、一撃を加えようと思って引き金を引こうとした瞬

硫黄島沖で米空母より発艦準備中のF6F艦上戦闘機

間、坂井一飛曹は、アッと思った。

敵戦闘機と思っていた敵機は、さきほど撃墜した艦上爆撃機ＳＢＤの編隊だった。ＳＢＤ編隊は八機で、二連装一六梃の機銃が一斉に火を吐いた。

坂井機とＳＢＤ八機との距離は五〇メートルもない。坂井一飛曹は必死の思いで機銃の引き金を引いていた。二機のＳＢＤが同時に火焔を吹きあげた。だが、それと同時に坂井機にも大きな衝撃を受けた。それを機に坂井一飛曹も、木刀で頭を一撃されたような感じがしたもののなんとか意識はあった。だが薄れゆく意識の中でなんとかラバウルまで帰投したいと思っていた。

それからどれだけの時間が流れたのだろうか。ラバウル飛行場には一機の零戦がフラフラ飛行しながら姿を現わした。飛行場にいた全員が飛び出して双眼鏡でみていたが、突然、笹井中隊長が、「アッ、あれは坂井だ。坂井が帰ってきた」と叫んだ。

笹井中隊長は坂井機の方向舵に記されているナンバーを、誰よりも早く読みとっていたのだ。ところが、ガダルカナルへ向かった笹井中隊はすでに一時間半前に帰投している。この時間までに帰投できなかった坂井一飛曹は戦死したとみんなが思っていたのだ。

しかし、ラバウル飛行場で待つ航空隊員の心はいざしらず、意識もうろうとしながら坂井一飛曹はなんとか愛機をぶじ着陸させたい。ところが、もう燃料がゼロである。いつエンジンが停止するか、心配しながら右旋回で高度五〇〇メートルにとった。

この高度ならエンジンが停止しても滑空で飛行場へ辿りつける。必死の努力をして坂井機はラバウルに帰ってきた。「坂井、坂井」とみんなが声をかけた。

昭和20年撮影された長髪姿の坂井

縛《ばく》帯を自分ではずして、操縦席に立ったが自分ではどうしようもない体になっていた。搭乗員の白いマフラーは鮮血で染まっていた。笹井中尉と中島少佐が二人がかりで坂井一飛曹をおろした。だれかが「急いで医務室!」と命じた。

だが、坂井一飛曹は「待って下さい。報告します。指揮所へ連れて行って下さい」

西沢一飛曹と太田一飛曹に抱きかかえながら指揮所にたどり着いた。二人に抱きかかえられながら斎藤司令に報告した。

そのすぐ後、ラバウル海軍病院で緊急手術がおこなわれ、一六針ほど縫った。しかし、右眼、顔面、頭部に破片がくい込んでいたが、それを取り除くことはできなかった。

ラバウル海軍病院の軍医長が「眼は、私の手に負えないな。しっかりした眼科医のいる日本に帰ってしっかり治療しないといかんな」といった。だが、坂井一飛曹は、ラバウルの病院でもこれくらいの傷なら治せるだろう。もし治らなくても片眼でも戦闘はできると言い張った。もし戦闘機に乗れなくても、若い搭乗員に対して空戦のやり方を教えることはできる——と主張した。これには上官である中島飛行隊長や笹井中隊長もさすがに根負けした。

八月一一日、台南航空隊の最高指揮官である斎藤司令が病院にやってきた。

「坂井、きさまの気持はよくわかる。しかし、治療が遅れれば遅れるほど失明することは明らかだ。司令の立場から内地帰還を命ずる」といった。

するとあれほどかたくなになっていた坂井一飛曹も「上官の命令なら仕方ありません」といって覚悟を決めた。翌朝、坂井一飛曹は戦友たちに見送られて波止場へむかった。そこにはラバウル湾で待機している九七式飛行艇までの足となるランチが待っていた。

波止場で笹井中隊長はトラの絵柄の銀のバックルをベルトから外すと、坂井一飛曹の手に握らせた。

「このバックルは、オレの親父がこの戦争がはじまった時、特別にあつらえて、オレたち三人の軍人兄弟にくれたものだ。『トラは千里を行って千里を帰る』という意味だ。だからきさまも千里の内地で眼を治してもういっぺんオレのところへ必ず戻って来い。いいか待っているぞ」

坂井一飛曹はバックルを大事にポケットにしまってから、別れの挙手の礼をした。その顔には涙が光っていた。やがてランチは波止場を離れた。しばらくすると坂井一飛曹が搭乗した九七式飛行艇は水しぶきをあげながら滑水をはじめラバウルを後にした。九七式飛行艇は、その他の島に寄港して三日後の夕刻、横浜の追浜にある飛行艇基地にぶじ到着した。

外地で空戦につぐ空戦で戦地生活を送っていた坂井一飛曹は四年ぶりに本土の土を踏んだ。

激戦のラバウルを後にして

さっそく横須賀海軍病院に入院すると頭部、眼科などの手術がおこなわれたが、右眼は失明のままであった。ところが、その当時、佐世保海軍病院には眼科の名医がいるということで佐世保海軍病院へ移された。しかし、ここでも右眼はまだダメであった。

坂井一飛曹は眼科の医長に対して「原隊に復帰したい」と申しでると、「とんでもないことだ。君はまだ航空隊へ戻って働ける体ではない」と大反対された。

担当眼科医から絶望的な所見を言われた坂井一飛曹は、その夜、無断で佐世保海軍病院を抜け出し、佐世保から上りの列車に乗った。彼の行く先は台南航空隊が解隊され、部隊編成のため愛知県豊橋に居所を移した航空隊である。そこには台南航空隊で副長として部隊を仕切っていた小園安名大佐が第二五一航空隊司令となっていた。いっぽう、坂井も一〇月三一日付で飛曹長になった。

豊橋でもう一度、戦闘機乗りになるはずであったが、官報では大村航空隊へ転属となっていた。ここでは教官という新しい任務が待っていたのである。

一九四三（昭和一八）年四月一三日、横須賀海軍航空隊付となり、戦闘第七〇一飛行隊に所属することになった。

一九四四（昭和一九）年六月一六日の朝、坂井少尉（昭和一八年八月一日付で少尉に昇進）の所属する第七〇一飛行隊は、横須賀航空隊の飛行場を離陸していった。目ざすは硫黄島の元山《もとやま》飛行場であった。片目の搭乗員として硫黄島上空で米軍機と戦ったが、その後、横須

終戦から2日後の8月17日、坂井が最後に空戦を実施した米爆撃機B-32

賀航空隊に戻ると、四国の松山にある源田実司令ひきいる第三四三航空隊付が命ぜられた。

一九四五（昭和二〇）年六月、ふたたび横須賀海軍航空隊に戻り、八月一五日終戦を迎えた。ところが終戦から二日後の八月一七日、沖縄から本土への偵察のために飛来してきた四発爆撃機コンベアB－32ドミネーター二機を横須賀航空隊の「紫電改」と零戦が邀撃、坂井少尉も零戦五二型で出撃したが、戦果はあげられなかった。しかし、戦友である小町定飛曹長が放った二〇ミリ機銃弾がB－32の胴体に命中、それでもB－32は沖縄の読谷飛行場へ帰投できたが、クルーのアンソニー・マルチオーネ軍曹が負傷し、またカメラマンのジョセフ・ラシャリテも脚を負傷、ひとりが機内での手当のかいもなく戦死した。彼は第二次大戦における米陸軍航空隊最後の戦死者となった。

坂井少尉は横須賀で復員将兵を送り出し、事務的な仕事を終え、後に〝不渡りとなる伝票〟（今でいう約一千万円の価値のあるものだった）を手にして横須賀を去った。と同時に九月五日付で海軍中尉に任官している。

戦後編

戦闘機を降りた終戦後、突如として舞い込んだアメリカから取材依頼――坂井は海軍搭乗員時代の経験をまとめた『坂井三郎空戦記録』、そして翻訳版の『SAMURAI!』などを世に出した。また戦時中に命をかけて戦った元米軍パイロットとの交遊も開始し、渡米も果たした！

“戦後の苦難”に耐える

終戦から約二週間後の九月三〇日、坂井元中尉は横須賀海軍航空隊の隊員一万五〇〇〇人が一三名になるまで残って残務整理を終えて、東京へ復員した。しかし、どこに住居を構えたものかもわからない。

しかし、明日から食べるための仕事を探さなければならない。操縦桿を握って生きてきた搭乗員に、社会ですぐに役立つ技術は身につけていなかった。そこで、元海軍の復員者たちを集めて特設作業班という名目で、ある運送会社の作業員をやっていた。この会社を辞めると失職となったので、新橋駅付近でヤミ市の一員として、商売をはじめた。

その当時の話を『知られざる坂井三郎』の中で一文を寄せている加藤ひろゆき氏の「作家・坂井三郎とアメリカ合衆国」から引用させていただく。

「何もないけど、人間、何とかなるもんだ。それで、今度は闇商売を始めた。始めた頃に面白い連中がいた。『親方、ちょっとコレ貸してください』というから、何だと思ったら、しょっているリュックサックから水がポタポタと落ちている。

『テメーら、何だそりゃ？』

〈上〉「丸」の座談会に出席した坂井と元零戦搭乗員の羽切松雄氏（左）

『エヘヘ、トンボ釣りです』

トンボ釣りというのは、お金を持ってそうな家に干してある洗濯物、高級そうな着物とかをね、夜中に竹の先に引っかけて持って来ちゃうことで、それらを午前中に乾かしてから新橋の闇市で売るわけ。

それから三ヵ月ぐらい経って、連中の首謀者の男がしょげながらやってきてね、『親方、ついにやられました。ついては、お願いがあるんです。私は悪いことをしたから刑務所に入りますけど、女房に逃げられて、一五歳の一人娘が可愛そうでどうしようもない。親方、引き取ってくれませんか？』

『うーん、俺も生活豊かじゃないから困るよ……。刑期は何年くらいなんだ？』

『三年くらいです』

『よし、じゃあ、三年間俺が預かってやる』

それで、新橋駅前の美容院へ行って、そこの奥さん、つまり美容師の先生に『こういうわけで娘さんを私が預かった。何とかしてくれないか？』と頼み込んだら、『じゃあ、うちに住み込みにして、その人が出所してくるまでに美容師の免許を取らせてあげましょう』と引き受けてくれてね。

そして、そいつが出てきたときに、父娘そろってお礼に来たよ（一同感動）」

その後、元航空部隊出身の知人から、民間で飛行の仕事をやることになったので「坂井もどうか」と声をかけられたが、坂井元中尉はそのさそいを断っている。その理由は、ガダルカナルで負傷した右目がほとんど見えないため、免許を取るための視力検査をパスする自信がなかったものと思われる。

一九四七（昭和二二）年、妻初代が病いに倒れ、入院するが病状が悪化し、ついに還らぬ人となった（実は坂井少尉〈当時〉は昭和二〇年二月に従姉妹にあたる坂井初代と結婚したが、坂井少尉はつねに前線で戦っていたので、終戦まで一緒に生活をすることはなかった）。

“SAMURAI!”がベストセラーに

一九四八（昭和二三）年ごろのことである。当時、阿佐ケ谷に坂井家はあった。そこにＧＨＱ（連合国軍

1991年のプレーンズ・オブ・フェイムにて世界で唯一の栄二一型搭載の零戦五二型と記念撮影をする坂井（筆者撮影）

最高司令官総司令部）のジープが止まった。そこで坂井元中尉を乗せると、ジープは日比谷にある第一生命相互ビル内にあるGHQ本部へむかった。同行した米兵たちは言葉を一言も喋ることなく、大きな部屋へ案内された。

そこにはGHQの将校たちやAP通信日本支局長らがいた。坂井元中尉は「私についての質問は、戦犯としての取り調べなのか」と質問すると、AP通信日本支局長のラッセル・ブラインが口を開いた。

「何をいっているんだ。君は戦犯として呼ばれたのではない。戦争のヒーローとしてここに来てもらったのだ」

このインタビュー記事がブラインのスクープとして世界に発信された。坂井元中尉はその後、アメリカ本国では〝ゼロ・ファイター〟という称号があたえられた。この日、戦犯として拘束されるかも知れないと思っていた坂井元中尉はなんとVIP待遇のもてなしを受けたのである。

一九四八年から四九（昭和二四）年ごろにかけて、坂井元中尉は東京墨田区の両国で香文堂という小さな印刷所を起業した。社長は大西瀧治郎元中将夫人である。なぜ大西元中将夫人と坂井元中尉の絆《つな》がりがあるのかというと、坂井がラバウル時代に上官としてつかえた笹井中隊長の叔父が大西中将であることだった。

一九五三（昭和二八）年、坂井三郎氏は森本暖子と再婚している。坂井三郎が三七歳、暖子が三一歳のときである。

その翌年の一九五四（昭和二九）年、隅田川の川岸から二、三軒目にあった貸間の二階の六畳一間に暖子の連れ子襄《のぼる》さんと姉の四人暮らしがはじまっている。

ニューヨークの出版社・バランタイン・ブックスから刊行された「SAMURAI！」(初版)の表紙

昭和二九年『坂井三郎空戦記録』を読んだAP通信のフレッド・ナイトウ氏はこの本を英語版で出版したいと坂井元中尉に語り、坂井氏は「私の主旨が曲げられなければ、出版されることに異存はない」という条件つきで了承した。そして、一九五七（昭和三二）年、アメリカの新鋭ライターのマーティン・ケイディン氏が著者となった『SAMURAI!』が、ニューヨークの出版社バランタイン・ブックスから刊行されて、『SAMURAI!』は世界的なベストセラーとなった。

また同年に厚木基地にある米海軍西太平洋艦隊航空司令部の司令官リー少将の招待を受けて、坂井元中尉は厚木基地を訪れた。旧日本軍のパイロットで厚木基地に招待されたのは、坂井元中尉が初めてであった。このときリー司令官にゴルフの手ほどきを受けたのがきっかけに、その後、亡くなるまでゴルフを楽しむ生活がつづいた。

かつての〝敵〟との再会

アメリカのカリフォルニア州に住む日系三世の戦史家ヘンリー・サカイダ氏は、坂井一飛曹（当時）がガダルカナル島上空で負傷したときに交戦した米軍の航空部隊が、どこの所属でその機には誰が搭乗していたのか――アメリカ側の記録を調べてみると、各部隊の出撃記録やパイロット名簿、交戦録を読み解いた結果、当日の出撃部隊名を突きとめただけでなく、坂井一飛曹を負傷させた兵士の名前まで割りだした。

兵士の名は第六爆撃飛行隊所属のハロルド・ジョーンズ二等通信士で、ダグラスSBDドーントレス急降下爆撃機の後部射撃手であった。サカイダ氏が直接会って聞いてみたところ、ジョーンズ氏は、確かに自分はその日出撃して、そういう攻撃をしているし、『SAMURAI!』を読んで「あのサカイを撃ったのは自分しかいない」と薄々感じていたとの答えであった。

一九八三（昭和五八）年、ヘンリー・サカイダ氏はこの戦史を『WINGED SAMURAI』というタイトル

1957年春、在日米軍厚木基地を訪問した坂井と歓談する米海兵隊員

の本にまとめた。五月三〇日、ロサンゼルス近郊に住居を置くサカイダ氏はその出版パーティに坂井元中尉を招待した。ところが、その席上には驚くべきアメリカ人が招待されていた。

坂井元中尉は一九四二（昭和一七）年八月七日、ガダルカナル島上空で米海軍のSBDドーントレスを捕捉・攻撃の際に、ドーントレス後部の旋回機銃で撃たれて被弾・負傷した。そのときに坂井機を射撃したのが、今、目の前にいるハロルド・ジョーンズ氏であった。

そのことを知らされると、笑顔で握手し、ハグするような状態で肩を叩き合った。最初にジョーンズ氏が口を開いた。

「あのとき、任務とはいえあなたのゼロを撃った。今となっては大変申し訳ないと思っている」

すると坂井元中尉は、そのときかぶっていたボロボロになっている飛行帽をジョーンズ氏に見せながら、

「ここに穴が開いていて、ゴーグルのここにはへこみがある。君の射った弾が当たったんだろう」

もともと茶目っ気のある坂井元中尉はわざと恐い顔をしてみせると、ジョーンズ氏も笑って、抱えていた箱を開けた。

「あなたのゴーグルをそんなにしてしまって、申し訳ない。その代わりにこれで勘弁してくれないか」

そういって、箱の中から取り出したものを坂井元中尉の頭にかぶせた。それはシルバーに近いグレーのフエルト製のテンガロン・ハットであった。この場にいた坂井氏の長女道子さんは「その日父が着ていた生成《きな》りのスーツによく似合っていました」と著書に記している。（産経新聞出版刊・「父、坂井三郎」）

一九九〇（平成二）年五月一九日、ある旅行会社が『坂井三郎先生とロサンゼルスの零戦を見に行こう』という企画をたてた。というのはその年は零戦が誕生して五〇年という節目にあたるので、カリフォルニア州チノ飛行場のプレーンズ・オブ・フェイム博物館で保存されている世界で唯一のオリジナル〝栄二一型〟エンジン搭載の零戦五二型を見学しようという計画であった。

零戦見学の前日、サンタモニカ飛行場で行なわれている「世界最大の航空機のオークション」のプレビュ

ーを見学した坂井元中尉を中心としたツアー客は、初めてみる実物のP－51、スピットファイア、P－38、P－40、B－25、TBFアベンジャー、P－47などを目の当たりにして、ただ驚きばかりであったものの坂井元中尉は何度も見ているもので特別に関心をしめしていなかった。

　しかし、P－38の側に行ったとき、そこには紺色のスーツに蝶ネクタイの正装した老紳士がカメラマンに撮影されている姿を目撃している。その紳士は、P－38を設計した技術者H・L・ヒッパード氏であった。奇遇にも零戦とP－38は誕生から五〇年目を迎えていたのだ。

元米軍搭乗員との交友を温める坂井。〈上〉ガダルカナル上空で交戦したジョーンズ（左）より帽子を送られた坂井。〈下〉元海兵隊コルセア戦闘機隊のボイントン（右）と談笑する坂井

　カメラマンが、撮影が終わると、坂井元中尉に対して興味があるかと聞く。そのとき、ツアーの一人が、「彼はゼロ・ファイターとして有名なサブロー・サカイだ」というと、

「何！　エースのサカイ

か」と聞くと、「ヒッパード博士と握手している写真を撮らせてくれ」ということになり、これは実現した。

翌日、ツアーの最大の目玉〝零戦に会える日〟である。日曜日ということもあってか、朝早くから続々と見物客が集まってくる。特にP－38の五〇周年ということもあってか、かつてP－38に搭乗員として戦った老パイロット達が在郷軍人会の集まりのように入場している。ここでも零戦のエースは、まるでスターである。つぎからつぎへとサインをねだる人たちが列をつくる。この日のチノ飛行場は、零戦とP－38とエース坂井が主役となっていた。

一九九四（平成六）年一一月二五日、有楽町にある日本外国特派員協会で二回目の講演が行なわれ、ドイツの記者から「昭和天皇に戦争責任はあるとお考えでしょうか」との質問があった。

「私たち軍人から申しますと、天皇に責任はもちろんあります。最高指揮官であり、太平洋戦争が始まるときに、開戦の詔勅、これを信じて、私たちは命をかけて戦ったのでありまして、その命令した人に責任がないなどということは通らないと思います。責任はあります。最高責任です。

もしも、天皇に責任がないとなりますと、我々国民に対して天皇が下されるところの、その当時で言う勅語、詔勅、こういうものは全部空念仏であったということになりませんか。軍部が強制したとか、そういうことは一般国民には全くわからないのであります。だから、上のほうで、都合のいいときは天皇の手柄にし、都合の悪いときは逃げられると。そういうことは世の中では絶対に通らないと思います。やはり最高責任者は最高の命令を下すわけでありますから、このことに関しては、どう理屈をつけても逃げられるものでないと思います。

非常にお気の毒な方であったと思いますが、国の最高責任者であるならば、栄誉も自分が担うならば、やはり責任も当然負うのが人間の道ではないでしょうか。非常に気の毒な方であったと思います。それは、ものの道理として私は申し上げるのであります。決して天皇を誹謗するものではありません」（後略）

と坂井元中尉は述べている。

この発言がベタ記事ではあったが朝日新聞の夕刊に

掲載された。すると、掲載された夕刻、巣鴨警察署から坂井家に電話があり「坂井先生の身辺の警護に当たりたい」との申し入れがあった。

しかし、坂井元中尉は「私は戦争で一度死んだ人間です。殺されることに何の恐れもありません。皆さんの税金を私のため使うということはやめて下さい」と断っている。

〝魂〟は戦友の元へ

厚木基地に配備されている米海軍西太平洋艦隊航空司令部の五〇周年記念祝賀夕食会が二〇〇〇（平成一二）年九月二二日、厚木基地でおこなわれた。この席には招待された坂井元中尉の姿があった。一八時からカクテル・パーティーとなり、坂井元中尉は水を二杯飲み終えると特別緊張した様子もなく、席にゆったりした表情で座っていた。一九時ちょうど、ディナー・パーティーへと移り、ウォルストロム司令より、これまでの五〇年の英智を次の五〇年に繋げて行きたいという挨拶が終わったあと、来賓として坂井元中尉も紹介された。

食事となった時に坂井元中尉はステーキを選び、半分以上を食した。その後デザートに出されたケーキもおいしそうに平らげたが、お酒やワインにはまったく手をつけることはなかった。しかし、ディナーを楽しんでいる坂井元中尉の姿は傍目にもわかった。

二一時、ダンスパーティーの時間となり、坂井元中尉はそろそろ帰宅すべく入口まで歩いたところで、気分が悪いと同行している春山医師に告げた。そのため、横になってもらって春山医師は血圧を測った。六〇㎜Hg以下のため、ショック体位をとり、外気功をおこなったものの効果もなく、オステオパシーによる手技療法も効果がなかった。

春山医師は一過性の起立性低血圧症ではないかと考え、救急車を要請した。車中でただちに静脈を確保し、点滴を開始した。心電図モニターの波形から心筋梗塞でないことが確認された。

二一時三〇分に綾瀬厚生病院へ到着するとただちに全身検査がおこなわれた。心拍数は一分間九〇回前後、特にショック状態もなく、正常範囲であった。

戦後ブインを再訪し現地人と記念撮影をする坂井（写真中央）

それでも、脳梗塞の検査のためMRIによる検査をおこなう必要があると判断し、MRI検査のためレントゲン室へ移動中「もう眠ってもよいか」と一言。これが坂井元中尉の最後の言葉となった。二二時、MRIによる検査をおこなっている時、呼吸停止となった。ただちに心肺蘇《そ》生および救命治療をおこなったが、自発呼吸は戻らなかった。二三時五〇分、急を知り駆けつけた長男襄氏、ウォルストロム司令ら数人に看取られながら八四歳の生涯を閉じた。ご遺体は日付が変わった午前一時すぎに巣鴨のご自宅へ無言の帰宅となった。

坂井元中尉が亡くなって三日後の九月二五日、近親者による通夜が密葬ということになった。坂井家はどの宗派にも属していないということで、斎場は池袋の仙行寺で行なわれた。祭壇には坂井元中尉の遺影が飾られ、その後方には実物の軍艦旗があしらわれ、それらを包むように白いカーネーションが色彩をそえられていた。通夜の席には僧侶の姿はなく、読経も流れることはなかった。さらに戒名もなく、それは天国で戦友にあった時、坂井三郎でなければならないとの思いだった。弔問客の一人、一人に白いカーネーションが手渡され、それを祭壇に手向けられた。

零戦搭乗員会の会員で通夜の席に姿をみせたのは、小町定氏と吉田次郎氏の二人だけであった。というのも、いろいろな事情があって、坂井氏は「零戦搭乗員会」から脱会していたのだ。

明けて九月二六日、仙行寺で告別式がおこなわれた。密葬であったが、一〇〇人近くの人びとが参列した。米海軍厚木基地からは米西太平洋艦隊航空司令部のウォルストロム司令と中佐二人が参列した。

告別式が終わると、坂井元中尉のご遺体を乗せた霊柩車は、新宿区落合にある落合斎場へ向かった。斎場に着くと坂井氏は荼毘に付された。その隣には、遺影をみただけで、その筋の親分さんとわかる人が荼毘に付されていた。

　黒服は喪服として当たり前だが、隣の人たちは短髪で日ごろから黒服を着用しているそのスジの人たちであることははっきりしていた。四、五〇人くらいいただろうか、そのうちの誰かが「坂井三郎、あの撃墜王の坂井が死んだんだ」というと四、五人くらいの若い衆が荼毘に付されている坂井三郎に合掌していった。

　それから一七日後の一〇月一四日、港区青山にある青山葬儀所で「坂井三郎儀　お別れの会」が催された。全国各地から坂井ファン約八〇〇人ほどが駈けつけ、撃墜王との最期の別れを惜しんだ。

　いっぽう、葬儀所内では法社会学者の小室直樹氏（二〇一〇年没）と格闘家の前田日明《あきら》氏（雑誌「武道通信」のインタビュアーとして坂井家を訪れたあとも尊敬する〝サムライ〟として交遊がつづいていた）の二人が弔辞を読んだ。

　それが終わると、出席者の名前が呼ばれ、葬儀所の関係者から白いカーネーション一本が手渡されて、それぞれが祭壇に手向けた。その後、ジャズ歌手の田中ショウリ氏が「ラバウル航空隊」を独唱した。式典のすべてが終わると、長男襄氏が母暖子さんを支えるようにしてマイクの前に立ち、襄氏が親族を代表してお礼の挨拶をした。そのあと長女の道子さんが、日本語と英語の二ヵ国語でお礼を述べた。なぜ、英語で挨拶をしたのかというと、米海軍の厚木基地と横須賀基地から将校たちが「お別れの会」に出席していたからである。

　そして最後に、元大村航空隊時代、坂井元中尉の教え子だった予科練一三期の山中志郎元上飛曹がマイクの前に立って号令をかけた。

「坂井三郎中尉、海軍航空隊を退隊されます。総員見送りの位置につけッ、帽振れ！」

〈主要参考引用文献〉
『知られざる坂井三郎』零の会編　学研パブリッシング社刊
『父、坂井三郎』坂井スマート道子著　産経新聞出版刊／光人社ＮＦ文庫所収

同郷撃墜王の遺品

古賀健詔
元日航B747キャプテン

二〇年程前、戦死した長兄（古賀健敏・元飛行兵曹長）の遺品の中にあった坂井三郎中尉の手紙の縁でご自宅を訪問する機会を得た。村立西与賀小学校（現佐賀市）は、坂井さんと我々兄弟の出身校だった。

東京巣鴨の坂井さん宅の応接室に通されると、多くの写真、記念品等が展示してあり、その中にガダルカナル付近上空で被弾した時の飛行帽がガラスケースの中に飾ってあったのを見つけた。よく見ると飛行眼鏡右目の上部に弾痕らしき凹みがあり、かつ額の部分に破片の痕らしい穴が空いていた。

しばらくすると「よー、きんさったね（良く来ましたね）」佐賀弁丸出しの声がして坂井さんが現われた。その昔ラバウルの撃墜王と言われたが、その様な風貌は微塵もなく、思ったより小柄で優しい声、かつ人を引き付けるような笑顔の人だった。

始めのうちは佐賀の知人や故郷の事が話題になった。そして内容が変わり、ラバウルや零戦や空戦の話になると、突然今までの好々爺の顔が厳しい、まるで獲物を狙う目付きの鷹の様に変わったのは、やはり違うなと言う感がした。その時、坂井さんは話をしながら神棚に飾ってある筆記用具を指差して「執筆のひとつの理由は、戦死した戦友達が言い残した事を知って貰いたいため」。それは、不平不満を言えず大空に散っていった無念さが筆先に篭らせたのでは。本を書き上げたら、その時の鉛筆や万年筆をお供えして彼らの霊に話しかけているとの事だった。

残念ながらガダルカナルの戦闘の事を詳しく聞く機会は失われたが、機銃弾がほんの少しずれていたら多分戦死。それ以上に、失神して海面に突っ込んで行く愛機を途中から立て直し、かつ重傷の体に鞭打ちながら長駆ラバウルまで飛行した事は、強運の持ち主であると共に負けじ魂が大きな力になったと言わざるを得ない。しかし、それだけでは厳しい空戦を生き残れない。これらを著書の中で垣間見る事ができるが、今までの経験の蓄積とその整理が考えなくても技として現われる。つまり剣道等で言う「思わずして達する」という境地ではなかろうか。もちろん、単に個人に備わっている天性のものだけではなく、日頃の努力、研鑽の賜物と思う。

　二〇〇〇（平成一二）年九月、再訪問の電話が最後になってしまったが、シドニーからのフライトを終え、亡くなられた新聞記事を見た時、撃墜王を失った悲しみもさる事ながら、もっとお話を聞くべきだったと言う後悔の念が大きかった事を憶えている。

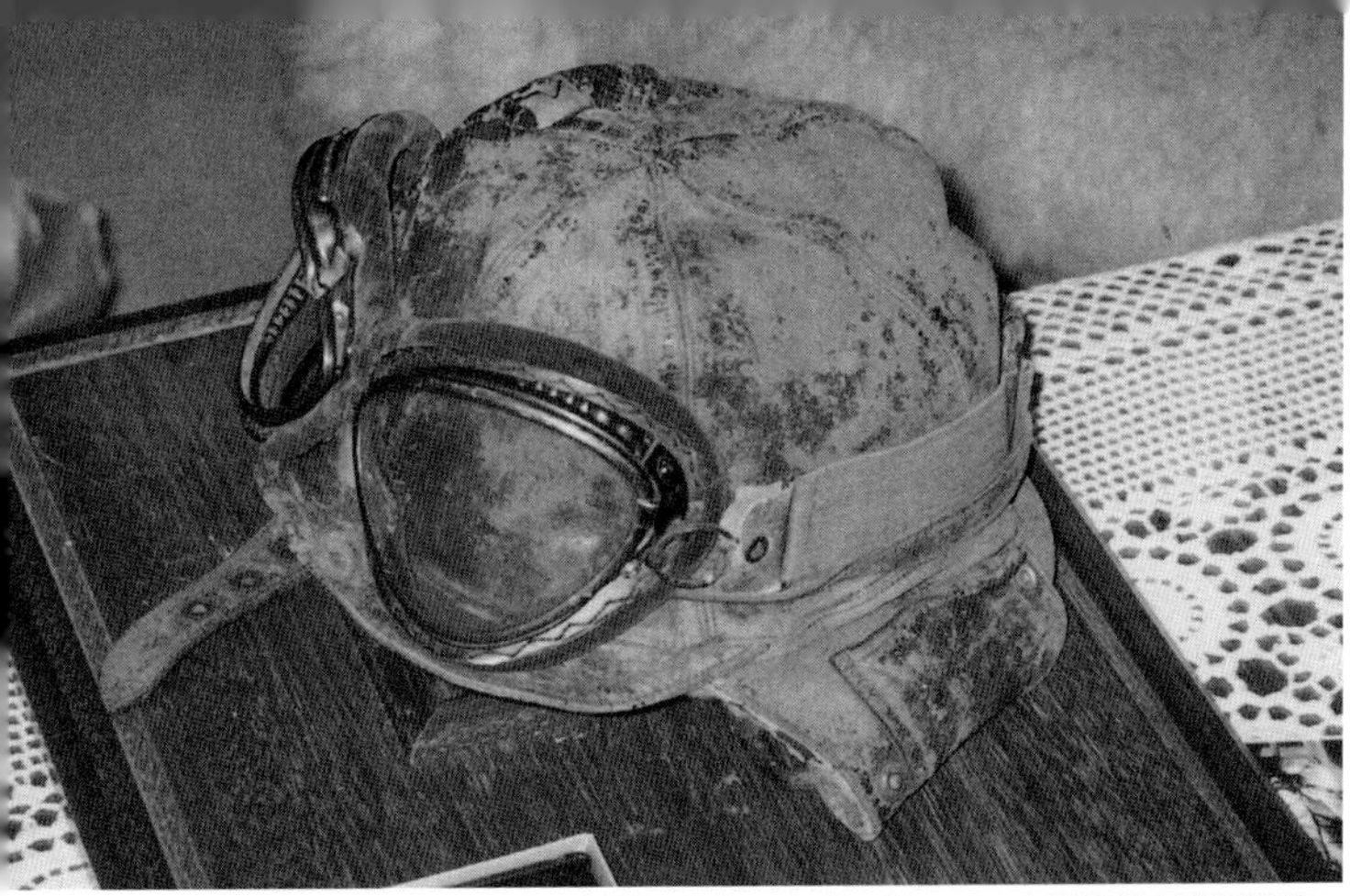

坂井氏がガダルカナル上空で被弾、負傷した時に被っていた飛行帽と飛行眼鏡。

昭和15年ごろ、坂井氏が筆者の兄・健敏氏に宛てた手紙。健敏氏が8月の休みを利用して大村空に勤務していた坂井氏を訪れた際の礼状で、中国の大連で献納航空機「報国号」の命名式に参加したことなどが綴られている。

使者の祈り——坂井三郎の遺志

坂井スマート道子

坂井三郎 実子

希代の零戦パイロット坂井三郎がわが子や孫たちに伝えたかったこととは何か——坂井の薫陶をうけて育った、サムライの娘が語る「地上に降りた撃墜王」の教え！

伝承

わたくしは小さいとき、将来何になりたいかと聞かれると、「大人になりたい、そしてお母さんになりたい」と答えていた。父曰く、「お前は、好奇心旺盛と言えば聞こえはいいが、興味ばかり多くて色々な事に手を出しては、すぐ飽きてしまう。『好きこそものの上手なれ』と昔から言われるが、本当に何がしたいのか良く考えて、選んだ道で努力をしなければ上手にはなれない。そしていつか『一芸に秀でる』いわば専門家、その道のプロになれるというものだ」。父の言葉をフンフンと聞きながら、「プロの大人、プロのお母さんかあ～」と頓珍漢なことを考えている内に、あっという間に年月が経って、歳だけは大人になり、二人の子供の母にはなったが、相変わらずの『多芸に無芸』、行き当たりばったりの姑息な生き方をしてきてしまったように思う。

父、坂井三郎は、戦場で、戦闘機搭乗員として活躍の場を与えられ、生と死の狭間で、生存のために努力を重ねて生き残り、従軍中の体験を、終戦後、著書に残すことができた。その結果、多くの読者を得て批判も浴びたが屈せず、潮書房、特に「丸」の強い支持を受けて、長期に亘って執筆を続け、賛同も増えた。戦時中の数々の非凡な体験は、話題性が高く、何度も読むと坂井自身が特別な人物であったかの様に思えてくるのも、むしろ当然かもしれない。しかし、坂井の非凡さは、稀な経験を積み重ねた結果によるのであって、決して、努力抜きで特殊の域に達してしまう天才のそれではなかったと、父自身もわたくしも思っている。

幼少時の筆者と父・三郎、うしろが母・暖子と兄・襄

わたくしにとって最も重要な父の教えは、「単純なことでも、やり甲斐があるなら、心を込めて日夜続ける、という『意志』と、それを実行する『決断』である」

わたくしは父の勧めで、『朝の誓い』という儀式を続けている。父はわたくしが覚えている限り、毎朝鏡に向かい、自分の顔をシッカと見つめて、「今日も元気に起きられたことを感謝します！　今日もモリモリ働きます！」と大きな声で宣誓。そのあとは、日によって違う私的な事らしく、モジャモジャと声が低くなるのだが、生涯欠かさず行ない、アメリカでわたくしどもを訪れている時も、孫たちに聞かせたかったのか大声を轟かせていた。死んだ日の朝も変わる事は無かった筈とわたくしは信じている。父ほど大きな声は出さないが、わたくしも毎朝同じ口上で始める。心に掛かる事が続いている時や、自分に迷いがある時には、気迫が消沈していて、自分の顔も見たくない事さえあるが、この儀式に臨む時は、

父の通訳として活動していたころの筆者

そんな事はそっちのけで同じ事をとりあえず言ってみる。そして自分が今どんな表情をしているかを確かめる——父曰く、歳相応の顔をしているか、眼光に輝きが有るか、殺気を隠し、冷静な表情が維持できているか——元気に心穏やかに今日この日を始められる！　という顔を創って、現実の困惑をさて置き平常心に戻る。そのためにこの儀式を続ける。本音と建前に直面する瞬間である。それが儀式というものだと思う。自分の良心の在りかを確かめておければ、日常の行動が都合に応じて、完全に自分の望むところではなくとも、自分を信じて前進していける。

　わたくしは、とうとう、職業としてのキャリアは築けず、『一芸に秀でる』ことができなかった。だが幸い、父が英語を学ばせてくれたので、アメリカでの講演や、軍関係、航空関係の催しに出席する父について、通訳として同行する機会を多く持てた。通訳は原則的に単なる『使者』であって、会話に自分の私情を挟むことは出来ない立場にある。

　しかし、本質を伝えて理解を築き、持続させなければ、会話そのものの目的が達成されない。Saburo Sakaiにだけに限って言えば、わたくし以外の通訳では、彼の本音は伝わらなかったかも知れないと自負するところがいくつかはある。それはわたくしの英語力が高かったからではなく、父がSaburo Sakai自身を、徹底して娘のわたくしに叩き込んだからである。

　思春期のわたくしは、戸惑い、反抗を繰り返したが、今考えれば、父が、反抗させてくれていたのだと思う。そして父は、わたくしを自分から放した。アメリカから改めて「俺を見てみよ。母国を視てみよ。一人で生きるために如何なる自分であるべきかを考えてみよ」。そして、わたくしはアメリカで、父と同格に仕事をするための、品性と客観性を理解することができた。このSaburo Sakaiに対する客観性を無くして、娘としての主観だけでは、父の通訳はできなかったと思う。

父が亡くなった後、坂井の通訳という仕事は失ったが、「娘のあなたの知っている坂井三郎を語ってほしい」という依頼を度々受けて、内輪の話で僭越かと恐縮もしたが、思い切って、拙書「父、坂井三郎」（産経新聞出版）上梓に至った。「活字の魔力は偉大でもあり、脅威でもある。一度世に出したら後には引けない。自分の書いた一字一句に責任を持たねばならぬ。そして時には、一部分だけが、著者を離れて独り歩き始めることだってあるんだぞ。だがこんなに面白いことは無い。嘘はいけないが、思った通りに書いたって、検挙されて放り込まれる心配はもう無いんだよ、民主主義のおかげで、言論の自由を認められたんだから……批判なんか怖くない！　弾が飛んでくるわけじゃあるまいし……『敗軍の将、兵を語らず』と言われるが、俺は『生き残った敗軍の将、兵のためにこそ語る』でなければならんと思って書いている！」

父がわたくしに教えてくれた事は、宇宙全体から見れば砂粒ひとつ程のものかもしれない。しかし、我が坂井の一族にとっては正に『家訓』。父からわたくしに、わたくしから子供たち孫たちに伝え、その教えに魂を込めれば、時代を超えて、千年の後にも、子孫の代で、彼らを育み生かすものとなるかも知れない。だからわたくしは、どんなに小さい事でも、子供や孫に、父のことを語るようにして育ててきた。ガダルカナルでの被弾負傷の顛末はもちろん、大嵐の吹きすさぶ真っ暗闇の海上を列機を率いて飛行中、自機の位置が不明で航法には頼りきれない時、最後に懸けた己れの帰巣本能に、決断と祈りを込めた瞬間から、肉眼に見えないガランピー岬の灯台が、坂井の心の目には見えていたこと。ゴルフが大好きだった父に、ホールインワンなんて絶対に運でしかないと思っている下手のわたくしは良く聞いた。「本当に一打目から穴を狙ってらっしゃるの？」すると「お前何言ってんの？　当ったり前だろう、それだけがゴルフの目的なんだから……」と毎回言われたこと。二〇〇ヤード彼方の、旗の下の穴が、父の心眼では見えたのだろうか。

父が亡くなった後、子供たちが時折『ジイちゃん』の話をする。とりとめのない思い出語りだが、「え～、そんな事まで、ジイちゃん話してくれてたの～?」という事が多くある。自分たちの時間には限りがあっても、孫たちに伝えれば、彼らがまた子孫に伝えてくれると信じて話し続けたのだろうか。残す価値のあるものに魂を込めて、次の代に譲ること。これは血族の間だけに留めなくてはならないという決まりは無い。だから、わたくしは自分の事だけ書いたのでは世のためにならないが、父、坂井三郎の遺志を皆様に伝えることが、『通訳の務め』『使者の誠実を保つ事が自分の天職』と思っている。いつの日か、水平線の彼方に父が見ていたものに少しでも近付ければ、そして、それを読者の皆様と共にできれば……坂井の笑顔が見えてくる。

『伝承』の真意は、自己の努力が、後々の世で、他の中で生かされればそれで善しという潔さにあると、父が教えてくれた。

冥加

娘に子供が生まれてわたくしも『おばあちゃん』になった。「お孫さんに坂井さんの何を伝えたいですか?」と聞かれて、一冊本を書いた。構想を練っていた当初、箇条書きにしておいた事項をまとめようとすればするほど、何だか教科書みたいになってしまって父の声が聞こえてこない。子供たちにも応援を頼んだ。「ジイちゃんの事を思う時一番先に心に浮かぶのはな～に?」。わたくしは真面目なのに、子供たちは吹き出すように笑った。英語と日本語とのチャンポンで父と関わった彼らに、ややこしい坂井三郎のことを訪ねても始まらない。結局、「真剣に遊んでくれたのが『ジイちゃん』で、一緒に笑い転げたことを一番覚えている。でも『凄～く恐くて絶対に敵わないのが坂井三郎』。そしてSaburo Sakaiは『勇気』かな」と息子がまとめてくれた。娘は真剣に話を聞いてはいたが、矢張りクスクスと笑っていた。父の事を思い出していたらしい。

わたくしも子供たちも、父から「一番になれ。勝ってこい！」と言われた記憶がない。むしろ覚えているのは、「挫けず頑張れ」「負けるな！」という父の声だ。しかし一方、武道に励んでいた子供たちに、親の方が興奮気味だった時、「稽古も程々にさせないと、ひどい怪我をしてからじゃあ取り返しがつかないぞ」と釘を刺された。「じっくり気長に行けばいいんだよ、平時には。黒帯が何だ？　本当の修業はそれからだろう」

日本で生まれて、一年半を父と一緒に住んだ息子は、本当に良く父のことを覚えている。父が無くなった後に息子が書いたものを、披露させていただく（わたくしの翻訳です）。

僕のジイちゃん

Maxwell　坂井　Smart

僕は日本で生まれて、一歳七ヵ月でアメリカに渡るまで、祖父、坂井三郎の東京の家に住んでいた。母から聞かされたことや、たくさんの写真のおかげで、生まれた時からのことを全部覚えているような気になる。祖父は頻繁に僕たち家族を訪ねてアメリカに来てくれた。小学校に上がるまでは、本当によく遊んでくれた祖父と、終始、笑い転げていた記憶がほとんどで、「何してるの～あなたたち。まあ、お父様まで一緒に～」という母をよそに、本当に真剣に遊んだ。母に隠れての『悪さ』もさせてくれたっけ。

カリフォルニアの海岸で、砂にブクブクと空気穴を見つけた途端に小枝を拾って砂を掘りだし、あっという間にヤドカリや小蟹を捕まえた祖父が、「お前もやれ！」と言うので、靴のまま砂まみれになって掘っているうちに獲物は山となって、見ていた人がバケツをくれた。これは食べられると聞いて、一度は家に持って帰ったが、「うっかり食べて腹を下してもいかん」と言うことになって、次の日砂浜に返しに行った。「食わんのに殺しては可哀そうだろう」と祖父が言った。

アイオワのうちの裏には、貨物列車専用の線路が引かれていて、線路の脇は土手で、その向こうに百エイカー以上もある開発地が更地のまま広がっていた。線路と土手の間には、大人の背丈よりも高い排水溝トンネルがあって、引っ越した日から行ってみたかったが、母が、偵察が完璧に済むまでは子供だけで行ってはいけないというので我慢していた。そこにいよいよ祖父の登場である。一日かけて土手を掘ったり突っついたりしながら「アイオワには毒蛇はいないと聞いたが……」。コンクリートのトンネルに至っては、それはもう慎重に、崩れる恐れがないかを見極めて、「排水溝らしいが今のところはカラッカラだし、大雨でも降って水が流れ始めても先は平らな広っぱだから大したことにはならんだろう」という結論が出て、母の許しが下りてからは、朝から日暮れまで遊んだ。近所の友達も一人二人と仲間になって、トンネルのテッペンで寝そべったり、木に登ったり、枝から祖父が下げてくれた縄にぶらさがったりもした。蝉やバッタの捕り方も教わった。でっかい蟷螂をからかっていた祖父は、噛まれて「こ〜の野郎、俺を噛みやがったな。敵ながら天晴れ！」なんて言って笑った。トンボや蛍を眺めていたこともあった。その間、祖父はずっと全ての成り行きに目を配っていたのを僕は知っている。少々の擦り傷、切り傷などには目もくれないが、肝心なところではよその子にも日本語で説教した。しかられた子も、次の日また来た。「ハーイ、ジイチャン！」きっと祖父は佐賀の田舎で、こんな風にガキ大将だったんだろうな。

夕飯の後は、日本から持ってきてくれたビデオ・テープをよく観た。僕が好きだったウルトラマンや仮面ライダー、妹にはサザエさんや、ちびまる子、どういうわけか母には『風雲たけし城』。祖父と母が、ゲラゲラ笑っていた。圧倒されていると、母が「楽しいから笑うだけじゃなくて、『笑うから愉しいのよね〜』そうでしょ、お父様〜？」と言ってまた、転がって笑った。それを見ていた妹は祖父に抱き着いて、父も祖母も皆、涙を流して、おなかを抱えて笑いこけたのが、昨日の事の様に思い出される。

こんな風に、僕の『ジイちゃん』は四六時中、冗談を言って皆を笑わせ、僕や妹をからかっては笑い、しょぼくれている時はおどけて見せてくれたり、自分がしくじったふりをして『笑われて』くれさえした。「笑うと脳も内蔵も活性化して血の巡りが良くなるし、肺の中の汚れを全部吐き切ってしまうから実に体に良い。嫌なことも一時忘れて笑えば心にも良い！」という説明もあった。僕は祖父から『極楽トンボ』と呼ばれ、小さい時は、いじめられていることにも気が付かないくらいアッケラカンとしていたそうで、母は「もう少し負けん気があっても……」と思ったこともあったというが、六年生の頃「将来何になりたいか?」と聞かれて『コメディアン!』と答えると、祖父に、「人を笑わせる稼業は、馬鹿では出来んぞ!」と言われたことが忘れられない。

中学生の時『SAMURAI!』を読んだ。祖父の軍歴は大体知らされていたし、母が祖父の通訳をしている様子も見聞きしてきたので、想像はしていたが、アメリカ人の読者としてSaburo Sakaiをみれば、熱狂的なファンになる気持ちも情熱も分かる。でも僕が最も感動したのは、撃墜王と呼ばれるSakaiや、被弾後の『奇跡の生還談』や、一対一五の窮地からの脱出を可能にしたエースSakaiのずば抜けた飛行能力ではない。それは、戦争とはいえ、殺すか殺されるかという非情な状況を体験をした祖父が、旧敵国アメリカに娘の留学を許した結果、娘はアメリカ人と結婚して僕と妹が生まれ、そしてそのことを心の底から喜んで、楽しんでいた祖父である。「お前たちのためだけにも、アメリカと日本が戦争を繰り返すことは絶対にさせない!」。そして祖父は、アメリカ人の聴衆にも同じ気迫で語り、勝敗にかかわらず戦没者の慰霊に尽くした。特に米軍、航空や歴史に関係した団体からの依頼には、史実を正すために協力を惜しまなかった。日米が友好関係にあるとはいえ、旧敵国の国民に面と向かって、紳士として話すという事は、きっと『勇気』のいることではなかったかと思う。

祖父が激怒したのを二度見たことがある。一度目は、ある歴史家が、『坂井の忠告に反して』虚偽を史実として活字にしてしまった時。「俺への裏切りは一族への裏切り。今後、坂井家の者は(僕と妹も)関わり相成らん!」。母は仕事で協力し、以後家族ぐるみの付き合いだった人だが、その日以来一切の友好を断った。

二度目は二〇〇〇年元旦、祖父と一緒に過ごした最後の日本だった。明日帰国という日に、何がどうなったのか、祖父が母に怒鳴っている。

「せっかく会いに来てくれたが残念でならない事がある。孫たちと自由に話ができない。日本語をしっかりとなぜ教えておかなかったのか。直に言っておきたいことがまだ沢山あるのに、あの程度の日本語力では話にならん。もう時間がないんだよ！」と言ってテーブルを叩いた。憤怒の形相だった。あんな祖父は見たことがなかった。僕や妹に怒っているのでは無い事は分かっていたが、僕たちは、申し訳ない気持ちになった。一番辛かったのは母だろうか。この頃、祖父は自分の死期が近いのをもう感じていたのだと思う。この滞在中、母がず〜っと、「ジイちゃんが違う、今までと違う」と言っていたっけ。どうするべきか、何を言っても十分ではないとまた叱られるか、英語で僕の気持ちだけ言ってしまおうか……と戸惑っていたら、母が突然床にひれ伏した。

「おっしゃる通りわたくしの失態。日本語学校に通わせて補修させるべきかと考えたことも度々ありましたが、わたくしなりに理由もあり、結局させませんでした。今となっては言い訳の仕様がございません。どうぞ子供たちをお許しください」

すると父も並んで跪いて「お父さん、ごめんなさい」と謝っている。僕が「じいちゃんの言ってる事、解ってますよ。僕には」と言ったら、妹もウンウンと頷いていた。さらに母が床に額を押し付けるように「もう時間が無いなどとおっしゃらずに、ゆっくり子供たちと話す機会を持ちましょう。お邪魔でしょうけど、私が通訳いたしますから。またアメリカに来てくださるのを楽しみにしております。足りないところはわたくしが生涯かけて必ず伝えます。お約束いたします」

頭を上げた母は、父の顔を真正面に見据えている。祖父はしかめっ面のまま席を立った。母はまた頭を下げて祖父を見送った。翌日、帰国するので祖父の家を出る時、僕と妹には「おう、また来いよ」と言って笑ってもくれたが、何とも妙な空気だった。それでも父は祖父に礼を述べてお辞儀した。母はといえば、素っ気無くしている祖父を摑みかかるように抱きしめて、「笑って送ってくださいな〜」と、いつもの調子で明るく振る舞っている。タクシーにバタバタと荷物を乗せて間を持たせていたが、いよいよ出発。皆大きな声でいつも通り「行ってまいりまーす！」と挨拶した。母が真剣な顔で「お父様、お別れです！」と言って深く頭を下げた。やけに長い沈黙だった気がするけど、精々四〜五秒の事だったかな……そして、母が咄嗟に

亡くなる年の元旦に東京の自宅で撮られた孫たちとの最後の写真

「この次まで、お元気で」と言い加えた。

あんな母を見た事がなかった。いつもなら言い返したり、もっと威勢よく立ち回るものと思っていたので意外だった。何だか時代劇みたいだった。「お母さん、なんか、『サムライ』の娘みたいだったね、昨日も今日も」

「そうよ、わたくし、侍の娘ですもの！」

一番辛かったのは本当はジイちゃんだったかもしれない。地団駄踏む様に癇癪を起こしたのは、矢張りもう自分の最期が近いことを予感していたからに違いない。「もう時間が無いんだよ‼」『あの坂井三郎が平常心を失う』のを見たのはあの時一回限りだ。伝説的撃墜王も矢張り生身の人間だった。情熱の人だった。僕と妹は、あれ程の男に、こんなに愛されていたんだと思うと「すっげ～幸せ‼」。そしてその年の九月二十二日、祖父、坂井三郎は逝ってしまった。

僕が五歳の時、祖父は「日本語の男言葉を伝授する。以後『タメ口』も許す」と言って、佐賀弁、博多弁も教えてくれた。「覚えてると？　どぎゃんしたとね、ジイちゃん、あ～んこっつ怒鳴ると心臓に悪いけん。

そぎゃんこっつぁ、ジイちゃんらしくなかぁ。本田さんが笑っとっとよ〜」

ジイチャン、『向こう』で戦友の皆さんたちと大声で笑っていてください。笹井中尉によろしく。I got you. I got it all. I know you loved me. I remember you, Jiichan!

＊

六歳の孫娘は、目が明いた時から、わたくしの部屋の父の写真を、じ〜っと見つめている事があった。いつの間にか「ひいジイ（父）」に一人で話をするようになったが、赤ちゃん言葉なので要を得なかったが、三歳のある日「ひいジイが私をお迎えに来て、私を抱っこして歌いながら、長いこと暗いところを歩いてマミー（娘）のところに届けてくれたの」と言い始めて譲らない。何度聞いても同じ事を言う。そのうち、その歌を口ずさむがはっきりとしない。ある日、ハっと感じるものがあって、子供の歌を二〜三歌ってみると違うという。そうしておいてから、父が孫たち（わたくしの子供たち）をおんぶしてやるたびに歌っていた、「戦友」をメロディーだけ歌ってみると「それ、それ。ばんちゃん（わたくし）も知ってる?」という。そして「コッコハー　ホックニー　ナンパクニー……」。わたくしの思い込みだろうか。父が聞いたら、何と言うだろう。もしかすると、全て父の仕業かもしれない。「この世には不思議なことがあるもんなんだよ。お前」という父の声が聞こえる。『冥加に尽きる』とはこの事か。

今日、十一月十一日、アメリカは『Veterans Day——軍人への勤労感謝の日』。五月三十日の『Memorial Day——戦没将兵追悼記念日』と共に国の祭日である。いつか日本でも、制服姿の自衛隊員を招いて、彼らの母国防衛に感謝と敬意を示す長髪のロックンローラーたちが、当然のように記念コンサート『The Concert For Valor』を開ける日が来るだろうか。わたくしの、真摯な祈りである。

「合掌」

日本海軍エース列伝

中国戦線において鮮烈なデビューを果たした零式艦上戦闘機＝ゼロ戦――その能力を遺憾なく発揮させたのは、大空へ飛び立つことに憧れてパイロットの道を歩んだ、若き搭乗員たちであった。やがて戦場を太平洋に移し、今日に至るまで数々のエピソードを生みだすこととなった！

岩本徹三

いわもと てつぞう（一九一六〜一九四五）

「天下の浪人 虎徹」を称した飛行機乗り

"米軍の送り狼戦術"を看破

岩本徹三中尉は、公認撃墜数八〇機、非公認を入れれば二〇二機を数え、西沢広義中尉と肩を並べる日本のトップエースである。「天下の浪人 虎徹」を自称して日中戦争から太平洋戦争の終結まで、最後まで生き抜いている。

岩本は一九一六（大正五）年六月一四日に樺太で生まれている。坂井三郎と同い年だ。父は警察官であり、男三人、女一人の四人兄弟の三男だった。岩本が一三歳のときに、父が退官して一家は郷里の島根県益田に帰り、岩本はそこで県立益田農林学校へ入った。

一九三四（昭和九）年、農林学校を卒業した岩本は農家を継ぐことを嫌い、親の意に反して海軍を志願し、一八歳で広島の呉海兵団に入団した。はじめは整備兵に回されたが猛勉強に励んだ結果、一九三六（昭和一二）年、第三四期操縦練習生に採用され、霞ヶ浦航空隊に入隊、戦闘機パイロットになった。

一九三八（昭和一三）年、中国上海の第一三航空隊に配属され、二月二五日、南昌を爆撃する中攻隊を援護する戦闘機隊の一人として出撃した。岩本はこの日、九六式艦戦でI－15三機、I－16一機を撃墜、I－15一機不確実撃墜の戦果を挙げた。

四月二九日の漢口攻撃でもI－15二機、I－16二機を撃墜、一機不確実撃墜の戦果を挙げ、多数機撃墜者

慎重かつ合理的な戦法で空戦を生き抜いた岩本徹三

として塚原二四三司令から司令賞を授与された。九月に佐伯海軍航空隊付として本土に帰るまでの半年ほどの間に、出撃回数は八二回、撃墜一四機で、下士官としては異例の功五級金鵄勲章を授与されている。

一九四一（昭和一六）年一〇月には、空母「瑞鶴」戦闘機隊に配属され、真珠湾攻撃では母艦上空直衛任務にあたった。翌一九四二年四月のコロンボ攻撃のとき、機動部隊に接触していたコンソリーデーテッドPBY飛行艇を撃墜。これが太平洋戦争での初スコアとなった。

珊瑚海海戦でも上空直衛機として奮戦。敵SBD急降下爆撃機、雷撃機多数を撃墜するも、燃料切れとなり、数十メートル先も見えないスコールの中、ジグザグ運動中の「瑞鶴」に着艦している。

その後、内地へ戻って長崎県の大村航空隊で搭乗員の養成にあたった。一九四三（昭和一八）年三月、新編成の第二八一航空隊で分隊士として前線へ復帰する。だが進出先は北千島の北端、幌筵武蔵基地だった。岩本はここでアリューシャン方面から来襲する敵機の警戒にあたったが、悪天候の日が多く敵の来襲はほとんどなかった。

同年一一月、第二八一航空隊からラバウルへ二個中隊一六機が派遣されることになり、岩本もその中に選ばれた。派遣隊は、北千島から南洋のラバウルまで二八〇〇カイリを、一式陸攻に先導されて飛んだ。機材は古い零戦二一型で実戦経験者も岩本一人だけだったが、一機の事故もなくラバウルへ到着した。

ラバウルでは連日迎撃戦に奮闘し、大きな戦果を挙げた。岩本の空戦の特徴は、まず大きく高度をとり、戦場全体を見渡したあと急降下、敵機の後上方から優速を利して攻撃する点にあった。アメリカ流の戦法であり、岩本自身「使用機が敵のF4Uコルセアだったら、もっとスコアをかせげただろう」と言っているほどである。

乱戦を嫌い、深追いを避けた。状況が不利なときは一時退避して機をうかがうことも厭わなかった。敵爆撃機に対しては、爆撃阻止にこだわらず、爆撃終了後の気が緩み隊形が乱れたところを攻撃することも多かった。攻撃終了後の敵機の集結地点は、岩本の絶好の狩り場となった。

こうした岩本の慎重で合理的な戦法は、彼が生き残りスコアを伸ばす上で大きく貢献した。だが、同じくらい重要なのは彼が先任下士官として、しばしば中隊を指揮したことである。岩本に率いられた中隊は、少ない損害で大きな戦果を挙げることができた。

岩本は米軍の戦術を看破したこともある。一一月末頃、味方の犠牲が多くなってきた。岩本はこれが、敵が一隊を高々度にひそませておいて、空戦終了後バラバラになって帰ってくる零戦を上から不意打ちしているためであることに気づいた。送り狼戦術である。

そこで彼は一二月四日、とくに古参の三機を率いて発進。本隊と離れてこの送り狼を待ちぶせた。高度を一万メートルに上げて警戒していると、七〇〇〇メートル付近に六つの黒点が見えた。この六機はF4Uで、下方の戦場へ忍び寄ろうとしている。岩本はこの送り狼に後ろから忍び寄り、距離一〇メートルまで接近して射撃し、一機を撃墜した。列機も二機を撃墜した。

航空戦の切り札「三号爆弾」

岩本は三号爆弾の名手でもあった。三号爆弾は、敵爆撃機の編隊に対して、戦闘機で上空から投下して頭上で爆発させる空対空爆弾である。一二月九日の迎撃戦でテストされることになり、岩本の小隊が担当した。

当日、左右の翼下に三〇キロの三号爆弾を吊した岩本小隊は、敵爆撃機編隊の前方から接敵。要領通りに投下レバーを引いた。効果の程は不明だったが、ココポ陸軍守備隊の報告によると、編隊の中央で大きな閃光が走り、合計三〇機ほどのB－24が落ちていったという。大戦果であり、以後ラバウル航空隊では爆撃機攻撃に三号爆弾が多用されるようになった。

一九四四（昭和一九）年二月、ラバウル航空隊はトラック島へ移動し、ラバウルの戦いは終わった。その後岩本は本土へ帰還し、岩国や茂原基地で若手搭乗員の訓練にあたった。台湾沖航空戦に参加。一一月一日には少尉へ進級した。敵が本土へ迫ると、鹿児島の国分基地へ移動した。

三月二五日、沖縄方面へ出した索敵機がみな戻らないため、岩本は単機で夜間偵察を強行。慶良間列島に上陸する米軍を発見、これを銃撃している。沖縄特攻が始まると、その援護や特攻機突入を見届けるという苦しい任務を続けた。

戦後は公職につけず、幾つかの職を転々とした。だが、ラバウルで撮影されたニュース映画で岩本の勇姿を見た幸子さんと出会い、結ばれている。幸子さんとの間に二男をもうけたが、一九五五（昭和三〇）年、三八歳で病死した。

（白神栄成）

西沢広義

にしざわ ひろよし（一九二〇～一九四四）

「ラバウルの魔王」輸送機上で死す

〝最強戦闘機隊〟の中核

西沢広義は、ラバウルを中心とする航空戦において多くの連合軍機を撃墜し、「ラバウルの魔王」と称されている。

一九二〇（大正九）年一月二七日、長野県の小川村で生まれた。

少年時代に航空機に憧れ、一九三六（昭和一一）年六月、第七期乙種予科練に合格し、おおよそ三年近くを経て飛練課程を修了した。その後、大分航空隊、大村航空隊、鈴鹿航空隊において戦闘機過程の再訓練を経て、開戦前まで教員勤務に就く。

西沢は一八〇センチの長身であるため、当時、搭乗していた九六式艦戦は、窮屈であったとうかがえる。

太平洋戦争開戦までは実戦経験がないに等しかったが、一九四二（昭和一七）年二月上旬、新編成の第四航空隊に配属され、ラバウルに進出してからは立て続けに戦果を挙げた。緒戦の三月一四日、ニューギニアのホーン島上空の空中戦では、協同戦果とは言えP－40戦闘機六機以上を撃墜している。その前には、九六式艦戦を駆って敵飛行艇を撃墜したとも伝えられる。

その後、ラバウルに進出した台南空に第四航空隊が吸収された。台南空で戦ってきた坂井三郎、笹井淳一、太田敏夫らと航空戦を共に戦うことになる。以来、四ヵ月の間、台南空はラバウルを中心に世界最強の戦闘機隊として勇名をはせた。

西沢が撃墜した敵機は、主としてP－39、次いでB－26が多く、七月まで協同撃墜もふくめ五〇機に達した。

台南空は多くの戦果を挙げたが、西沢は上官でもある坂井とは空戦のみならず、士官に比べて格差がある下士官・兵士の待遇改善の運動でも同調し、協力している。

八月七日、アメリカ軍がガダルカナル島に上陸し、台南空は陸攻隊を護衛してラバウルから出撃した。同日の航空戦は、坂井が空戦で負傷しながら八時間もかけてラバウルまで帰り着いたことで知られるが、この日、西沢は艦上戦闘機のF４Fと初めて戦い、六機を撃墜する驚異的な戦果を飾っている。また、西沢の零

優れた視力により敵機を瞬時に判断した西沢広義

戦は敵弾を受けて、潤滑油が流れていた。指揮官の中島正少佐はこれを発見して、急いでラバウルに戻るよう命じたが、西沢はなおも戦場に留まり、空戦を継続してから本隊と共に帰還している。

西沢は優れた操縦もさることながら、弾数の少なくカーブした弾道を描く二〇ミリ機銃と防弾装備が強化されたアメリカ軍機に威力が薄れた七・七ミリ機銃とを有効に使った射撃の腕も特筆される。

西沢はガダルカナルへ出撃を続けた。新たにアメリカ海軍機が相手となったが、敵のF４Fは速度や防御力、武装で零戦に引けを取らず、また複数機で挑んできた。

台南空は相次ぐ航空戦で日に日に損害が急増した。歴戦の搭乗員は次々と空に散った。

西沢は最後まで生き延び、一一月、台南空の戦力再建にともない、本土へ帰還した。療養中の坂井とも再会し、戦死した仲間たちのことを伝えている。

翌年五月、台南空は第二五一航空隊と改名し、再びラバウルへ進出する。進出から間もなく、中部ソロモンの航空戦が始まった。アメリカ軍は、新型のP－38、F４Uが戦列に加わり、数のみならず質でも優位に立っていた。

西沢は新鋭機をものともしなかった。小隊長として列機を率いて戦ったが、部下にも気を配り、己の功を誇ろうとせず、時には戦果を譲っている。

特攻機の護衛につく

西沢は開戦以来のベテランであり、若手搭乗員の人望を集めていることからも、ラバウル航空隊にかかせない存在となった。

ラバウル方面の海軍部隊を指揮する草鹿任一中将は、一下士官に過ぎない西沢に信頼を寄せていた。彼の武功を称え、「武功抜群」と記した軍刀を授与した。また草鹿は、ある空戦から西沢が帰還しなかった時、その身を案じ続け、無事の報が伝わりようやく安堵してみせたとの証言がある。

西沢は、二五一空が一九四三（昭和一八）年八月に改編されたため、第二五三航空隊に転属して一〇月二四日まで戦い続けている。その間も戦果が続き、一度の空戦で味方機と協同も合わせて、一〇機以上撃墜したことが五度もある。

なぜ西沢がこれほど戦果を挙げ続けられたのか？　戦後、共に戦ったことがある坂井は、自分や西沢は視力が非常に良かった。飛行中に一万メートル以上先から、敵機を瞬時に判別して、素早く行動に移ることができたと明かした。また西沢自身も、空戦時に列機を必ず後方につけてつねに安全をはかっていることを同僚に語っている。

二五三空は、戦力を消耗しつつラバウル航空戦を一九四四（昭和一九）年二月まで戦い続けたが、西沢は前年の一〇月に本土へと帰還した。一一月には飛曹長に進級している。

その後、北方からの連合軍の反攻に備え、北海道や千島列島を防衛する第一二航空艦隊の第二〇三航空隊に転属した。一応、前線とは言え、南太平洋ほど敵が飛来しなかった。本土帰還から一九四四年夏までの間、西沢の戦果は更新されていない。

一年八ヵ月も戦ってきた西沢にとって、北方勤務は休息の時を与えられたとも言えた。

一九四四年九月、二〇三空は戦況の悪化にともなって、フィリピンへと進出した。西沢の零戦もその一員として加わった。到着と同時に、彼に命じられた任務は、神風特別攻撃隊の直掩と戦果確認であった。

一〇月二五日、西沢は、関行男大尉以下五機の特攻機隊の護衛につき、攻撃を成功させた。西沢自身も空中戦で二機のF６Fを撃墜し、優れた空戦技術が健在であることを証明した。

だがこの時、中島少佐は、特攻攻撃後に着陸したセブ島の飛行場において再会したが、西沢が初の特攻に衝撃を受けていたと、後に証言している。これが西沢にとって最後の空戦となった。翌一〇月二六日、西沢は自分の零戦を現地の部隊に引き渡し、新しい機体を受領するため、他の搭乗員と零式輸送機でルソン島へ向かった。その途中、ミンドロ島上空で、空母「ワスプ」から飛び立ったF６F戦闘機に襲撃され、空に散華した。レイテ沖海戦が終わった直後の惨事だが、海戦の惨敗同様、日本海軍の終焉を証する出来事だろう。

輸送機で撃墜されたのは無念の極みか？　あるいは空の上で死ねたのは本望か？　生前の功績は、連合艦隊司令長官から全軍に布告され、二階級特進で中尉に任じられた。ちょうど終戦の日・八月一五日のことであった。

西沢の撃墜数は、海軍航空隊は個人の正確な撃墜数を取らないこともあり、今ひとつはっきりしない。それでも所属部隊の行動調書や証言などを合わせると、総撃墜機数は八七機となる。また協同撃墜の分もふくめれば一五〇機にのぼる。

フィリピンに進出するおおよそ一ヵ月前になるが、西沢は、本土において旧知の角田和男を訪問し、その際、岩本徹三ら他の古参搭乗員も交えて語り合った。

岩本がそれまでに八〇機撃墜したと述べると、自分は一二〇機撃墜したと応えた。加えて角田や岩本に対し、遠慮のない物言いが目についた。また部下への扱いについても苦言を呈した。部下を可愛がりすぎては駄目である。自分は列機となった者は殴ってでも、必ず離れないようにしていると言い、自分が作った軍規の意見書を読むことを薦めている。

この時、西沢は次の戦いで生きて戻れぬと、覚悟していたのかもしれない。

（中村達彦）

杉田庄一《すぎたしょういち》（一九二四〜一九四五）

菅野直が信頼した「闘魂の鬼」

痛恨の「山本長官機護衛」

決して失敗してはならない仕事にもかかわらず、失敗した者は、その後、立ち直ることが難しいものだ。

一九四三（昭和一八）年四月一八日、杉田庄一は、ショートランド視察に赴く連合艦隊司令長官山本五十六大将の乗った一式陸攻を護衛する任務についた。直掩戦闘機は六機。司令長官を護衛するには少なかったが、山本が気を使ったためだ。その六機に選ばれた杉田は光栄であっただろう。この時、杉田は若冠一九歳、決して失敗できぬ任務であった。

しかし、この視察に関する暗号文は米軍に解読されていた。P－38一六機による待ちぶせ攻撃を受けてしまったのである。杉田も奮戦し、二機を撃墜するが多勢に無勢、山本機はあえなく撃墜されてしまったのだ。

杉田庄一は、一九二四（大正一三）年七月一日、新

潟県東頸城郡安塚村（現・上越市）の農家に生まれた。農学校を中退すると、一五歳で海軍に志願し、一九四二（昭和一七）年三月に第三期丙種飛行予科練習生を卒業。木更津基地の第六航空隊に配属された。ミッドウェー海戦にも参加するが、空戦の機会はなかった。同年一〇月、一八歳となった杉田は、部隊と共にラバウルへと派遣され初陣を迎える。翌月、第六航空隊は第二〇四航空隊へと改称された。

ついでブーゲンビル島ブイン基地に進出した。杉田の初戦果もブイン島上空での邀撃戦であった。それが、

「ニッコリ笑えば必ず墜とす」といわれた杉田庄一

空の要塞B－17への体当たりでの撃墜である。一九四二年一二月一日、杉田はB－17に肉薄し機銃を浴びせたが、その巨体を落とすことができずにいた。そのうち、近づきすぎて自機の零戦の垂直尾翼とB－17の主翼が接触し、互いに破損。翼端を切断されたB－17は墜落。杉田機は、垂直尾翼先端と方向舵を失いながらも帰投を果たした。二〇四空では初のB－17撃墜であったが、航空機の空中接触はパイロットの恥と教えられていたので、杉田はこの大戦果に対し、恐縮していたという逸話もある。それからソロモン、ラバウル、東部ニューギニアの戦場を転戦していった。

そして一九四三年四月一八日に迎えたのが、山本長官機撃墜事件である。長官を守りきれなかったことに、杉田は、一度は落ち込んだが立ち直り、以後、命を顧みず戦うこととなる。それは、ともに山本機護衛に失敗した他のパイロットも一緒であった。杉田たち六名は、連日の過酷な出撃を繰り返すようになった。

杉田が出撃したのは、ガダルカナル島攻撃、ツラギ、ルンガ泊地攻撃、七月に入るとレンドバ攻撃、船団の上空哨戒、そして八月にはレンドバ攻撃、ベララベラ

「紫電改」の前で撮影された杉田庄一（中央）。後列右は笠井智一

攻撃、ブイン攻撃などである。矢継ぎ早に参加した回数は、七月には二一回、八月に一六回とそれはまるで自らに課した苦行のようであった。二ヵ月半で六名のうち、四名が戦死、ひとりが右手首を失う重傷で内地に戻されることとなった。

同年八月二六日、前日にもブインでF4U一機を屠った杉田は、ショートランド島東南海上に、F4U、F4F約二〇機出現の情報により出撃した。杉田機と一機のF4Fとが空戦に入った直後であった。別の一機が杉田機の上空後方から攻撃してきて、エンジンに被弾し機体は炎上。杉田はからくも落下傘で脱出したが、手の指がくっついてしまうほどの大やけどを全身に負ってしまう。それで、ラバウル第八海軍病院に入院ののち内地に送還され、横須賀、舞鶴海軍病院で治療、リハビリを行ない、不屈の闘志で復帰したのだ。

回復後は、大村航空隊にて飛練三五期の教官を務め、この間に坂井三郎とともにソロモン戦域の最多撃墜記録保持者として表彰される。

一九四四（昭和一九）年三月、杉田は第二六三航空隊（豹部隊）に転属。マリアナやペリリュー島などで転戦する。転戦先のグアムで、以降最後まで杉田の列機を務める笠井智一と出会う。豹部隊は若手が多かったこともあり、転戦を重ねるうちに、七〇名のうち六〇名以上が戦死し、壊滅状態となり、生き残りは同年七月にダバオまで後退し第二〇一航空隊に編入された。

二〇歳になった杉田には、二〇一空で心酔する人物ができた。それが配属された分隊隊長の菅野直大尉である。菅野は対爆撃機攻撃に長じており、直上方から攻撃する方法を編み出し大型機を多数撃墜。菅野機に記された黄色のストライプにより、米軍から「イエローファイター」の二つ名で恐れられた。杉田の心服ぶりは、誰かが菅野の悪口を言おうものなら、すっ飛んでいってぶん殴ったとの逸話もあるくらいだ。

新鋭機「紫電改」に搭乗

一九四五（昭和二〇）年一月、杉田は本土防衛のため帰還、菅野らとともに第三四三航空隊戦闘三〇一飛行隊に配属された。第三四三航空隊（通称・剣部隊）は精鋭部隊であり、なかでも菅野の率いる戦闘三〇一飛行隊（通称・新選組）は練度が高かったという。零戦に代わり、新鋭機である「紫電」二一型（「紫電改」）が与えられ、松山基地で錬成にあたる。三月一九日の三四三空の初陣でもある松山上空邀撃戦に参戦。さらに四月に沖縄作戦がはじまると鹿屋基地に進出して、本土防空や沖縄航空戦で活躍した。

運命の四月一五日、鹿屋基地は、F6Fに強襲され、杉田機が邀撃するため離陸に入った。滑走開始すぐの来襲に、司令部は離陸中止の命令を発した。だが、そのまま離陸を続けた。この時、列機である笠井機も離陸しようとしたが、すでに整備員が退避し、車輪止めが外せなかったので動けなかった。そして離陸途中の無防備時、杉田機にF6Fが一斉に襲い掛かり、飛行場から約五〇メートル出た地点に炎上して墜落。こうして杉田上飛曹は戦死してしまったのだ。杉田戦死を知らされた菅野は、大変に落ち込んだという。

戦死後、杉田庄一は陸海軍の慣例により、二階級特進の栄誉を受けて海軍少尉となった。戦死時の年齢は二〇歳九ヵ月。生涯の撃墜数は一般に七〇機、一〇〇機以上という説もある。三年間という短い期間で日本屈指のエースになったのである。

杉田の性格は野性味あふれた豪放磊落なもので、その戦いぶりから「闘魂の鬼」とあだ名された。人望も厚く、「杉さん」の愛称もあった。後輩の面倒見も良く、めったに人を殴ることもなかったが、笠井が喜界島上空線で乱戦となり、編隊を離れてしまった時には珍しく怒ったという。また酒好きの一面もあって、兵舎に戻ると司令のところからもらってきたという一升瓶を抱えて、笠井たちと酒盛りに興じた。

なお一九八四（昭和五九）年に公開された東宝の戦

記映画「零戦燃ゆ」があるが、主人公のパイロットは杉田をモデルにしているとも言われている。

最後に杉田の座右の銘で締めくくりたい。

「ニッコリ笑えば必ず墜とす」

杉田の紫色のマフラーには、この文句の刺繍が縫いつけられていたのである。


（大河内賢）

武藤金義

むとう かねよし（一九一六～一九四五）
〝空戦技術＆運〟を武器としたファイター

硫黄島「八幡部隊」の戦い

近年、若いミリタリーファンから注目される武藤金義は、一九一六（大正五）年六月一八日愛知県海部郡に生まれた。中学校に入学したが中退し、幾つかの職に就いた後、一九三五（昭和一〇）年六月呉海兵団に入隊した。半年後に第三二期操縦練習生として霞ヶ浦航空隊に入学し、戦闘機乗りの第一歩を踏み出す。

一九三七（昭和一二）年、日中戦争の勃発に続いて第一三航空隊に配属となり、一二月四日に初陣で南京攻撃に参加、九六式艦戦でソ連製I－16戦闘機を撃墜した。この後、いくつかの航空作戦を経て本土に帰還する。以後、一九三八（昭和一三）年一〇月から三年近く、各地の航空隊で教員を務めた。

一九四一（昭和一六）年九月、戦闘機専門の第三航空隊に配属され、台湾で開戦を迎えた。第三航空隊は台南航空隊と共に、緒戦のフィリピン攻略戦と蘭印攻略戦に参加した。

武藤は、南方作戦が一段落した四二年四月に日本へ帰還したが、第二五二航空隊へと転属した。同隊も戦闘機専門の航空隊で、一九四二（昭和一七）年一一月から翌年三月までガダルカナル、東部ニューギニアの航空戦に投入された。

武藤は多くの空戦を生き延び、再び本土に帰還した。彼は優れた空戦技術のみならず運にも助けられた。二五二空は、中部太平洋に移動したが、一九四三（昭和一八）年秋以降、アメリカ軍機動部隊の来襲に、大損害を蒙っている。

武藤は、それまでの航空戦で目立つ武勲こそ上げなかったが、列機の任務をあてられると、己の功名より上官の機体を守ることに専念した。当時の指揮官たちは、後方に武藤機がしっかりついてくれることに安堵した。また彼は愛嬌があり、謙虚さも併せ持つ温かい人柄から、搭乗員たちに慕われた。

一九四三年三月から翌年五月まで横須賀航空隊で、新型機や装備の試験や教員としての勤務を続けたが、戦況の悪化にともない三度、前線へ飛び立つ。

一九四四（昭和一九）年五月、横須賀航空隊を中心に、優れた搭乗員を集めて八幡空襲部隊が編成され、武藤も零戦に搭乗してその一員となる。同隊は零戦だけでも八〇機ほどが集結した強力な航空部隊で、搭乗員には前線に復帰した坂井三郎の姿もあった。

当時流行した小説から「空の宮本武蔵」と称されていた武藤金義

八幡部隊は硫黄島に進出し、サイパン島に侵攻したアメリカ軍に備えたが、マリアナ沖海戦で勝利したアメリカ軍機動部隊は、六月二四日に硫黄島へ来襲した。

この時期の戦闘は、坂井の著書『大空のサムライ』に記されているが、武藤についても、硫黄島をめぐる記述の中で、多く書かれている。坂井と武藤は年齢が近く、経歴において相通じる部分が多いことから、親交を深めた。敵の砲爆撃に逃げ惑いながら、上陸戦に備えて剣の練習をしたり、二人で山に登ったことが、ユーモアを交えて語られている。

戦闘では、武藤は零戦を駆って、F6F二機以上を撃墜した。七月四日には、艦上攻撃機八機と武藤、坂井をふくむ九機の零戦による攻撃隊が出撃したが、途中で空母から飛び立ったF6F戦闘機の迎撃に合う。多勢に無勢で、大半の日本機が撃墜されたが、戦闘機隊は坂井と彼の列機二機、武藤機は生き延び、硫黄島へ帰還した。この直後、硫黄島の航空部隊は戦力のほとんどを失い、生き残った搭乗員たちは、間もなく輸送機で本土に帰還した。

横須賀空から三四三空へ

武藤は、横須賀航空隊の任務に戻った。この頃、同隊には、川西航空機の「紫電改」試作機が持ち込まれ、武藤をはじめベテラン搭乗員による試験が繰り返された。

しかし一九四四年一一月からB－29の本土空襲が始まり、横須賀航空隊は防空任務にもあたる。一九四五年に入ると近海にアメリカ軍機動部隊が出現する。

二月一六日、横須賀航空隊は敵第五八任務部隊の空襲を迎撃した。武藤は「紫電改」四号機に搭乗していた。なお「紫電改」は試作機から制式採用になったばかり、本格的な実戦参加となるが、機体はオレンジ色に塗られていた。

戦闘機隊は午前七時半に飛び立った。三浦岬辺り上空、高度六〇〇〇メートルでF６Fの一団を捕捉、距離八〇〇メートルから射撃を開始した。敵味方入り乱れての空戦となった。

武藤は一二機のF６Fに単機の「紫電改」で戦いを挑んだが、速度と荷重に応じて、主翼後部のフラップを自動的に調整して旋回半径を小さくする自動空戦フラップや強化された武装、防御力を持つ「紫電改」を使いこなし、敵戦闘機隊を翻弄した。

一機ずつ格闘戦に持ち込んで、四機を撃墜したと伝えられた。剣豪・宮本武蔵が、多くの門弟を引き連れた吉岡一門と切り結んで勝った一乗寺下り松の決闘のようだという声があった。

昭和時代初め、吉川英治の「宮本武蔵」がベストセラーになり、同作における一乗寺下り松の決闘も映画化されていた。この作品にちなんで、武藤は「空の宮本武蔵」とあだ名され、その活躍が報道された。

武藤は、四月一二日にも「紫電改」で活躍した。この時、B－29邀撃のため、新兵器の空対空ロケット弾二七号爆弾を装備して、上官の「紫電改」二機と飛び立った。この時、B－29には護衛のP－51戦闘機多数がついており、二機の「紫電改」は激しい銃撃で被弾し、近くの飛行場へかろうじて着陸したが、武藤はP－51一機を撃墜して無事帰還した。もっとも二七号爆弾は、発射装置が故障して不発、もしくは見当違いの方向へ飛んでいき、役に立たなかった。横須賀鎮守府司令長官の戸塚道太郎中将は、武藤の戦功に、個人感状を授与している。

武藤の活躍は海軍航空隊で大いに知られるようになったが、当時西日本で戦っている第三四三航空隊からは、武藤を自隊に編入させて欲しいとの申し出が寄せられた。当初、横須賀航空隊は断わったが、再三の要求に結局手放さざるを得なかった。これは三四三空が、四月に戦死した杉田庄一の後任に考えた人事である。

七月、武藤は慣れ親しんだ横須賀航空隊から、大村基地の三四三空に転属した。同月二四日、呉軍港を空襲するアメリカ空母機を迎撃するため、同隊初の空戦で発進した。

この時、「紫電改」二四機が大村を飛び立った。豊後水道上空において、空襲を終え母艦へ戻る敵空母機を狙って襲いかかる。だが敵空母機の応援が駆けつけ、不利に陥った。

結局、「紫電改」六機が未帰還となり、その中には武藤機もふくまれていた。その三週間後に、太平洋戦争は終わった。

武藤は二階級特進が認められ、最終階級は中尉となった。総撃墜機数は、二七機もしくはそれ以上とも言われ確定しない。横須賀航空隊では、本稿で取り上げた以外にも、武藤をはじめ「紫電改」による戦果があるはずで、今後の調査で判明することを期待したい。

武藤には、戦争中に結婚した妻・喜代子夫人がいた。彼は愛情をもって夫人に接し、戦地からも手紙を送り続けている。一九四五（昭和二〇）年三月には娘が生まれ、武藤はこちらも大いに喜んでいた。喜代子夫人は戦後も長命で、亡き夫の貴重な思い出を証言した。

一九七九（昭和五四）年には、豊後水道に沈んでいた紫電改が引き揚げられている。この時、三四三空の旧幹部たちが、引き揚げに尽力した。搭乗員は誰であったか判明しなかったが、武藤機の可能性が高い。また二〇一四（平成二六）年には、武藤を題材にしたドキュメンタリードラマが放送されている。

（中村達彦）

笹井醇一

ささい　じゅんいち（一九一八～一九四二）

「リヒトホーフェン」を目指したラバウルの分隊士

ニックネームは「軍鶏《しゃも》」

　笹井醇一は日本海軍ただ一人の兵学校出身のエースである。幼い頃は病弱で生後一〇ヵ月の時は肺炎で危うく命を落とすところだった。また小学校時代は体が弱いが喧嘩は強く、手の付けられないきかん坊であった。

　彼の両親は父が海軍造船大佐笹井賢二、母親久栄は大西瀧治郎中将の夫人淑恵の姉であった。中学校の時には柔道に打ち込み、卒業の時には講道館柔道二段となっていた。

　成長した彼は一九三六（昭和一一）年四月に海軍兵学校に進み、その旺盛な闘争心から同期生から軍鶏と渾名された。生徒課程を順調に修了し、練習艦「磐手」で練習航海を終えると霞ヶ浦海軍航空隊で航空実習を受け、さらに巡洋艦「利根」に乗り艦隊配乗訓練を受けた。

　その後少尉に任官し、パイロットを志していたので一九四〇（昭和一五）年一一月二五日に第三五期飛行学生となり霞ヶ浦で艦戦搭乗員としての訓練を受けた。一九四一（昭和一六）年一〇月一五日に中尉に昇進した。飛行学生としての教程を終えると、同期生二人と共に台南空に配属された。

　そこで坂井三郎一飛曹（当時）と出会い戦闘機乗りとして腕を磨いた。笹井の才能は群を抜いており短期間に急速に上達した。

　一九四一（昭和一六）一二月八日、日本は米国と戦争状態に入った。同日、台南空は比島の米航空基地に対して航空攻撃を実施した。しかし、笹井ら新任の中尉三人は台南空基地の上空哨戒を命じられた。

　一二月一〇日、笹井は攻撃参加を命じられ、勇んで出撃したが発動機故障のために途中で引き返すより他なかった。一三日には列機の倉富三飛曹が対空砲火で撃墜された。何の戦果もなく列機を失った笹井の顔は暗くなった。一二月二〇日、地上のＰＢＹ飛行艇を発見して三機を率いて攻撃を加え炎上させた。さらに

撃墜されたP-40戦闘機の横に立つ笹井醇一

二八日にはジャングルの中に隠されていたバッファロー戦闘機二機を破壊した。翌二九日、初めて飛行中の敵機と遭遇した。敵は「空の要塞」B−17四機。笹井はこの強敵を相手に二〇分間にわたって果敢に攻撃を加えた。しかし、相手は何しろ「空の要塞」である。この時点ではまだ空戦初心者の笹井は、敵機撃墜を確認できずに終わる。

翌日、カタリナ飛行艇を攻撃したが小破のみだった。開戦以来二ヵ月にわたってまだ一機も撃墜戦果がない事にさすがに焦り始めた笹井に「チャンスは必ず来る」と言って激励したのが、空戦技術を指導してくれた坂井一飛曹であった。

その言葉は的中し、その後笹井は二月三日のマジュン攻撃でP−39を協同撃墜し、待望の初撃墜を果たす。さらに一八日にはP−40を単独撃墜して単独撃墜第一号となった。これ以降、笹井の戦果は着実に伸び始める。

一九四二（昭和一七）年四月一日、蘭印作戦を終えた台南空はラバウルへの進出が命じられた。

笹井らは特設航空機運搬艦「小牧丸」に乗ってラバウルに向かった。

この「小牧丸」には、台南空司令・斎藤正久大佐以下五六六人が乗り込んだ。

しかし、「小牧丸」の船旅は酷かった。何しろ熱帯地方の事で蒸暑い船内は、汗の臭いに満ちた焦熱地獄と成り果てた。何より日本海軍の悪癖、すなわち海上護衛の軽視が顕著に現われていた。これ程貴重な人員を満載した船に一隻の護衛艦もついていないのだ。もし一隻の米軍潜水艦が「小牧丸」に魚雷攻撃をかけていたら、米軍航空部隊はその後の戦闘で大幅にその損害を軽減し、その分日本軍が苦しむ事になっただろう。

潜水艦攻撃の不安は笹井も他の全員も感じていた。しかし、笹井にとってそれ以上に心配だったのは坂井の体調だった。

相次ぐ激戦で蓄積していた疲労が出たのか坂井は船倉内で病床にふしていた。笹井は四月の再編成で坂井らの中隊の分隊士になっていた。

笹井は親身になって坂井の看病に当たった。階級制度が厳格な海軍において士官が下士官の看病にあたるのは異例の事だが笹井はそんな事にかまわなかった。そしてこれが笹井と坂井の間に階級を超えた友情と絆を生む事となる。

ラバウルに到着して「小牧丸」の焦熱地獄から開放されたのはいいが台南空の隊員たちは驚いた。それは狭い滑走路のみで火山灰のせいで異様に埃っぽい基地だった。まさかこんな所で、自分たちが後に内地で歌に歌われるような大激戦を展開する事になるとは誰一人思いもよらなかった。

ラバウルからラエに移動した台南空部隊はポートモレスビー（以下モレスビー）に攻撃を繰り返しながら来襲する敵機の迎撃も行なわねばならなかった。これまでの様に完全な攻撃者とはなれなかったのだ。

日本海軍航空隊の黄昏

双方の攻撃と迎撃が激突する中で笹井はP－39やP－40、B－25、B－26、B－17といった敵機と戦いながら着実に撃墜スコアを伸ばしていった。P－39を三機立て続けに撃墜したこともある。しかし、最終的にモレスビー攻略は中止され、笹井ら台南空の精鋭はラバウルに帰還した。

いつしか笹井は第一次世界大戦で八二機を撃墜したドイツの英雄リヒトホーフェン男爵の記録を追い抜こうと夢見ていたのだ。

笹井の実績から見てこれは決して誇大妄想ではなかった。だが、切迫する戦局はそれを許さなかった。

一九四二年八月七日、アメリカ軍はガダルカナル島とツラギに上陸した。

ラバウル航空隊は総力を上げて攻撃に出た。兵力は中島少佐率いる零戦一八機に江川大尉の陸攻二七機。しかし、この編隊はすぐに米軍に察知された。ブーゲンビル島北部の密林に潜む沿岸監視員ポール・メイソンが頭上を通過する日本機編隊に気づき無線機に叫んだ。

「雷爆撃機二四機そちらに向かう」これにより米軍に一時間も前に探知され全力で迎撃された。しかし、我が方はF4F三七機撃墜、急降下爆撃機五機、中型一機、合計四三機撃墜を報告した。損害は陸攻四機自爆、二機不時着大破。零戦二機が未帰還、そして何よりも坂井一飛曹が重傷を負って帰還した。

米側の記録ではF4F一一機が未帰還、各種原因で六機消耗、多数被弾機あり。激戦故に台南空の戦果報告が誇大になるのもやむを得ない。ともかく台南空の勝利だが坂井の負傷は笹井にとって大打撃であった。

坂井は日本へ帰って傷の治療にあたることになった。別れに際し、笹井は彼が帰ってくることを切望し、父からもらった虎の彫り物が施されたベルトのバックルを贈っており、今日も現存している。

この日から連日激戦が続き遂に運命の八月二六日が訪れる。この日笹井率いる零戦九機が一六機の陸攻を護衛してガダルカナル島に突入した。米第二二三海兵戦闘飛行隊のF4F一二機がこれを迎撃し激烈な空中戦となった。

激戦の果てに笹井をふくむ零戦三機未帰還、陸攻二機自爆。F4Fは一機が撃墜されたのみであった。状況から見て笹井を撃墜したのは海兵隊のエース、マリオン・カール大尉と思われる。

笹井の未帰還を知り、台南空の斎藤司令以下の幹部は愕然として声も出なかった。笹井の戦死は一中尉の戦死と見られなかった事は、死後二階級特進で少佐となったことからもわかる。それは日本海軍航空隊の黄昏そのものであった。総撃墜数は公式では二七機とされる。

この後、坂井も、友人でもある上官の死を知らされた。「自分がいたら死なせなかったのに」と嘆き悲しんだことは当然のことだろう。

（崎山茂樹）

太田敏夫

おおた　としお（一九一九〜一九四二）
「ポートモレスビー編隊宙返り」の一人

笹井中尉の列機として

坂井三郎、西沢広義と共に台南空の撃墜王の一人として、その名を知られた。

やや細長の顔で色白、温厚で笑顔を絶やさなかった。複数の証言によると、寡黙かつ控えめな性格と一度敵に食いついたら離れない強い闘争心とを持ち合わせていた。

一九一九（大正八）年三月二〇日、長崎県西彼杵郡に生まれた。一九三五（昭和一〇）年に佐世保海兵団に入隊する。一九三九（昭和一四）年に第四六期操縦練習生課程を修了後、一九四一（昭和一六）年に大陸の一二空へ配属され、初めての前線勤務にあたった。

太平洋戦争開戦前に台南空に配属され、フィリピン空襲で初陣と同時に初撃墜を経験している。当初は、それほど目立った活躍がなく、逆に一九四二（昭和一七）年一月二九日、B－17を攻撃中に被弾して、この時の傷により一時戦列を離れてしまう。

しかし、傷が癒え、四月にラバウルへ進出してからは戦果が急に上がった。坂井をはじめ歴戦のパイロットたちの指導も大きかったと推測される。

いつしか坂井、西沢広義そして太田を加えた三人は、撃墜王の筆頭として「台南空の三羽ガラス」と称される。上官である坂井は、空戦技術が向上した太田に信頼を置くようになった。自分が敬愛する笹井淳一中尉の列機を任せている。

『大空のサムライ』には、この時期西沢をふくむ三人で、敵地ポートモレスビーの上空において、大胆な編隊宙返りを三度やってみせ、後日、敵から勇敢さをたたえた返事が届けられたエピソードが描かれている。

また太田は、緒戦で自分に傷を負わせたB－17に対する闘争心は衰えなかった。台南空が東ニューギニアのラエに進出した際も度々空戦を挑んだ。

苦難の長距離飛行

八月二日には、ブナ上空にB－17五機が襲来し、笹井、坂井、太田ら九機の零戦が迎撃にあたり全機撃墜する快挙を飾った。しかし、五日後、いったんラバウルへ後退したところで、ガダルカナル戦がはじまり、その初日に坂井が負傷する。

坂井は、後ろ髪を引かれる思いで本土へ帰還した。その際に、太田は笹井を守るよう切望されたと想像できる。だが坂井の負傷からそう日が経たない八月二六日、彼が列機から外れたガダルカナルへの攻撃で、笹井が帰還しなかった。

笹井の未帰還は、台南空全体に衝撃を与えた。太田自身も笹井を守れなかったことで、記録こそ残っていないが、その無念の胸中は察せられる。

台南空の三羽ガラスと称された太田敏夫

九月～一〇月にかけ、台南空はガダルカナルへの出撃を繰り返した。「行動調書」によると、この間、太田は計七回同方面に出撃している。いずれもガダルカナルのヘンダーソン飛行場から飛び立ったＦ４Ｆと空戦を交えており、その度に撃墜機数を更新した。

しかし、ラバウル～ガダルカナルまで往復八時間以上におよぶ飛行任務の連続、加えてラバウルは補給をはじめ環境面では不備が多く、太田の心身を消耗させていた。

一〇月二一日、太田は陸攻隊の護衛で出撃したが、同島の上空でＦ４Ｆと乱戦となり、彼の零戦のみ未帰還となった。最終階級は飛曹長。

ガダルカナルの海兵航空隊には、二一日の空戦で零戦の撃墜記録がある。同時にＦ４Ｆ二機を失ったともあり、これが太田機とその最後の戦果の可能性が高い。ラバウルに着任した四月から半年の間に三〇機以上撃墜したことになる。これは台南空ではトップであった。

彼の戦死から一〇日ほど後、台南空は第二五一航空隊と改名した。この時点で開戦以来、太田をふくめ七二名の搭乗員が戦死し、戦力は大幅に低下していた。

（中村達彦）

奥村武雄

おくむら　たけお（一九二〇～一九四三）

「ブイン基地大空襲」を迎え撃った守護神

中国戦線から空母「龍驤」へ

一九二〇（大正九）年二月二七日福井県で生まれた。一九三五（昭和一〇）年六月に呉海兵団に入隊、一九三八（昭和一三）年二月に第四二期操縦練習生として霞ヶ浦航空隊に入隊し、九月に同課程を卒業した。

翌年秋、第一四航空隊で中国戦線に着任して、南支那方面における諸作戦に参加して経験を積んでいる。一九四〇（昭和一五）年九月には、当時新鋭機の零戦に搭乗する訓練を施されており、戦闘機乗りの資質が認められていたことがうかがえる。

第一四航空隊は仏印ハノイに進出し、雲南省・四川省の中国軍攻撃を繰り返した。一〇月一七日、奥村はビルマとの国境近くにある中国軍の拠点昆明への攻撃に参加した。零戦隊は中国軍戦闘機隊と交戦したが、奥村は一度の空戦でソ連製I－15戦闘機四機を撃墜して、戦闘機乗りの資質を証明してみせた。

その後、奥村はいったん前線勤務を終えて本土に戻った。開戦時は内地で半年以上後方勤務が続いたが、一九四二（昭和一七）年七月に北方作戦を終えた空母「龍驤」に配属される。同空母は南太平洋に進出、八月二四日の第二次ソロモン海戦に参加するが、敵空母からの攻撃で沈没した。奥村は、急きょラバウルの台南空に編入されることになった。

奥村は、八月三〇日に早くも台南空の作戦に参加し、ガダルカナル方面の航空戦のみならずポートモレスビー方面の航空戦やラバウル上空の警護にもあたり、一一月に台南空が本土へ引き揚げるまで計一七回も任務に就いている。

激戦のブイン航空戦

ガダルカナル島のアメリカ軍航空隊は、撃墜王で知られるジョセフ・フォスが所属するＶＭＦ－１２１や陸軍航空隊も増援で投入されていた。加えてガダルカナルのヘンダーソン飛行場から来襲する日本機を迎え撃つことで、滞空時間が短くて済む上に、機体が損傷を負ってもすぐに着陸できるため、有利な位置にある。

台南空は、零戦の高い航続力が逆に仇となり、日に日に消耗と疲労が濃くなった。しかし、奥村は激しい空戦を生き延び、撃墜スコアを増やし続ける。

九月一七日Ｆ４Ｆ三機、一〇月二日ＳＢＤ二機、一〇月一五日ＳＢＤ三機、Ｐ－39一機、一〇月二〇日Ｆ４Ｆ一機、一〇月二五日Ｆ４Ｆ二機など、一連の航空戦で戦果を重ねている。奥村は、隊内でも一目置かれる存在になっていた。

一一月、台南空の改編と戦力再建にともない、奥村も本土に引き揚げる。

ブイン邀撃戦での活躍に対し草鹿中将から軍刀を授与された奥村武雄

再び教員の勤務に戻ったが、半年後の一九四三（昭和一八）年五月、第二〇一航空隊に転属して、七月に再びラバウルの土を踏む。二〇一空はブーゲンビル島のブインに進出して、連合軍の反攻を迎え撃つ。

当時、連日のように航空戦が続き、またブインの環境はラバウル以上に劣悪であった。奥村は、再び卓越した空戦技術で撃墜記録を更新していった。うち九月一四日のブイン上空の邀激戦における活躍が特筆できる。

朝から計五回の空襲で、Ｐ－39、Ｐ－40、Ｆ４Ｆ、Ｆ４Ｕに護衛されたＢ－24合計二〇〇機近くが襲来した。この時、ブインの零戦隊は全力で飛び立ったが、奥村は全ての空襲に飛び立ち、一日で、戦闘機八機をふくむ一〇機を撃墜している。この活躍に対し、同方面の海軍司令長官・草鹿仁一中将から「武功抜群」と記した軍刀が与えられた。

しかし、本人がその軍刀を手にすることは叶わなかった。空戦から八日後、奥村は東部ニューギニアのフィンシュハーフェン沖にある敵船団攻撃の護衛に飛んだが、敵戦闘機との交戦で未帰還となったためである。最終階級は飛曹長。

奥村の総撃墜機数は、五四機にのぼると伝えられる。


（中村達彦）

赤松貞明

あかまつ さだあき（一九一一〜一九八〇）

卓越した空戦技能&破天荒なファイター

頭角を現わした中国戦線

一九一〇（明治四三）年七月三〇日、高知県で生まれた。中学校卒業後、一九二八（昭和三）年に佐世保海兵団に入隊し、続いて第一七期操縦練習生を経て戦闘機乗りを目指した。

以後、大村航空隊や横須賀航空隊をはじめとする基地航空隊、空母「赤城」「加賀」「龍驤」勤務の経験もあり、経歴から空母の発着艦も習得していたことがうかがえる。また、この頃に源田実、柴田武雄、小園安名などの知遇を得ていたようだ。

一九三七（昭和一二）年、日中戦争が始まった時、下士官の一等航空兵曹で二七歳であった。年末に第一三航空隊に配属された。同航空隊は南郷茂章大尉指揮のもと、中国空軍のP-26などの戦闘機と交戦し、すでに戦果を挙げていた。

赤松は翌一九三八（昭和一三）年から実戦参加した。二月一五日に実施された南昌攻撃は、九六式艦戦一八機で実施されたが、この時、赤松は一度の空戦で四機を撃墜した。

中国空軍はソ連から大量の戦闘機を導入して、航空戦はなおも続く。

第一三航空隊は、空戦や対空砲火により、南郷大尉をはじめ複数の指揮官が戦死するほど損害を出していたが、赤松は、中国大陸の航空戦において一一機を撃墜し、頭角を現わす。日中戦争の海軍撃墜王で上位に位置する。

その後、赤松は空母「蒼龍」への転属となり、一九三八年半ばに戦場を離れた。以来、三年の後方勤務が続いたが、一九四一（昭和一六）年、アメリカやイギリスとの戦争に備え、第三航空隊に転属した。開戦と同時に、名指揮官で知られる横山保大尉に率いられ、フィリピンへの空襲に参加した。

以後、蘭印攻略戦、オーストラリア空襲など、第三航空隊の主要な航空戦に参加した。P-40やホーカーハリケーンなどを撃墜し、長い後方勤務にも関わらず、自らの腕が衰えていないことを証明してみせた。

一九四二（昭和一七）年五月、赤松は本土の大村航空隊に着任した。

彼は准士官に出世していたが、その振る舞いは、以前からスマート、品行方正をモットーとする帝国海軍の規律から逸脱するものであった。飛行技術のみならず柔道や相撲や水泳にも秀でたところは良かったが、大酒飲みで女好き、加えて喧嘩好きで、その長い経歴において多くの逸話を生んでいる。

空戦ならびに若い搭乗員の指導にもあたった赤松貞明

例えば、部下が結婚したが、その宴に、南洋の原地人の格好に扮した素っ裸に近い状態で登場して、新郎新婦の関係者から大いにひんしゅくを買う。また遊郭に入り、記帳する際に幹部たちの名前を拝借する等々。戦後、複数の搭乗員たちから抱腹絶倒の話が語られている。上官に対しても遠慮しない態度が多く、とある有名な将官に対し、堂々と下ネタを振ったこともある。
その蛮行から、本来なら海軍を辞めさせられてもおかしくなかったが、卓越した空戦技術を惜しまれた。一人でも搭乗員が欲しい情勢から、半ば見逃された感がある。
部下たちへの教育でも容赦なく、乱暴な上官であったが、意外にも人気があり、「松ちゃん」と親しみを込めて呼ばれていた。

「雷電」を乗りこなす

赤松は一年二ヵ月の本土勤務を経て、蘭印方面の防空にあたる第三三一航空隊に配属された。同隊は太平洋方面に比べ戦闘が少なかったが、一九四三（昭和一八）年一二月末には、陸軍航空隊と共にインドのカルカッタへ空襲を実施した。赤松はこの空襲に参加し、イギリス軍機撃墜を報告している。彼も強運の持ち主であり、当時の激戦地であるラバウルや中部太平洋へ転属させられておかしくなかったが、結局、送られずに済んだ。

一九四四（昭和一九）年三月、神奈川県の厚木で、防空用の第三〇二航空隊が開隊したが、赤松は同隊に着任し、以後、終戦まで同隊で過ごす。司令の小園安名大佐は航空出身、人情家であり、上層部への批判ははばからないため、赤松とはウマが合ったようだ。

当初は、零戦を使用していたが、局地戦闘機「雷電」も配備開始される。秋からＢ－29が本土に襲来するようになり、厚木は本土防空戦の前線基地となった。

赤松は、若い戦闘機搭乗員たちの教官を勤めながら、戦闘機に搭乗して出撃した。終戦近くになるが、赤松が木製の模型を片手に空戦を搭乗員たちに教えている様子が、当時のニュース映画に収められている。

彼は、かつて横須賀航空隊の勤務で習得したひねりこみを得意とした。敵に後方から襲いかかられると、方向舵を踏んで機体を横へ動かしてから一気に機首を引き起こし、続いて自機を追い抜いた敵機の後ろにつく戦法である。

もっとも身体を支える強い腕力と素早い操作が必要で、簡単に習得できる技ではない。

加えて「絶えず後方に気を配り、深追いは控えること」を旨とし、敵が射撃してきたら、「弾が命中しない方向へと機体を動かしていくこと」を教えている。彼の指導は厳しかったが、その教えを習得したおかげで危機を脱した者もいた。

一九四五（昭和二〇）年二月一六日、空母一六隻を基幹とするアメリカ第五八任務部隊が、襲来した。関東一帯の陸海軍航空隊は全力で迎撃にあたる。三〇二空は零戦、「雷電」を合わせて四八機、翌一七日も二九機を発進させた。

赤松は、乗り慣れた零戦に搭乗して、敵艦載機を迎え撃つ。

厚木を飛び立った九機の零戦は、東京湾上空でＦ６Ｆ戦闘機隊と会敵した。高度を高く取っていたため先制攻撃に成功したが、上昇力でも速度でも勝るＦ６Ｆ

は逆襲に転じ、激しい乱戦に移行した。赤松は敵から浴びせられる一二・七ミリ機銃の銃撃をかわしつつ、正確な射撃で、次々にF6Fに火を噴かす。

零戦隊は空戦を終え厚木に帰還したが、赤松は再び出撃して、帰還を果たしている。

三〇二空は二日間にわたる空戦で、一九機を撃墜、八機を喪失した。

「雷電」はその扱いづらさから事故を起こしやすく「殺人機」と陰口を叩かれた。

しかし、赤松は、「雷電」について、零戦を上回る速度と上昇力を見極め、使いこなした。操縦性は良かったが、燃料が少ないことや故障の多さ、無線機の不備について指摘している。

対B－29邀撃戦では何回か「雷電」で飛び立ち、撃墜は確定できないが、何機かに命中弾を与えた。対戦闘機戦においては、六月下旬に、神奈川県上空で列機の援護で、上方を抑える格好でP－51を撃墜。駆けつけてきた複数のP－51の追撃を振り切り厚木に帰還した。

三〇二空は、終戦時に反乱事件が勃発し、赤松もこれに巻き込まれたが、結局、連合軍進駐の前に騒動は収拾された。最終階級は中尉。

赤松は郷里の高知へ帰ったが、戦後しばらくしてから四国で起業した航空会社に勤め、軽飛行機で飛び続けた。我が道を行く性格は変わらずで、ATC（航空交通管制）においては絶対に英語を使わなかった。航空会社の後は、飲食店を営んだとも伝えられている。

七〇歳を前に死去。成功をおさめたか定かではないが、戦死した仲間の分まで平和な時代を満喫したのではないか。

彼は戦闘機搭乗員の経歴が一四年、飛行時間は六〇〇〇時間にも達する。三五〇機を撃墜したと自称しているが、日中戦争の分もふくめ、総撃墜機数二七機とされている。

「日本撃墜王」なる著作があるが、多くの指揮官や撃墜王たちとの思い出もふくめ、まだ多くの証言を残してもらいたかった。

（中村達彦）

零戦の主要戦跡＆著名搭乗員たちの参加戦域マップ

図：野原　茂

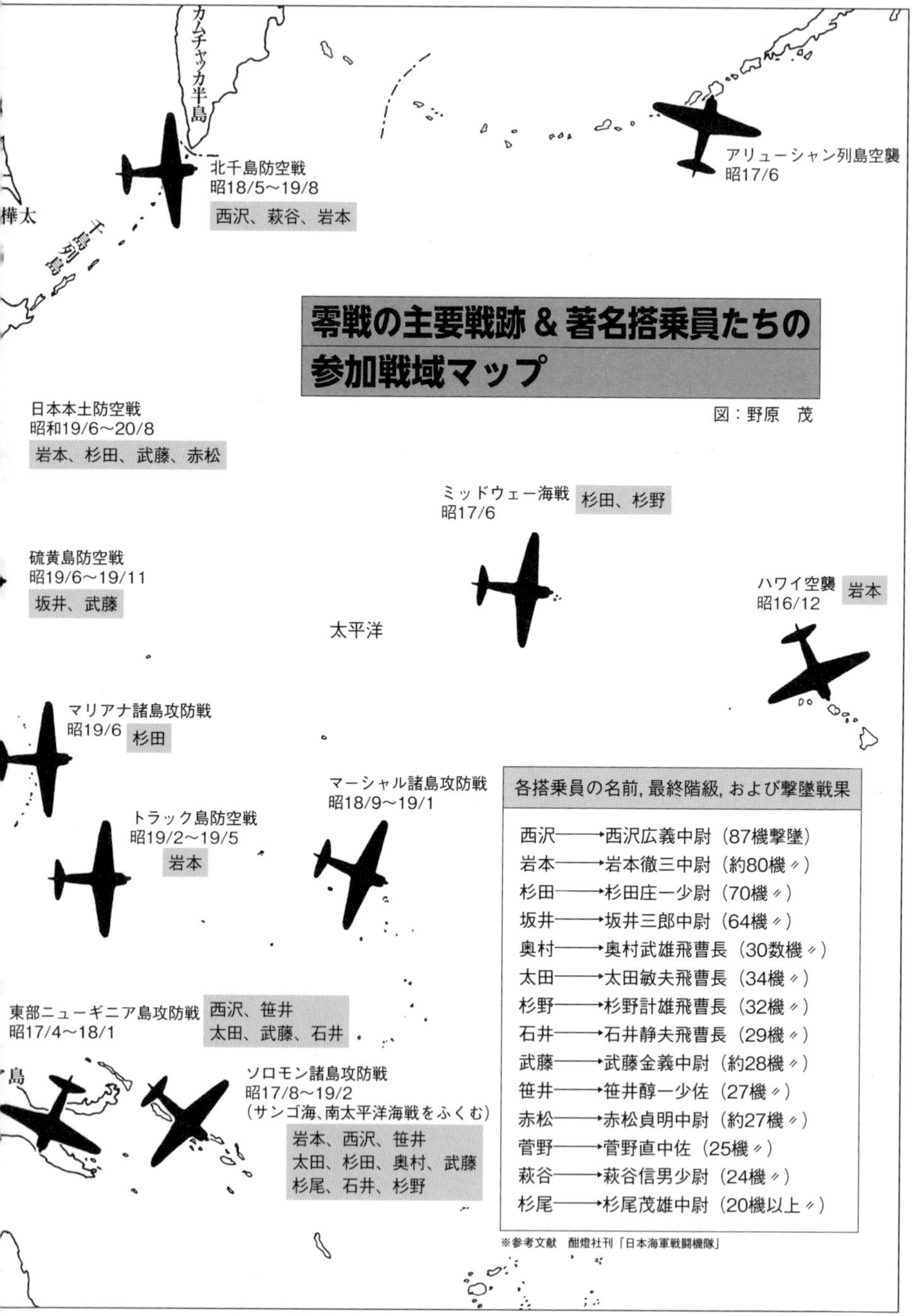

カムチャッカ半島
北千島防空戦
昭18/5～19/8
西沢、萩谷、岩本
樺太
千島列島
アリューシャン列島空襲
昭17/6
日本本土防空戦
昭和19/6～20/8
岩本、杉田、武藤、赤松
ミッドウェー海戦
昭17/6
杉田、杉野
硫黄島防空戦
昭19/6～19/11
坂井、武藤
ハワイ空襲
昭16/12
岩本
太平洋
マリアナ諸島攻防戦
昭19/6
杉田
マーシャル諸島攻防戦
昭18/9～19/1
トラック島防空戦
昭19/2～19/5
岩本
東部ニューギニア島攻防戦
昭17/4～18/1
西沢、笹井
太田、武藤、石井
島
ソロモン諸島攻防戦
昭17/8～19/2
（サンゴ海、南太平洋海戦をふくむ）
岩本、西沢、笹井
太田、杉田、奥村、武藤
杉尾、石井、杉野

各搭乗員の名前, 最終階級, および撃墜戦果
西沢──→西沢広義中尉（87機撃墜）
岩本──→岩本徹三中尉（約80機〃）
杉田──→杉田庄一少尉（70機〃）
坂井──→坂井三郎中尉（64機〃）
奥村──→奥村武雄飛曹長（30数機〃）
太田──→太田敏夫飛曹長（34機〃）
杉野──→杉野計雄飛曹長（32機〃）
石井──→石井静夫飛曹長（29機〃）
武藤──→武藤金義中尉（約28機〃）
笹井──→笹井醇一少佐（27機〃）
赤松──→赤松貞明中尉（約27機〃）
菅野──→菅野直中佐（25機〃）
萩谷──→萩谷信男少尉（24機〃）
杉尾──→杉尾茂雄中尉（20機以上〃）

※参考文献　酣燈社刊「日本海軍戦闘機隊」

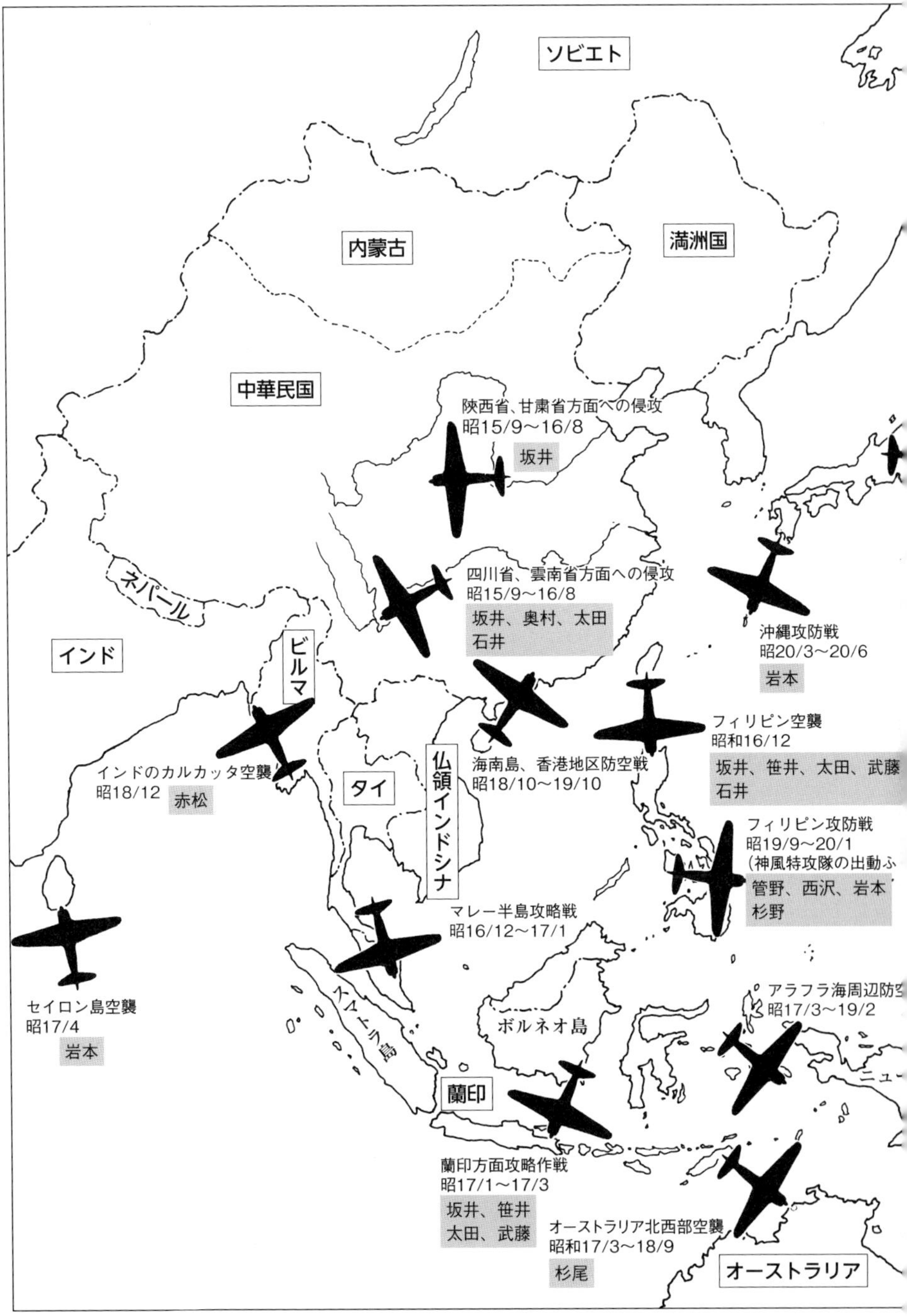
ソビエト
内蒙古
満洲国
中華民国
陝西省、甘粛省方面への侵攻
昭15/9～16/8
坂井
ネパール
四川省、雲南省方面への侵攻
昭15/9～16/8
坂井、奥村、太田
石井
沖縄攻防戦
昭20/3～20/6
岩本
インド
ビルマ
フィリピン空襲
昭和16/12
坂井、笹井、太田、武藤
石井
インドのカルカッタ空襲
昭18/12
赤松
タイ
仏領インドシナ
海南島、香港地区防空戦
昭18/10～19/10
フィリピン攻防戦
昭19/9～20/1
(神風特攻隊の出動ふ
管野、西沢、岩本
杉野
マレー半島攻略戦
昭16/12～17/1
セイロン島空襲
昭17/4
岩本
スマトラ島
ボルネオ島
アラフラ海周辺防空
昭17/3～19/2
蘭印
蘭印方面攻略作戦
昭17/1～17/3
坂井、笹井
太田、武藤
オーストラリア北西部空襲
昭和17/3～18/9
杉尾
オーストラリア

零式艦上戦闘機各型写真集

一一型

▲昭和16年5月、中国大陸を編隊飛行中の12空所属の零戦一一型。昭和15 年7月、十二試艦戦15機は、漢口に進出、その直後、零式一号艦上戦闘機一型(のちに零戦一一型)として制式採用される。そして、9月13日の重慶上空戦で大戦果をあげることになる。

▼一一型の初期タイプ。のちの量産型と違って集合排気管の位置が高いのが36号機までの特徴である。主翼の20ミリ機銃口は機密保持上の理由から消されている。一一型は零戦最初の量産型だが、増加試作機的要素が強く、同じ一一型でも細部に違いがあった。

二一型

▲昭和17年春、アンボン基地における第3航空隊所属の零戦二一型。3空は台南空とともに開戦時、南方攻略戦に活躍した部隊である。二一型(当初は零式一号艦上戦闘機二型と呼称) は本来の艦上戦闘機として、折り畳み式の翼端、着艦フック、クルシー式無線方位測定器を装備した。

▼零戦独特の美しい胴体ラインを見せる大分空所属の二一型。二一型はほぼすべての性能で連合軍戦闘機を上回り、大戦初期から中期にかけて八面六臂の大活躍をし、零戦神話を作った立役者であるが、18年以降はしだいに第一線から姿を消し、大分空のような練習航空隊にも配備された。

三二型

▲昭和18年3月、豊橋上空で訓練中の251空の零戦三二型（坂井三郎機からの撮影、台南空は17年11月、251空と改称された）。二号零戦と呼ばれた三二型はエンジンを栄二一型（二速過給器付き）に換装、二一型の弱点であった横転性の向上のため翼幅を短縮して翼端を角型に整形したことが主な変更点。

▼ラバウルで出撃直前の零戦二二型甲。二二型はガダルカナル戦で航続距離不足が判明した三二型に代わるものとして急きょ開発された型である。翼幅を二一型と同じ12メートルとし（翼端は折り畳み式）、翼内に燃料タンクを増設した。甲型は20ミリ機銃を長銃身・高性能の二号銃に換装したサブタイプ。

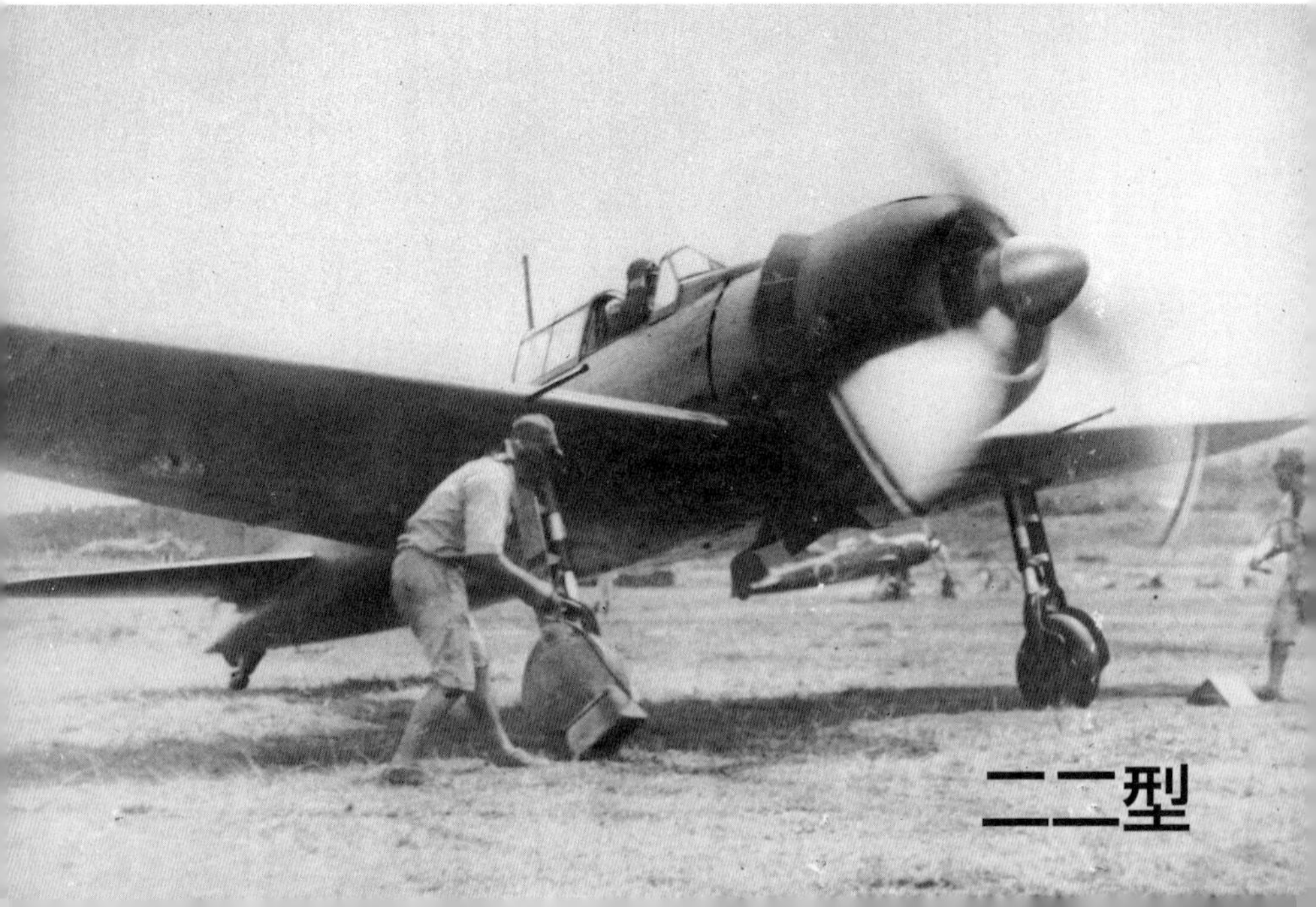

二二型

五二型

▲米軍に捕獲されテスト中の零戦五二型。五二型はさらなる性能向上をめざした二号零戦の完成形といえるもので、翼幅を再び短縮（翼端は丸型）、ロケット排気管の採用で速力向上を図った。航続距離も二一型と変わらない3360キロ（推定）を維持していた。翼内燃料タンクには自動消火装置を装備した。

▼横須賀312空所属の零戦五二型丙と搭乗員。同じ五二型でも丙はそれまでのシリーズとは一線を画すもので、もともとは米新型戦闘機に対抗するため、兵装、発動機、防弾装備の強化をコンセプトに開発され、最大速度は580キロ／時をめざした。しかし、発動機の栄三一型（水メタノール噴射）が間に合わなかったため、結局、五二型丙として完成した。

五二型丙

零戦空戦時の射撃＆飛行術

図：野原　茂

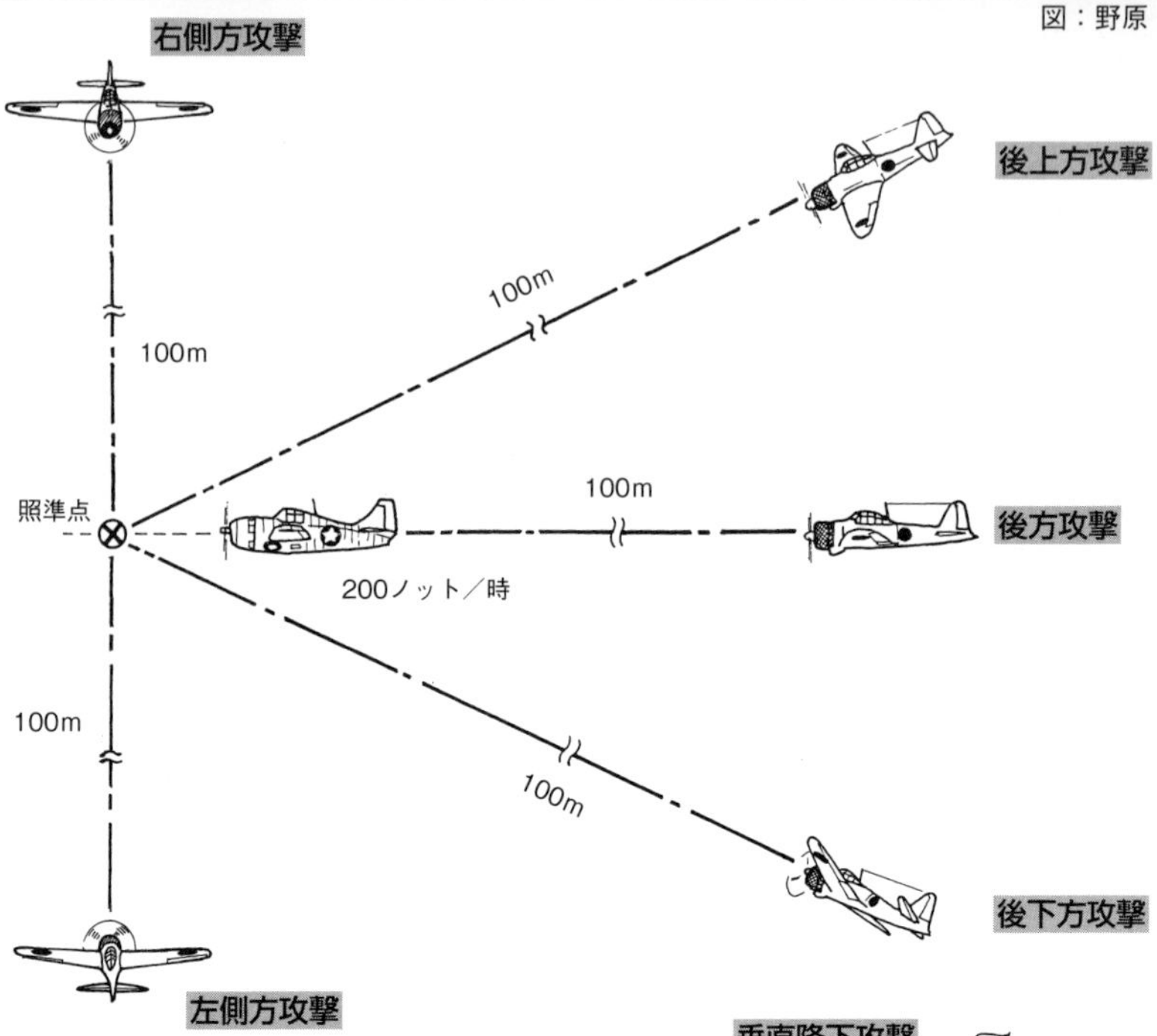

右側方攻撃
後上方攻撃
100m
100m
照準点
100m
後方攻撃
200ノット／時
100m
100m
後下方攻撃
左側方攻撃

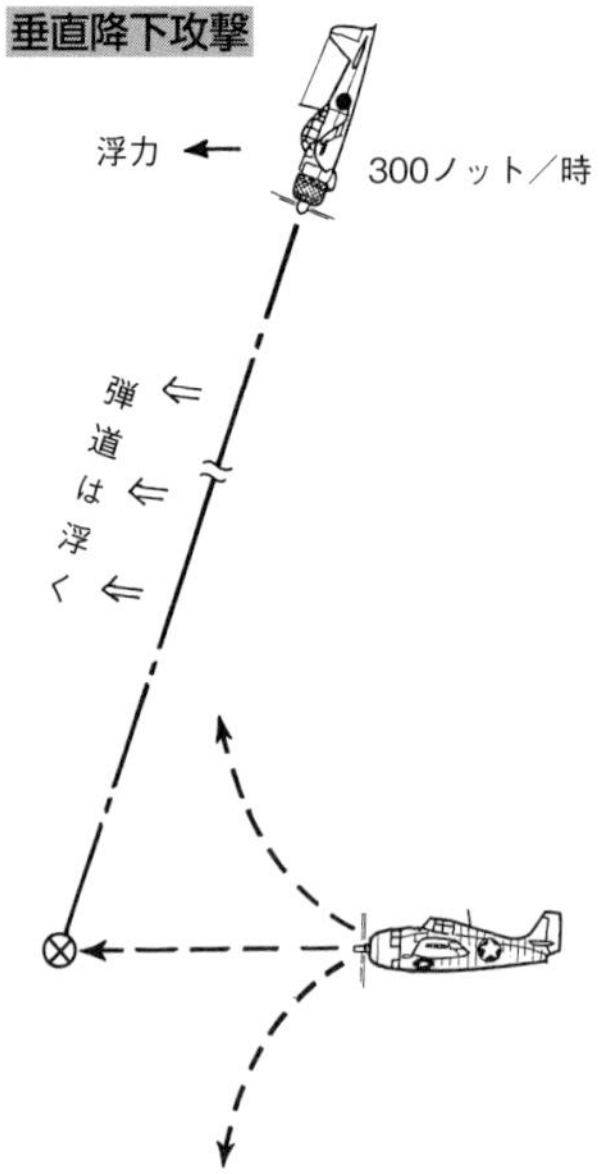

垂直降下攻撃
浮力
300ノット／時
弾道は浮く

零戦の類稀な運動性能は、空中戦において敵戦闘機の背後に素早く廻り込み、絶好の射撃位置に占位するときの強力な武器になったことは間違いない。しかし、よく誤解されるのだが、実戦において、零戦が得意とする水平面の旋回戦闘に持ち込める確率は、意外に低いのが現実だった。

太平洋戦争の緒戦期に、連合軍機が戦術的に対零戦空戦法を確立していなかった頃はまだしも、昭和17（1942）年8月のガダルカナル島攻防戦開始以降は、それが顕著になった。すなわち、敵戦闘機は、2機1組みで連携行動する〝サッチ・ウィーブ〟の採用、さらに、零戦が強みを発揮する中高度以下での格闘戦は極力避け、高度の優位を生かした急降下一撃離戦術を中心にした、垂直面の空中戦技に徹するようになると、軽快な運動性能を発揮できなくなり、苦戦は免れなくなった。

零戦に限ったことではなく、空中戦における最も理想的に状況は、相手に気付かれぬまま絶対有利な射撃位置まで接近し、一撃で仕止めることだった。むろん、常にこのような理想形態で空中戦が行なえる訳ではないので、逆に奇襲攻撃された際に、被弾回避の急旋回や横すべり、あるいは急降下して危機を逃れるなどの状況に応じた操縦技術が、生存率を高める要素となる。

後方防御銃を備えた爆撃機などを相手にする場合は別として、単発戦闘機相手の空中戦における、主要な接敵法は上、および右図に示したようなものに集約される。照準の修正量が小さく、命中率の点で理想なのは後上方、および後下方攻撃である。後方攻撃は、修正量がゼロなので照準は楽だが、目標の被弾面積が小さ過ぎて命中率は低い。垂直降下攻撃は、アメリカ軍戦闘機の常套手段であったが、零戦のような軽量機は降下中の浮力で機体が浮き、射弾も浮いて修正量が大きくなる欠点もあった。側方攻撃も、照準修正量は最も大きくなり、あまり有効な接敵法ではない。

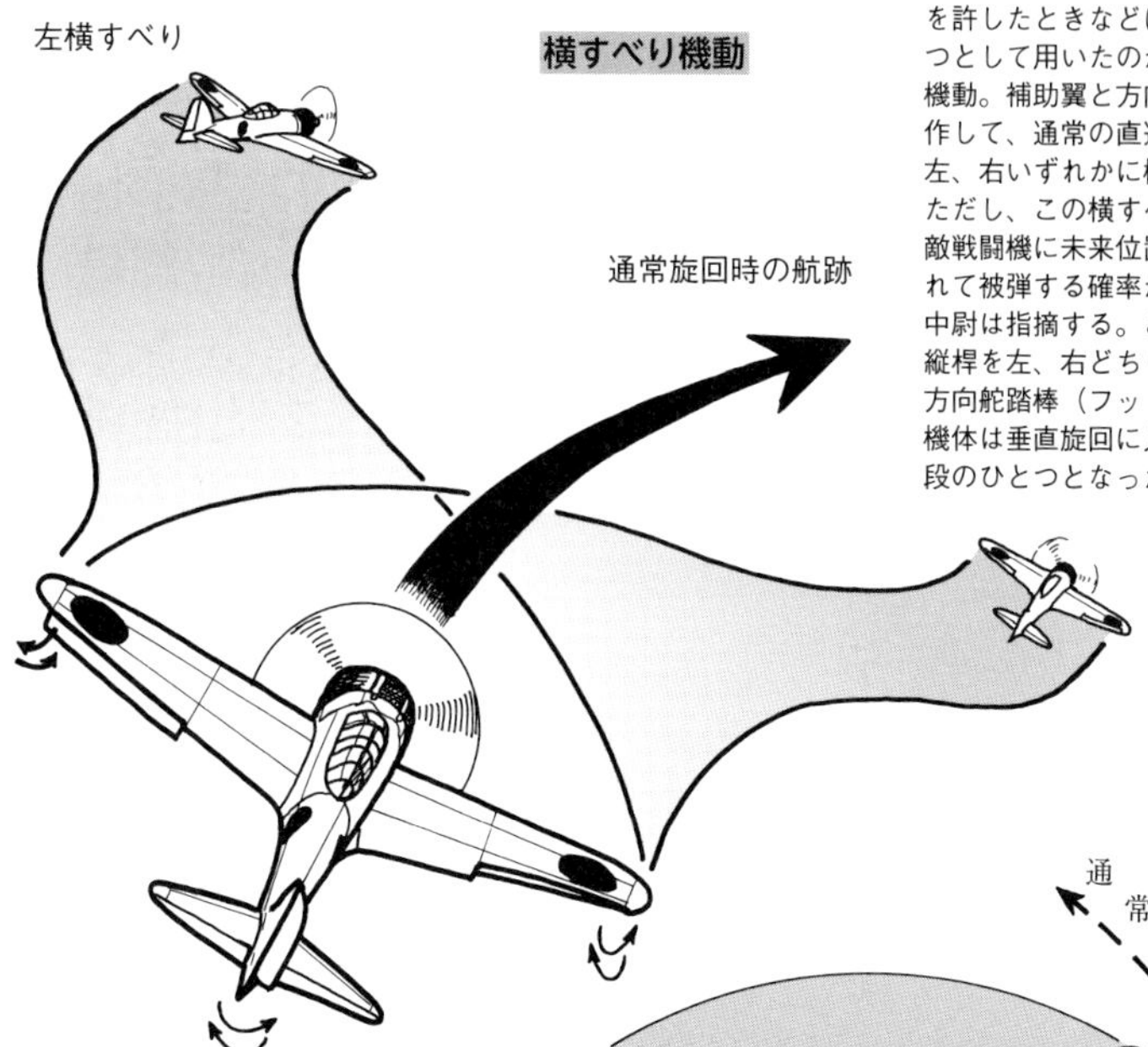
横すべり機動
左横すべり
通常旋回時の航跡
右横すべり

零戦が、敵機に奇襲、あるいは追尾攻撃を許したときなどに、射弾回避手段のひとつとして用いたのが、横すべりと言われる機動。補助翼と方向舵を互いに逆方向に操作して、通常の直進、あるいは旋回航跡の左、右いずれかに機体をすべらせる方法。ただし、この横すべりを急激に行なうと、敵戦闘機に未来位置を読まれ、照準修正されて被弾する確率が高くなると、坂井三郎中尉は指摘する。この横すべりと違い、操縦桿を左、右どちらかに傾け、傾けた側に方向舵踏棒（フットバー）を急激に踏めば、機体は垂直旋回に入り、これも射弾回避手段のひとつとなった。

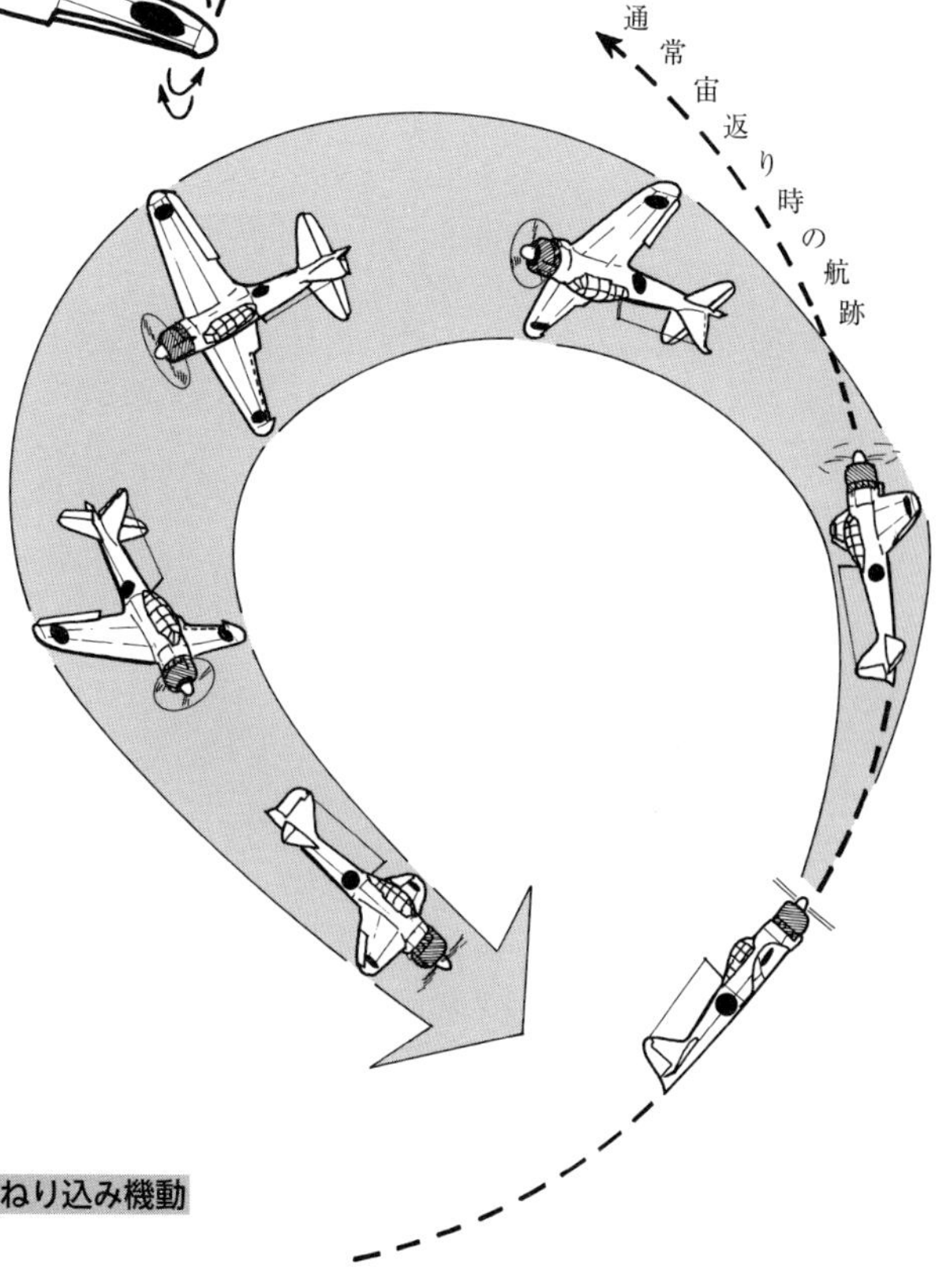
通常宙返り時の航跡
左ひねり込み機動

横すべりのように、実際の空中戦で広く使われた飛行術ではないが、零戦ならではの軽快な運動性能を生かし、高度な操縦技術習得の象徴と目されたのが、「左ひねり込み」と呼ばれた機動。斜め宙返りの途中で機体を左に横すべりさせ、失速寸前でスロットルを少しふかし、今度は宙返り軌道の頂点を廻ったところで、方向舵を左に切り、同時に操縦桿を右に傾け、主翼が垂直になるようにして小廻りする、というアクロバチックな技術。ただし、この左ひねり込みも空中戦時の射弾回避、あるいは攻守ところを変えて敵機の後尾に廻り込む、反転攻勢の手段と考えられたが、実戦ではほとんど使われなかった。

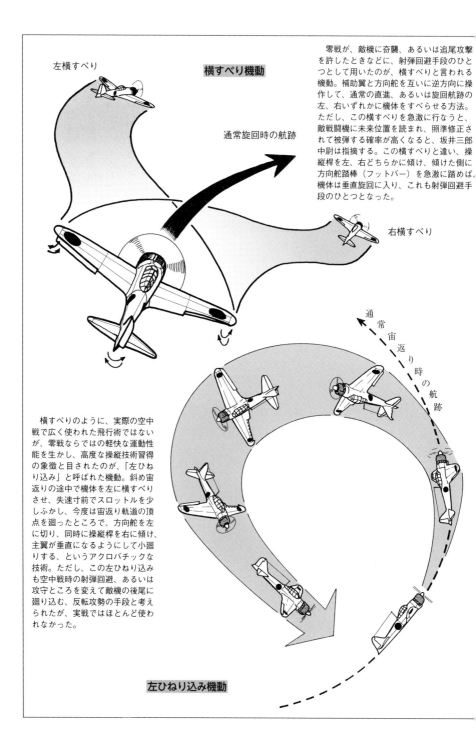

ポリカルポフ I-16（ソビエト／中華民国）

世界初の実用単葉引込脚戦闘機

〈I-16 Type10〉全幅：9.00m、全長：6.07m、全高：3.25m、翼面積：14.54㎡、全備重量：1716kg、エンジン：M-25V 755hp、最大速度：448㎞／h／3000m、上昇時間：5000mまで6.9分、実用上昇限度：8500m、航続距離：525㎞、武装：7.62㎜機銃×4

社会主義革命にともなう混乱などもあって、1920〜30年代にかけてのソビエトの航空技術開発は、欧米、日本などに比べて大きく立ち遅れていたというのが一般的な印象である。しかし、そんな印象を少なからず覆えす存在として、1930年代なかばに就役を始め、のちに約一万機もの膨大な数が生産され、第二次世界大戦初期までソビエト空軍の主力戦闘機の座に君臨したのが、ポリカルポフI-16だった。

本機の開発は、列強国すべての現用主力戦闘機が、複葉羽布張り形態機で占められていた1932年の夏、TsAGI（中央航空力学研究所）のニコライ・N・ポリカルポフ技師を長とする設計局でスタートした。空軍は、同設計局に対し、従来までと同じ複葉形態のI-15と併せ、単葉形態のI-16をほぼ同時に試作発注した。

これは、将来の戦闘機発達を見越してというより、複葉形態は運動性に勝り、単葉形態は速度に勝るという性能面の長所を生かし、両機を併行して調達、配備するという、空軍側の意向によって決まった方針だった。とはいっても、当時はまだ全金属製機のノウハウはソビエト航空界にもたらされてはおらず、I-16は胴体が木製骨組みに合板外皮、主翼は内翼こそ骨組み、外皮ともに金属製だったが、外翼の外皮は羽布張りという、複葉機から単葉機に近代化する時期の、いわば過渡的な設計を採らざるを得なかった。

ただ、I-16が優れていたのは、手動式とはいえ、主脚を引き込み式にした点で、1933年12月に初飛行した原型機に、最大速度437㎞/hという、I-15を70㎞/hも凌ぐ高速性能をもたらした。

I-15とともに、ただちに生産命令をうけたI-16は、一九三六年に勃発したスペイン内乱、一九三九年のノモンハン事変に早くも投入されて、そのズングリした異形のフォルムとともに、対戦した相手にその高速性能を強く印象づけた。しかし、不幸なことに、本機につづく後継機開発が上手くいかなかったことで、I-16は旧式化を承知で使い続けられ、零戦と相対した日中戦争、さらには独・ソ戦の初期におけるドイツ空軍Bf109との戦いで、一方的に惨敗する悲哀を嘗めた。

カーチス CW-21 デーモン（オランダ）

緒戦に潰えた異形の軽戦闘機

〈CW-21B〉全幅：10.66m、全長：8.29m、全高：2.48m、翼面積：16.19㎡、全備重量：2041 kg、エンジン：ライトR-1820-G5空冷星型9気筒1000hp、燃料：379 ℓ、最大速度：505 km／h／3720m、上昇率：1372m／分、実用上昇限度：1万455m、航続距離：1014km、武装：12.7㎜機銃×2、7.62㎜機銃×2

カーチス社の開発機ではあるが、アメリカ陸軍からの発注は得られず、輸出向けの機体となったため一般にはあまり知られていないのが、このCW-21デーモンである。もともとは、複座練習機として設計したCW-19が失敗したことをうけ、そのデザインを流用して単座の軽戦闘機をつくることになり、P-36Aの引き渡しが始まった1938年に作業がスタートした。

軽戦闘機にしては、当時のレベルでは高出力のライト「サイクロン」空冷星型九気筒エンジン（1000hp）を搭載し、直径の大きい同エンジンを包むやや太目のカウリングから後方を、急激に絞り込んだスリムな胴体、そして、折れそうに細い胴体後端に尾翼を取り付けるという、独特のフォルムが印象的だった。

主脚はむろん引込式で、最初はP-35と同じ後方に引き上げて、車輪をバルジ内に収める形態だったが、改良型のCW-21Bは、内側引込式に改めバルジも廃した洗練された外観に変わった。射撃兵装は、当初機首内に7.62㎜機銃、12.7㎜機銃各一梃の軽式装だったが、CW-21Bでは機首に7.62㎜機銃二梃、左右主翼内に12.7㎜機銃各一梃を装備した。

CW-21の原型機は、1938年10月11日に初飛行し、最大速度505km/hと、P-36Aに劣らぬ性能を示し、カーチス社も陸軍航空隊に強く売り込みを図ったのだが、量産発注は得られなかった。結局、CW-21は輸出用に廻され、中華民国、次いでオランダ領東インド（現:インドネシア）からオーダーがあり、後者には、1940年12月までに計二四機のCW-21Bが引き渡された。

これらのCW-21Bは、ジャワ島を中心とする各島々に配備され、1941年12月8日の太平洋戦争勃発時には、ジャワ島の第二戦闘飛行隊に計17機が就役していた。これらは、翌1942年2月に入って本格化した、日本海軍陸上基地航空隊による空襲に際し、果敢に迎撃を試みた。

しかし、名にしおう第三航空隊、および坂井三郎も在籍した台南航空隊の両精鋭零戦隊を相手に一方的に撃ち落とされ、惨敗を喫してその生涯を終えた。

ベル P-39 エアラコブラ（アメリカ陸軍）

大口径砲をもった〝空の毒蛇〟

〈P-39D〉全幅：10.36m、全長：9.21m、全高：3.6m、翼面積：19.8㎡、全備重量：3465kg、エンジン：アリソンV-1710-35液冷V型12気筒1150hp、燃料：454ℓ、最大速度：579km／h（4600m）、上昇率：777m／分、実用上昇限度：9726m、航続距離：1770km、武装：37mm機関砲×1（15発）、12.7mm機銃×2（各200発）、7.62mm機銃×2（各500発）

戦後は、アメリカ屈指のヘリコプター開発メーカーとして君臨するベル社だが、戦前は戦闘機の開発にも鋭意取り組んだ陸軍機の中堅メーカーでもあった。

そのベル社が、戦闘機設計の第二作として、1936年度の次期新型戦闘機競争試作のために開発したのがXP-39であった。

大口径の37mm機関砲を、プロペラ軸内発射方式で装備するというコンセプトに沿い、液冷アリソンV-1710エンジン（1150hp）はコクピット後方の胴体内中央附近に固定。延長軸を介してプロペラを駆動するという、異色の設計もさることながら、アメリカだけの先進技術である高々度性能向上のための排気タービン過給器、当時の単発単座戦闘機としては初めての試みとなる、前脚式降着装置の導入など、新機軸の塊のような機体だった。

原型機は1939年4月に初飛行し、最大速度628km /h。高度6100mまでの上昇時間5分と狙いどおりの高性能を示したが、陸軍側は何故か排気タービン過給器は不要として撤去を要求、機体各部にも改修を加えたものを生産型P-39Cとして80機発注、1941年から就役した。

太平洋戦争開戦当時は、P-39Dを中心にアラスカ、ハワイなどにも配備されており、1942年4月以降、ニューギニア島東部、およびソロモン諸島戦域にて日本海軍の精鋭台南空の零戦隊と空戦を交えた。しかし、重量増加により速度、高空性能が原型機に比べて低下していたうえ、運動性能も鈍いとあって、零戦との空中戦ではモロさを露呈して惨敗を喫した。

ただ、高度の優位を確保しての降下一撃離脱戦術がとれたときは、その大口径の破壊力と相俟って、侮り難い存在となった。

結局、太平洋戦域では零戦に歯がたたぬとわかり、その後のP-39生産型の過半が、ソビエト空軍への供与機に廻され、総生産数9558機のうち実に4758機がアラスカ、シベリア経由で空輸された。これらは、大口径砲による地上攻撃のほか、ドイツ空軍の爆撃機相手の空中戦でも威力を発揮、ソビエト空軍では傑作機と崇め奉られる存在になった。

カーチス P-40 ウォーホーク（アメリカ陸軍）

一撃離脱戦術で ゼロに対抗

〈P-40E〉全幅：11.37m、全長：9.67m、全高：3.77m、主翼面積：21.92㎡、全備重量：3607kg、エンジン：アリソンV-1710-39液冷V型12気筒1150hp、最大速度：570km／h（4600m）、上昇率：635m／分、実用上昇限度：8840m、航続距離：563km、武装：12.7mm機銃×6（各280発）、500ポンド爆弾×1

機首まわりを除く機体外観からもわかるように、P-40は成功を収めたP-36のエンジンを、液冷アリソンV-1710系に換装し、性能向上を図るというコンセプトによって誕生した。原型機XP-40（社内名称「ホーク81」）は、1938年7月に陸軍の発注をうけ、同年10月14日には早くも初飛行した。

小改修を加えたのち、翌1939年1月に実施された競争審査に臨んだXP-40は、最大速度550km/hの好成績を示しロッキード、ベル、セバスキー各社のライバル機を制して採用され、生産型P-40を計524機も受注する厚遇に浴した。

1940年1月から引き渡しを開始したP-40は、第二次大戦下という事情もあって、ソビエト、イギリスへの供与機もふくめ改良された生産型が次々に発注され、カーチス社工場は前例のない活況を呈した。太平洋戦争が勃発したとき、P-40はハワイに73機、フィリピンに107機が展開していたが、いずれも日本海軍機の奇襲攻撃により、大部分が迎撃のヒマもなく地上で破壊されてしまった。

その後、フィリピンで破壊を免れた機がインドネシアに退き、進攻してくる日本海軍機を迎撃、さらに翌1942年4月以降、ニューギニア島東部、ソロモン諸島戦域において、P-39とともに台南空などの零戦と空中戦を交えた。しかし、零戦に比べて50km/h以上の優速はともかく、重量が大きい故の運動性能の低さ、さらにはパイロット技倆の差、不利な格闘戦にも挑んだ戦術上の誤りなどもあって、P-39同様に零戦に対しては損害ばかりが目立った。

もっとも、P-40も高度差を利した降下一撃離脱戦術がとれたときには相応の威力を示し、零戦が苦杯を喫する場面もあった。実際、中国大陸、ビルマ方面で日本陸軍機を相手に戦った、義勇飛行隊「フライング・タイガー」のP-40は、7ヵ月間に286機撃墜・破を記録したとされる。

P-40は、性能上の旧式化が明らかになった一九四三年以降は、レンドリース（武器貸与法）によって連合国側に多数が供与され、対地攻撃機として活躍した。総生産数1万3738機という数字は、巷間言われる〝二流機〟は決してない証しだ。

グラマン F4F ワイルドキャット（アメリカ海軍）

ガ島を守りきった敏捷なネコ

〈F4F-4〉全幅：11.58m、全長：8.76m、全高：2.81m、翼面積：24.15㎡、全備重量：3359kg、エンジン：P&W R-1830-36空冷星型複列14気筒1200hp、燃料：545ℓ、最大速度：512㎞／h（5900m）、着艦速度：126㎞／h、海面上昇率：594m／分、実用上昇限度：1万365m、航続距離：1465㎞、武装：12.7㎜機銃×6（各240発）、100ポンド爆弾×2

太平洋戦争勃発から約1年の間、南太平洋を舞台に日本海軍機と幾多の空中戦を交え、零戦二一型と真のライバル関係にあったのがF4Fであった。アメリカ海軍/海兵隊の艦上戦闘機メーカーの盟主を自負したグラマン社が、最初に送り出した単葉戦闘機でもあった。

F4Fは1936年3月に設計スタートした原型機XF4F-1の段階では、堅実性を重んじ、全金属製引込脚ではあるものの、旧態依然の複葉形態だった。しかし、競・試相手のブリュースター社XF2A-1が単葉形態で試作していることが判明し、これを破棄し、改めてXF4F-2として設計し直した。

そのこともあって試作は遅れ、F2A-1に制式採用で先を越されてしまった。だが、1937年9月に初飛行したXF4F-2の設計が、F2A-1のそれを凌いでいることを見抜いた海軍は、さらに改良を加えたXF4F-3を発注する。そして、1939年2月に初飛行した同機をテストし、最大加速度537㎞/h、海面上昇率853m/分など、あらゆる面でF2A-1を凌ぐことを確認。生産型F4F-3を54機発注した。

太平洋戦争が始まったとき、アメリカ海軍の八隻の空母には、わずか138機のF4Fが搭載されているだけで、その後、主翼を折りたためるようにするなどの改良を施したF4F-4とあわせ、南太平洋各地で零戦と空中戦を交えた。しかし、軽快な運動性能に加え、パイロットの技倆でも勝った零戦に対し、F4Fは自らの長所を生かした空戦法を見い出せず、1942年6月のミッドウェー海戦まで、一方的に敗れ去る状況が続いた。

しかし、同年8月のガダルカナル島攻防戦を境いに、新たな対零戦空戦法（二機一組の〝サッチ・ウィーブ〟と、降下一撃離脱戦法の徹底）が効を奏し、海兵隊のF4Fは台南空の零戦とも互角以上の戦いを演じ、最終的にガダルカナル島上空の制空権を守り通した。

1943年夏以降、後継機F6Fの充足にともない順次第一線を退いたが、その後も護衛空母に搭載されて対地支援などに働き、戦争終結まで現役にとどまった。総生産数は7825機。

グラマン F6F ヘルキャット（アメリカ海軍）

太平洋の覇者となった大型艦戦

〈F6F-3〉全幅：13.06m、全長：10.24m、全高:3.99m、翼面積:31.03㎡、全備重量:5643kg、エンジン:P&W R-2800-10空冷星型複列18気筒2000hp、燃料：946ℓ＋568ℓ（増槽）、最大速度：603㎞／h（5275m）、着艦速度：135㎞／h、海面上昇率：1067m／分、実用上昇限度：1万1380m、航続距離:2558㎞、武装:12.7㎜機銃×6（各400発）、1000ポンド爆弾×2

F6Fは、結果的にF4Fの後継機となり、太平洋戦争勝利の立役者と称えられる存在になったが、その開発、および採用の経緯からしてグラマン社が真に誇れるようなものとは言い難かった。すなわち、太平洋戦争が始まる半年前の1941年6月、海軍がグラマン社にXF6F-1として二機を試作発注したのは、当時アメリカ最初の2000hpエンジン搭載機、かつ海軍最初の時速400マイル（644㎞/h）の戦闘機として脚光を浴びていた、ボート社の意欲作F4U-1コルセアが、万一実用化に失敗したときに備える〝保険機〟を求めていたからだった。

当然、その背景からしてXF6F-1に失敗のリスクを伴なう斬新な設計手法は許されず、すべてにおいて堅実な、言い換えれば凡庸なものにならざるを得なかった。エンジンも、F4Uと同じP&W R-2800の搭載は許されず、一ランク出力の低いライトR-2600（1700hp）が指定された。

1942年6月26日、XF6F-1の一号機は初飛行にこぎつけたが、F4Fに比べ格段に大型、大重量の機体にはエンジンの出力不足は否めず、不満足な性能だった。だが、ほどなく本機に転機が訪れる。期待されたF4Uは、高性能はともかく、その斬新な設計が災いして離着艦性能に難があって空母への搭載には適さず、陸上基地に展開する海兵隊への配備が決まったのだ。

すでに太平洋戦争が始まっており、F4Fの後継機不在を憂慮した海軍は、グラマン社に対し急ぎエンジンをR-2800に換装したXF6F-3を試作させるとともに、生産型の大量生産を命じ、1943年から空母に配備。同年8月30日のマーカス島空襲を皮切りに実戦投入した。

2000hp級エンジンを搭載したわりに最大速度は600㎞/h程度と、性能的には不満もあったが、当面のライバル日本海軍の零戦を圧倒するには充分だった。加えて兵力数でも日々格差を拡大し、1944年に入るとパイロット技倆面でも凌駕して零戦を一方的に敗り、太平洋戦争勝利に大きく貢献した。1945年11月に生産終了するまでのわずか二年の間に、計1万2275機という膨大な数がつくられた。

海軍エースQ&A

松田孝宏
■軍事ライター

一日の最多撃墜記録や、開戦後に生まれたエース、水上戦闘機のエース、波瀾万丈のエース、母艦搭載機エース等、様々なエースの質問箱！

Q1 最初の撃墜記録は？

日本陸海軍を通じた初撃墜は、生田乃木次海軍大尉（当時）が記録した。

昭和七年の第一次上海事変に生田大尉が乗艦する空母「加賀」と「鳳翔」が投入され、二月五日には日中最初の空中戦が生起したが撃墜には至らなかった。同月二二日、「加賀」の一三式艦攻を護衛していた生田率いる三機の三式艦戦は、米義勇兵ロバート・ショートのボーイング218と交戦。生田はショート機を追撃、これを単独で撃墜する。

たちまち生田は時の人となったが、妬みの感情が渦巻く海軍内部に嫌気がさして軍を去った。戦後は保育園を設立、「お父様先生」と呼ばれて園児に親しまれた。生田氏は平成一四年二月二二日に逝去したが、その日はショート機撃墜から七〇年目であった。

本土防空に活躍した「雷電」

Q2　最初にエースとなったのは？

日本陸海軍を通じて最初にエースの資格を得た、古賀清登一空曹（当時）である。

日中戦争が勃発すると第一三航空隊の一員として上海基地へ進出していた古賀は、初陣となる昭和一二年九月一九日の第一次南京攻撃でカーチス・ホーク二機を撃墜。同二二日も二機のカーチス・ホークを撃墜、一〇月六日には三機を撃墜というハイペースでエースとなった。

その後も一二月九日までの空戦で計一三機を撃墜、支那方面艦隊の長谷川司令長官から個人感状が授与され、航空兵曹長に特別昇進している。しかし残念ながら昭和一三年九月一五日、夜間演習で飛行中に墜落、翌日に殉職した。

Q3　一日の最多撃墜は誰が記録した？

二人の搭乗員が、一〇機撃墜を記録している。最初は藤田怡与蔵大尉（当時）が、昭和一七年六月四日のミッドウェー海戦で達成した。藤田は母艦である「蒼龍」の上空直掩に就くと、敵編隊の斜め前上方から襲撃する戦法が奏功、味方の対空砲火で不時着を余儀なくされるまで一〇機を撃墜した。藤田氏は戦後も日本航空のパイロットを務め、平成一八年に八九歳の天寿を全うした。

もう一人が、ソロモン戦線の奥村武雄上飛曹（当時）である。昭和一七年九月一四日、ブインに押し寄せた米軍機を、奥村所属の二〇一空と二〇四空が迎え撃った。空戦後、奥村は協同を含む一〇機の撃墜を報告。第一一航空艦隊の草鹿司令長官から、軍刀を授与された。惜しくも九月二二日に未帰還となり、飛曹長に昇進した。中国戦線では四機を撃墜（公認）、ソロモン戦線では約五〇機を撃墜したと伝えられる。

Q4　ハイペース撃墜のトップは？

一三日間にわたるラバウル上空の空戦で一八機を撃墜した、荻谷信男飛曹長（最終）の記録が陸海軍随一

中島飛行機製の二式水上戦闘機。ベースは零戦一一型である

である。

開戦時は内南洋防空に就いていたが、二八一空に転じて南東方面に進出、二〇四空に移ったのが昭和一八年一一月。翌一二年一八日に初撃墜を記録すると、一九年一月末までに二四機を撃墜、これは公認記録となった。特に一九年一月一七日から二四日までは、一七日に四機、二〇日に五機、二二日に二機、二三日に二機、二四機に三機と凄まじいペースで撃墜記録を重ねた。

荻谷は二月一三日の邀撃戦に出撃したものの未帰還となった。生まれは剣士の家系であり、戦死時の搭乗機には撃墜マークとして三二個の桜が描かれていた。

Q5　開戦後に生まれたエースは？

エースとなった搭乗員の多くが、すでに日中戦争でその資格を得るか、経験を重ねていた。しかし、三四三航空隊で新選組こと戦闘三〇一の飛行隊長を務め、新鋭局地戦闘機・紫電改で公認二五機の総撃墜数を記録した菅野直大尉（当時）は、昭和一八年九月に飛行第三八期を修了した開戦後のエースであった。

昭和一九年一二月には、しばしば最後のエース部隊と称される三四三空に移る。二〇年三月一九日、松山上空における米艦載機との空中戦は相応の損害も出たが、菅野も撃墜を記録して日本戦闘機隊の掉尾を飾る勝利を収めた。

八月一日の空戦で行方不明となり、戦死と認定され二階級特進した。ブルドッグのごとき闘志にあふれた菅野の記録は、全軍への布告では個人撃墜が一八機、協同が二四機、合計七二機とされている。

Q6 水上戦闘機でのエースは？

昭和一八年七月、水上観測機から水上戦闘機に転換した甲木清實二飛曹（当時）は千島列島の占守島へ進出、二式水戦でB－24やB－25といった大型爆撃機に挑んだ。これ以前には水上観測機で、昭和一九年には新型水戦「強風」でも撃墜を記録するなど、終戦までに果たした一六機の総撃墜のうち、実に七機が水上機によるものであった。

Q7 夜戦のエースは？

特に著名な搭乗員として、三名があげられる。活躍した年代順では昭和一七年八月下旬に台南空時代にラバウルでB－17を撃墜後、夜間戦闘機「月光」で終戦近くまで戦果を重ねた工藤重敏少尉（最終。ほかも同様）が、海軍夜間戦闘機隊の草分け的存在となる。

「B－29撃墜王」と華々しく報道されたのが、三〇二空の遠藤幸男中佐である。戦死までにB－29を八機撃墜、八機撃破と記録されている。

記録としては昭和二〇年五月二五日、一夜にしてB－29を五機撃墜、一機撃破した横須賀空の倉本十三飛曹長（操縦）と黒鳥四朗少尉（偵察）のペアに比肩しうる存在はない。一夜にしてエースとなった殊勲のペアの撃墜総数は、B－29六機に達した。

Q8 海軍士官エースの最高峰は？

二七機撃墜が公認された笹井醇一少佐（最終）こそ、海軍兵学校を卒業した士官搭乗員の最高記録保持者である。

開戦直前に台南航空隊に属し、坂井三郎をはじめとした日本海軍トップエース

夜間戦闘機「月光」。20㎜斜銃を装備し、最高速度は507㎞/h、乗員は2名であった

ボーイング社製B-17フライングフォートレス。1万機以上が生産された

ボーイング社製B-29スーパーフォートレス

の指導を受けた笹井は、日ごとに空戦の技量を上げ続けた。時には三機のＰ－39を撃墜、坂井は著作で「三段跳び撃墜」と称揚した。さすがに嬉しかったのか、帰投時は笹井機の巡航速度がいつもより速かったという。

戦死の直前に家族にあてた手紙で、間もなく第一次大戦のドイツ軍エース・リヒトフォーフェンの記録（八二機）を破ると予告していたが、八月二六日の出撃で未帰還となった。戦死後、二階級特進して少佐となった笹井は、自身のスコアを五四機としていた。

Q9　波瀾万丈のエースは？

川戸正治郎上飛曹（最終）の体当たり三回、撃墜されること二回、落下傘降下四回という記録は、一八機とされる総撃墜数よりも際だっている。

この経歴のほかにも主力の大半が後退したラバウルに残留、残った部品をかき集めて再生した零戦で偵察や攻撃を行なうなど、川戸の軍歴は創作された冒険譚よりも興味深い。

昭和二〇年三月、複座零戦で出撃した川戸は戦死とされたが、実際は敵駆逐艦の対空砲火で海面に墜落、海岸にたどり着いていた。ただ一人ジャングルで生活していた川戸はオーストラリア軍の捕虜となり、戦後間もなく日本へと還った。戦死公報を受け葬儀も済ませていた家族は、驚きながらも嬉しさに涙を流した。

川戸の戦いは自身が著した『川戸正治郎　体当たり

空戦記』に詳しく、撃墜記録も同書によれば一九機である。

Q10 破天荒な戦闘を行なったエースは？

戦闘機の役目は空中戦や地上攻撃であるが、「ヒゲの羽切」こと羽切松雄一空曹（当時）は、敵中の飛行場に着陸する離れ業を演じた。

時は昭和一五年一〇月四日。成都空襲に出撃した羽切一空曹長は一機を撃墜後、東山市郎空曹長、中瀬正幸一空曹、大石英男二空曹らと共に太平寺飛行場に着陸した。出撃が決まってから示し合わせていたもので、零戦から降りた羽切らは敵機に放火を試みるが、取り付いた機は偽装であった。やむなく離陸した羽切は遭遇した三機編隊と交戦、二機を撃墜して帰投した。

横須賀空で実用実験と防空戦闘にあたって終戦を迎えた羽切の総撃墜数は、一三機に達する。戦後は政治家や運送業などを経て、平成九年に逝去している。

こうした敵中着陸と攻撃は、昭和一三年七月、四機の九六艦爆による先例もある。

Q11 不屈のエースとは？

戦闘機乗りの宿命として、負傷や戦死は隣り合わせである。各国には負傷で身体のいずれかを欠損しながら、再び戦場に戻った搭乗員たちがいたが、日本海軍にも鉄製の義手で戦ったエースがいた。

それが三〇二空で飛行隊長を務めた森岡寛大尉（当時）である。昭和一九年四月から三〇二空の顔役である赤松貞明少尉の猛訓練で艦爆から戦闘機に転換。昭和二〇年一月二三日の邀撃戦で森岡はB－29を撃破したものの、左手首から先を失う重傷を負う。しかし、鉄鉤型の義手で現場に復帰すると撃墜記録を重ねた。終戦の日となる八月一五日も玉音放送の二時間前にF6Fを撃墜、エースの資格を得た。

穏やかな容貌ながら、戦後のインタビューで「政府が降伏したのであって、我々は負けてはいませんよ」と応じる闘志を秘めていた森岡氏は、平成五年七月に逝去した。

同じく義手を付けた搭乗員に豊田耕作少尉、柳谷謙治飛曹長（いずれも最終）らがいる。柳谷は、山本五十六長官直掩機唯一の生き残りとして知られている。

Q12 最後の艦載機エースの戦いは？

南太平洋海戦の初陣以来零戦で戦い続け、一〇機以上撃墜の記録を残した小林保平少佐（最終）をあげたい。

初陣後は「飛鷹」飛行隊長、マリアナ沖海戦では六五二空分隊長として二航戦の制空隊指揮官など、戦歴のほとんどを母艦と共に重ねた。艦爆隊をかばいながら、不時着するまで敢闘を続けたマリアナの活躍は淵田美津雄・奥宮正武共著『機動部隊』でも激賞されている。

最後の戦いとなるレイテ沖海戦では、六〇一空の「瑞鶴」派遣隊指揮官として出撃。第二次の上空直掩隊として発艦、燃料を使い果たして海上に不時着するまで奮戦した。直掩隊には公認撃墜数一五機に達する六五三空の南義美少尉も含まれており、精鋭を擁した最後の母艦戦闘機隊の戦果は日本側記録では一七機撃墜に達する。

小林らは不時着後「初月」に救助されるものの、同艦は単艦で一六隻の米艦隊と約二時間にわたり交戦後、沈没した。小林をふくむ全員戦死という壮絶な最後であった。

Q13 最高撃墜記録を持つエースは？

あえて、すでに伝説と化した感のある搭乗員、赤松貞明中尉（最終）とする。酩酊時などは三五〇機、素面でも二六〇機以上の撃墜を主張しており、自負がそのまま題となった戦後の手記『日本撃墜王』には「まあ数の点では、私ほど墜としているものは世界に一人もないということは言えましょう」という一節も認められる。

飛行時間六〇〇〇時間以上、一四年もの戦闘機生活を送った赤松は、大言壮語をするだけの驚異的な技量を有していた。中国戦線の初陣における四機撃墜を皮切りに戦果を重ね、酒癖・女癖の悪い暴れん坊ながら「松ちゃん」と親しまれた。問題機とされた「雷電」をも見事に操り、不向きとされた対戦闘機戦でＦ６Ｆ

局地戦闘機「雷電」。大馬力エンジンを搭載し、大火力を備えた迎撃戦闘機である

やP－51といった強敵に勝利、長い軍歴で被弾経験はあるが墜落や負傷はない。まさに不敗であった。

実際の撃墜記録は三〇機とも二七機ともされるが、赤松が日本海軍で傑出した戦闘機乗りであることに疑いの余地はない。昭和五五年二月二二日、肺炎で逝去した。

Q14 エースの戦法とは？

第二次大戦における一般的な戦闘機の戦い方は後上方および後下方攻撃、直上方および前上方攻撃、前部または下部攻撃、水平または垂直旋回による格闘戦などがあげられる。

このうち零戦が格闘戦に強かったことはよく知られているが、しだいに相手が応じなくなり、前述いずれかの戦法でこっそりと忍び寄って撃墜することが多くなっていった。

「左ひねり込み」がある種の奥義とも伝えられるが、実施する局面でかなりの劣勢であること、図や文字によるマニュアル化は困難だという意見が大勢を占める。

著名エースの例として岩本徹三は一撃離脱戦法を好み、さらには帰投の途についた敵を撃墜することもしばしばあった。

また、赤松貞明などは空戦を終えて離脱する際、小刻みに針路を変えて敵機の照準を妨げた。エースにかかっては、離脱すら並の搭乗員より傑出していた証と言えそうだ。

一撃離脱戦法を好んだ、岩本徹三

グラマン社製F6Fヘルキャット艦上戦闘機

ロッキード社製P-38ライトニング陸上戦闘機

Q15　エースの鍛錬とは？

当時の搭乗員の誰しもが鍛錬を行なっていたわけではないようだが、エース坂井が実行していた自己鍛錬はきわめて実戦的であり、天分の筆致によって明快に記されている（『大空のサムライ』「あとがき」に代えて　空戦に学んだ自己統御）。

それによれば、まずなにより視力を重んじた坂井は、目を大事にすることはもちろん、遠目を鍛えた。その結果、昼間に星が見えるようになったというから驚きである。さらに瞬間的な判断力と行動力を訓練して、「文章を確実に読みながら数学の計算をし、同時にラジオを聞き、その上、人の会話の内容を聞き取り、それを頭の中で整理することさえ」可能になったという。

肉体的には止まっているハエをことごとく捕まえ、二分三〇秒の素潜りを可能にするなど、坂井の身体能力は人間離れした感もある。

自身を鍛えに鍛え、「自分の力の最大限を燃やし続けて」いくことを坂井は勧めていた。戦闘機エース、そしてその語り部であった坂井の生涯を思うと、虚心で傾聴すべき言葉である。

Q16　エースの愛機とは？

搭乗した機体やその塗装、マーキングについては優に一冊の本ができるが、士気向上のため谷水竹雄飛曹長（最終）が提唱した撃墜マークの記入は重要である。大戦末期の二〇三空時代は沖縄作戦や九州の防空任務に就いた谷水は、低迷しがちな隊員たちの士気を鼓舞しようと愛機の零戦五二型丙に、撃墜マークとして矢に射抜かれた米軍マークを描いた。撃破は矢が貫通することなく刺さったままであるが、谷水が立つ愛機の胴体には、大小八個の撃墜または撃破マークが確認できる。

谷水機と並んで有名なのは、岩本徹三機であろう。ラバウル時代、現地の航空隊は小型機を撃墜したら桜のマーク、大型機ならは八重桜のマークを記入していた。岩本によれば昭和一八年一二月時点で六〇個以上のマークが記入され、「遠くから見ると、なかなかはなやかである」とのことだ。しかし同月の空戦で被弾した機体は修理不能となり、一般国民に見せるため船便で内地へ送られたという。

海軍では一時期から個人の戦果を記録していないが、目に見える形での撃墜記録は搭乗員にとっても周囲の者たちにとっても、戦い続ける士気を維持するものだったと言えよう。

Q17　エースは名コーチたりえるか？

結論としては、人それぞれである。伝えられる有名な逸話として、西沢広義は大分航空隊での教員時代、ことあるごとに「お前たちが飛行機に乗るのは三年早い」と言っては受け持ちの飛行訓練生全員を常に不合格としていた。厳しい指導に西沢の立場は悪くなったが、未熟なまま戦場に出すわけにはいかないと方針を変えなかった。果たして、審査で最上位を占めたのは西沢が受け持った六人の教え子たちであった。

西沢と並ぶエース坂井三郎も大村空で教官職に就いた時期があるが、こちらはもう少し優しく、様子がおかしい生徒（を見抜くのが坂井の眼力である）を認めるとすぐに声をかけるきめ細かさと熱意で指導にあたっていた。三四三空時代には「紫電改」の運用の一助として、一種のマニュアルである「局地戦闘機（紫電一一型空中使用標準参考）」を作成している（『丸』一九九五年七月号に掲載）。

代表して二人のエースをとりあげてみたが、指導の方針などは別として死線をくぐり抜けてきた人間の教えは、戦場で生きる参考となったことは間違いないだろう。

Q18 長寿のエース

公認撃墜数九機の原田要中尉（最終）は、大正五年すなわち一九一六年に生まれ、百歳を目前とした平成二八年五月三日に逝去された。

中国戦線ではパネー号事件に居合わせ、太平洋戦争では「蒼龍」の上空直掩にあたる。ミッドウェー海戦では母艦沈没後、「飛龍」に着艦して戦い続けた。ソロモンの戦いで負傷すると、教官職に就いて終戦を迎える。

戦後の原田氏は、職を転々とした後に幼稚園を経営。引退したのちも最晩年まで請われれば戦争の語り部として講演していた。

Q19 エースも参加した完全勝利の戦い

いよいよ戦況が不利となる昭和一九年を迎えても、ラバウルの零戦隊は奮戦を続けていた。一月一七日一〇時、七〇機の戦闘機（F6F、F4U、P－38）と爆撃機、雷撃機から成る一一七機の米軍攻撃隊来襲の報がラバウルにもたらされた。

邀撃に上がったのは二〇四空から四三機、二五三空から三六機の零戦である。空戦は一〇時四〇分から開始され、約三〇分で終わった。零戦は全機が帰還、撃墜数は八八機（不確実一八機）を数えた。そのうち二〇四空では本記事でも既述の岩本徹三飛曹長、荻谷信男上飛曹、前田英夫飛曹長（いずれも当時）が四～五機の撃墜を記録した。

米軍の記録では一二機の損失だが、零戦の完全勝利は変わらない。零戦は初戦果となる重慶の空戦でも完勝したが、活躍にかげりの見える大戦後期となる戦いは、現在も輝きを放っている。

なお当日は『日本ニュース』取材班が訪れており、『南海決戦場』として公開された。

現在もインターネットなどで視聴が可能で、戦果報告を書く岩本の姿も確認できる。

「紫電」を再設計した局地戦闘機「紫電改」

Q20 エースたちの最後の戦い

太平洋戦争は昭和二〇年八月一五日に終わったが、同月一七日、最後となる空戦が行なわれた。

この日、日本本土偵察のため護衛戦闘機も付けずに飛来した二機のB－32を、横須賀航空隊の零戦と「紫電改」が邀撃した。搭乗員の顔ぶれは何度も本稿に登場の坂井三郎、一六機撃墜の横須賀空戦闘機隊最後の先任下士官・大原亮治飛曹長、一八機撃墜の小町定飛曹長（いずれも最終）といった、そうそうたるものであった。小町によれば命令もなく、終戦直後の殺気だった雰囲気での出撃であったという。小町は二〇ミリ弾の炸裂を認めたが、そのためかB－32の射手が一人戦死した。しかし、米軍からは特にクレームもなかった。

こうして日本海軍航空隊最後の戦いは、多くのエースによって幕を引いたのであった。

「世界のエース」紳士録

グレゴリー・ボイントン、ダグラス・バーダー、ハンス＝ウルリッヒ・ルーデル等、海外エースの生き様！

■軍事ジャーナリスト
竹内 修

グレゴリー・ボイントン（米海兵隊）

本書の主役である坂井三郎海軍中尉は、一九三八（昭和一三）年にパイロットとして初陣を飾ってから大東亜戦争（太平洋戦争）の終結までの約七年間に、公認されているだけで二八機、一説には八〇機の敵機を撃墜したと言われている。

第二次世界大戦では枢軸国、連合軍とも空中戦で五機以上の敵機を撃墜したパイロットにエースの称号が与えられているが、数多く生まれたエースパイロットの中には坂井三郎と同様、個性の強い人物も少なくない。ここからは坂井三郎と同時代に大空で戦い、エースの称号を手に入れた、個性豊かなパイロットを何人か紹介しよう。

米海兵隊エース、グレゴリー・ボイントン

坂井三郎のパイロット生活ではそのキャラクターから、様々な事柄が起きたが、アメリカ海兵隊にも坂井三郎と同様、操縦や戦闘の技量は卓抜しているものの、アクの強いキャラクターにより周囲との摩擦の絶えないエースパイロットがいた。そのパイロットの名はグレゴリー・ボイントンという。

ボイントンはワシントン大学を卒業後、ボーイングでエンジニアとして働くかたわらでＲＯＴＣ（予備役将校訓練課程）を終了し、一九三四年に陸軍にいったん入隊した後、翌一九三五年に戦闘機パイロットとしてのキャリアをスタートさせた。入隊当時からボイントンの操縦技量は群を抜いており、周囲からも一目置かれていたが、彼は酒乱という御しがたい病を抱えており、次第に海兵隊でも浮いた存在となっていった。

また、彼の酒乱は家庭生活にも影響を及ぼし、大学卒業と同時に結婚した夫人との生活も、短期間の内に破綻を迎えていた。離婚に伴う慰謝料の支払いに苦しみ、また海兵隊でも居場所を失っていたボイントンは、ある日、中華民国の国民党軍を支援するアメリカの義勇航空隊「フライングタイガース」の募集を目にして、即座に入隊を決断する。

ボイントンが入隊を決断したのは、日本に対する憤りでもなければ中華民国に対する同情でもなく、また戦場で実際に敵機と戦うスリルでもなかった。彼をひきつけたのは当時の現役軍人の給与よりも高額な月額六〇〇ドルの報酬と、日本軍機を一機撃墜するごとに五〇〇ドルを支給するという経済的な条件だった。

ボイントンが参加した当時のフライングタイガースは、陸海軍と海兵隊のパイロット一〇〇名で構成されていたが、戦闘機の操縦経験を持っていたのはボイントンをふくめて三分の一に過ぎず、また装備していたカーチスＰ－40Ｃは頑丈さと扱いやすさには定評があったものの、日本軍機に比べて運動性で劣っていた。このためフライングタイガースの指揮官を務めたクレア・リー・シェーンノートは、陸軍時代から提唱していたものの、半ば無視されていた一撃離脱戦法をフライングタイガースの隊員に徹底させた。

海兵隊出身のボイントンは当初、シェーンノートの提唱した一撃離脱戦法に違和感を覚えたようで、日本陸軍の九七式戦闘機に格闘戦を挑んだが、危うく撃墜されそうになった。これによりＰ－40Ｃで日本軍機と戦って勝利をおさめるには、一撃離脱戦法しかないことを認識したボイントンは、一撃離脱戦法を遵守して中国戦線とビルマ戦線で日本軍機を撃墜し、この時代にエースの称号を手にしている。

一九四一年一二月に日本がハワイの真珠湾を攻撃し、アメリカが第二次世界大戦に正式参戦したことにより、フライングタイガースは一九四二年七月にアメリカ陸軍に編入されることとなった。この時点で隊に残っていたパイロットのうち、シェーンノートと行動を共にしてアメリカ陸軍に編入されたのは五人だけで、それ以外のパイロットは新たな職を探す必要に迫られた。

フライングタイガースの募集要項には、入隊時の階級のまま原隊に復帰できると明記されており、ボイントンは海兵隊への復帰を望んだが、当時フライングタイガースの本拠地が置かれていた中国奥地の昆明から、アメリカ本土に帰還することは容易ではなかった。

そこでボイントンは海兵隊を管轄する海軍省に原隊復帰を熱望する手紙を書き、これが認められてボイントンはまずインドのカルカッタへと向かい、ボンベイから船でニューヨークへ戻り、そこから西海岸のサンディエゴに出頭するという、気の遠くなるような長旅の末、一九四二年一一月に海兵隊へ復帰した。

フライングタイガースで実戦経験を積んだボイントンの復帰は歓迎され、海兵隊は復帰早々の一九四三年一月、ボイントンをF4Fワイルドキャットを運用する第二二二海兵戦闘飛行隊長に任命した。すでに三〇歳を超え、ベテランの域に達していたボイントンには「パピー」（親父）というニックネームが奉じられたが、若い頃からの悪癖である酒乱は、パピーと呼ばれる年齢になっても治っていなかった。ある日の宴会でしこたま酒を飲んだボイントンは、些細なことで同僚と喧嘩を起こし、その結果足を骨折するという失態を演じてしまった。

この結果ボイントンは療養を兼ねて、後方勤務への配置転換を余儀なくされたが、その間に自分と同様個性が強く、飛行隊の中で浮いているパイロットを集めた飛行隊の編成を思いつき、上層部に働きかけて第二一四海兵戦闘飛行隊の編成にこぎつけた。

第214戦闘飛行隊長をつとめた、グレゴリー・ボイントン

チャンス・ヴォート F4Uコルセア（写真は1943年のエスプリッツサント）

当初「ボイントン・バスターズ」（ボイントンの厄介者集団）、後に「ブラックシープ」（持て余しもの）というニックネームで呼ばれた第二一四戦闘飛行隊には、艦上戦闘機として開発されたものの、前方視界が極めて劣悪で、長いプロペラが着艦時に飛行甲板に当たって破損するおそれがあることなどから、海軍で持て余されていたF4Uコルセアが配備された。

持て余されたもの同士で相性が良かったというわけではないのだろうが、F4Uを得た第二一四戦闘飛行隊の運用実績は良好で、飛行隊長であるボイントンも、F4Uを駆って撃墜数を伸ばしていった。

しかし一九四四年一月、ラバウル上空で僚機を援護中、日本海軍の零戦によって撃墜され、その後日本軍の捕虜となったボイントンは、戦争終結まで戦闘機の操縦桿を握ることはなく、二八機の撃墜をもって戦闘機パイロットとしての人生を終えた。戦争終結後、捕虜収容所から解放されたボイントンは中佐にまで昇進し、海軍殊勲賞と議会名誉勲章を授与されているが、酒乱が問題視されたため間もなく退役。その後職を転々とした後、最終的にビール会社に腰を落ち着けている。

ジェームズ・J・サザーランド（米海軍）

撃墜数は五機と少ないが、アメリカ海軍のジェームズ・J・サザーランド中佐は、坂井三郎と深い因縁を持つエースパイロットだ。

一九一一年にペンシルバニア州で生を受けたサザーランドは、海軍少年兵に何度も不合格となり、四等水兵として海軍に入隊し、艦船への乗り組みを経てようやくパイロットとなった、たたき上げの坂井三郎とは異なり、エリートコースであるアナポリス（海軍兵学校）を卒業後、即戦闘機のパイロットへの道を進んだ。

このように対照的なキャリアを持つ二人だが、一九四二年八月七日に、その人生が交錯する時がやってきた。爆撃機の護衛任務に就いていた坂井三郎らの搭乗する零戦の部隊は、アメリカ海軍のＦ４Ｆ部隊の襲撃を受けた。乱戦の中で坂井三郎は、他のＦ４Ｆとは明らかに腕が違うパイロットが操縦するＦ４Ｆを発見し、戦いを挑んだが、そのＦ４Ｆを操縦していたのがサザーランドだった。

Ｆ４Ｆに比べて運動性に優れていた坂井三郎の駆る零戦は、サザーランドの駆るＦ４Ｆを捕捉し、七・七㎜機銃弾を撃ち込み命中させたが、頑丈なＦ４Ｆはさ

F4Uはアメリカ以外にも、イギリス、フランス、アルゼンチン等で運用された

グラマン F4Fワイルドキャット。米海軍・海兵隊やイギリス海軍で運用された

らに戦闘を継続する姿勢を示していた。そこで坂井三郎は二〇㎜機関砲による攻撃に切り替えようと再びサザーランドのＦ４Ｆを捕捉しようとしたが、一瞬の隙をついたサザーランドに後ろを取られてしまった。この時坂井三郎は撃墜されることを覚悟したようだが、サザーランドのＦ４Ｆが坂井の零戦を攻撃することはなかった。

不審に思った坂井三郎はＦ４Ｆの横につき、コクピットで負傷しているサザーランドの姿を認めた。自伝によれば坂井三郎はこの時、Ｆ４Ｆにとどめを刺すべきか悩んだそうだが、故意に照準を外してＦ４Ｆの機体を破壊するにとどめて、サザーランドに脱出の機会を与えたとされている。

ガダルカナル島へ不時着したサザーランドは、悪戦苦闘の末に連合軍に好意的な現地人に助けられ、一命を取り留めることができた。一方の坂井三郎はサザーランドに手心を加えた後、別のＦ４Ｆの編隊を発見して攻撃のため接近したが、その編隊はＦ４ＦではなくＳＢＤドーントレスによるもので、ドーントレスの後部旋回機銃の攻撃を受けて機体は損傷。坂井三郎自身

も頭部に被弾する重傷を負い、その負傷がもとで視力が低下し、事実上戦闘機パイロットとしてのキャリアを閉じることとなった。

サザーランドは第二次世界大戦後の一九四九年、ジェット機への機種転換訓練中の事故でこの世を去っており、坂井三郎の零戦をなぜ攻撃しなかったのかを明らかにはしていないが、後に墜落したサザーランドのF4Fが発見され、坂井三郎の最初の攻撃により、F4Fの一二・七㎜機銃の装填装置が破壊されていたため、攻撃ができなかったと結論付けられている。

ダグラス・バーダー（英空軍）

ドーントレスの攻撃による負傷で、坂井三郎は右目の視力をほぼ失い、左目の視力も〇・七程度にまで低下したが、その後もパイロットであり続け、全盛期に比べれば出撃数は少ないものの、何度か実戦にも参加して戦果を上げている。坂井三郎のように視力が低下した後も、戦闘機のパイロットであり続けたエースは見当たらないが、本来であれば退役してもおかしくないほどの重傷を負いながら、戦果を重ねた剛毅なエースパイロットが何人が存在する。その一人がイギリス空軍のダグラス・バーダーだ。

ダグラス・バーダーは一九一〇年に、イギリスのロンドンで生を受けた。少年時代から飛行機に憧れていた坂井三郎と異なり、少年時代のバーダーは飛行機に特段の関心を示したという話は伝わっていない。少年時代のバーダーは問題行動を繰り返しており、空軍士官学校への入学も素行を叩き直そうとした叔父による、半ば強制的なものだったと伝えられている。

イギリス空軍エース、ダグラス・バーダー

ドイツ空軍のエースである、アドルフ・ガーランド

Bf109とハルトマン

しかし士官学校に入校したバーダーは飛行機に魅せられ、戦闘機パイロットを自分の天職と決めて精進を重ね、その技量により任官前から戦闘機パイロットとしての将来を嘱望されるほどの存在となっていた。士官学校を卒業した任官したバーダーは、本人の希望通り戦闘機パイロットの道を歩み始めたが、任官から間もない一九三一年にアクロバット飛行中の事故で両足切断の大怪我を負い、イギリス空軍からの退役を余儀なくされた。

退役後のバーダーは懸命なリハビリにより、義足による歩行が可能となるまでに回復し、実業界で活躍していたが、第二次世界大戦の勃発と共に志願して空軍に復帰する。空軍は当初、バーダーを地上勤務要員に充てるつもりだったようだが、両足が義足でありながら、操縦技術では健常者のパイロットを上回っており、また高いカリスマ性を備えていたことから、カナダ人パイロットによって構成される第二四二飛行中隊の隊長に抜擢される。

隊長に就任したバーダーは、第二四二飛行中隊を見事にまとめあげただけでなく、自身もスピットファイアなどを駆って空対空戦闘に参加し、いわゆる「バトル・オブ・ブリテン」の期間中だけで一一機のドイツ空軍機を撃墜している。一九四〇年七月には襲来してきたドイツ空軍機を単機で迎え撃ち、全機撃墜するという離れ業も演じている。

その後もバーダーは撃墜を重ね、撃墜数を二三機にまで伸ばしたが、一九四一年八月にフランス上空でメッサーシュミットＢｆ１０９によって撃墜されてドイツ軍の捕虜となり、エースパイロットとしての人生に幕を閉じた。

ただ、両足を失いながらエースパイロットとなった負けん気は、捕虜となってからも衰えることはなく、何度も脱走を試みて、バーダーに好意を持ち、何かと気にかけてくれたドイツ空軍のエースパイロット、アドルフ・ガーランドを困惑させている。

ハンス＝ウルリッヒ・ルーデル（独空軍）

そのガーランドは一〇四機を撃墜したスーパーエースだが、ドイツ空軍には三五二機を撃墜したエーリヒ・ハルトマンや三〇一機を撃墜したゲルハルト・バルクホルンを筆頭に一〇〇機以上を撃墜したエースパイロットが一〇〇人以上おり、一般的なエースの資格である五機を撃墜した程度では、エースと見なされることはなかった。

しかし撃墜数は九機でありながら、ハルトマンやバルクホルン以上に高い評価を受けているパイロットがいる。それがハンス＝ウルリッヒ・ルーデルだ。

坂井三郎より一月早い、一九一六年七月にドイツ東部のニーダーシュレージエンに生まれたルーデルは、八歳の時に母親から与えられたパラシュートの玩具で遊ぶうちに、空を飛ぶことに興味を持ち、パイロットを志したと言われている。大学進学資格試験をパスしたルーデルは、一九三六年に再建されたばかりのドイツ空軍の空軍学校に、士官候補生として入隊を果たす。

当初ルーデルは戦闘機のパイロットを志していたが、卒業生は全員爆撃機隊に配属されるという噂を信じ込み、当時ドイツ空軍の保有していた爆撃機の中で、最も自分の操縦技術が活かせそうな、Ｊｕ－87スツーカのパイロットに志願する。しかし、いったんは急降下爆撃機隊に配属されたものの、その率直な言動から上官に嫌われて偵察機部隊に回され、第二次世界大戦の序盤は偵察機のパイロットとしての勤務を余儀なくされていた。

ルーデルは偵察機のパイロットとしても高く評価されており、対ポーランド戦後には第二級鉄十字章を授与されているが、急降下爆撃機のパイロットになるという希望は失っておらず、執拗に転属願いを繰り返した結果、対フランス戦後に念願がかなって急降下爆撃機部隊に配備されることとなった。

急降下爆撃隊への配属後もルーデルにはなかなか出

ガンポッドタイプの37㎜機関砲を装備した、Ju-87G対戦車攻撃機

撃の機会が与えられず、Ｊｕ－87のパイロットとしての初陣は一九四一年六月にまでずれ込んでしまった。しかしその後のルーデルは水を得た魚のように活躍し、終戦までに戦車五一九輌、装甲車などの車輌八〇〇輌、火砲一五〇門を撃破し、さらには戦艦「マラート」と駆逐艦一隻を撃沈するといった驚異的な戦果を挙げ、ソ連の指導者であったスターリンから、「ソ連人民の最大の敵」と名指しされ、その首に賞金がかけられるほどのパイロットとなった。

　その活躍により知名度の上がったルーデルが戦死すれば、ドイツ国民の士気が大いに下がると見たヒトラーは、ルーデルに幾度となく地上勤務への転属を勧め、それが拒否されるとＪｕ－87への愛着を示すルーデルの意向を無視して、Ｆｗ１９０を運用する部隊へと転属させた。ただ、その後ルーデルの意向により、再びＪｕ－87を運用する部隊へと転属し、さらに戦果を重ねている。

　ルーデルの総撃墜数九機のうち戦闘機は二機でしかないが、そのうちの一機は二三機の撃墜により、ソ連邦英雄の称号を与えられていたソ連空軍のエース、レフ・リボービチ・シェスタコフ大佐の駆るＬａ－５で、もう一機は本来地上攻撃用である三七㎜砲によって撃墜したと言われている。ルーデル自身は対空砲火により何度も撃墜されているが、戦闘機の攻撃で撃墜されたことはなく、空対空戦闘のセンスも卓抜していたことがうかがえる。

Ju-87Dに搭乗した、ハンス＝ウルリッヒ・ルーデル

　前述したように坂井三郎はガダルカナルでの負傷によって視力が低下し、海軍からはマッサージ師や整体師の資格を取ることを勧められていたが、病院を抜け出して上官を説得し、パイロットへの復帰を果たしている。ルーデルも一九四五年二月八日に、ソ連軍の

四〇㎜対空砲弾が右脚を直撃し、切断の憂き目に遭っているが、坂井三郎と同様に病院を抜け出して急ごしらえの義足を付けて戦線に復帰し、終戦まで東部戦線で戦い抜いている。

終戦後ルーデルはアメリカ軍に投降して捕虜となったが、ルーデルとは逆に捕虜収容所から解放されたダグラス・バーダーの訪問を受け、後にバーダーから精巧な義足を送られている。

戦後ルーデルはアルゼンチンの航空産業の育成に携わった後、航空機メーカーなどの顧問などを歴任しているが、晩年にはアメリカのフェアチャイルド社に招かれて、A－10攻撃機の開発のアドバイスを行なっている。

アドルフ・〝セイラー〟・マラン（英空軍）

前述したように坂井三郎は生粋のパイロットではなく、海軍で艦船乗り組みを経験した後パイロットに転じているが、彼と同様に「船乗り」から戦闘機パイロットに転身して、エースとなったのがイギリス空軍のアドルフ・〝セイラー〟・マランだ。一九一〇年に南アフリカに生まれたマランはユニオンキャッスル蒸気船会社に入社して幹部候補生となるが、一九三六年にイギリス空軍に入隊して戦闘機パイロットとして頭角を現わし、一九四〇年七月にはドイツ空軍のエースパイロットであるヴェルナー・メルダースのＢｆ１０９を撃破するなどめざましい活躍を見せ、第二次世界大戦終結までに二七機を撃墜している。

坂井三郎は戦後、自らの体験に基づいた空戦技術の真髄を様々な形で発表しているが、マランは戦時中に自らの体験に基づいた空戦のノウハウを「わが空戦の十原則」としてまとめており、両者の主張には重なる部分も少なくない。

マランも大戦後半は坂井三郎と同様、訓練部隊の教官として後進の指導にあたったが、温和で人懐こいマランは、若いパイロットから慕われていたという。

アドルフ・“セイラー”・マラン

“二一型VS五二型”比較研究論

宮崎賢治

　昭和一五年の正式採用から終戦まで海軍の主力戦闘機として使用された零戦には数多くのタイプがあるが、その中でも二一型と五二型（甲型、乙型をふくむ）が代表的な型式と言って良いだろう。

　生産機数も二一型が三五〇〇機、五二型が甲、乙をふくめて三〇〇〇機と他の型を大きく引き離している。五二型丙はそれ以前の五二型とは違う新たな性能向上計画で生まれたタイプなので五二型の枠に入れない方が妥当だと思われるが、仮に五二型丙の生産機数一〇〇〇機を加えると五二型の製造数が四〇〇〇機となって文句なく最も多く生産された型となる。

　ここでは太平洋戦争の初期と中期から後期に活躍したこの二一型と五二型（丙型を除く）を開発経緯と性能の面から見比べて、両者の比較を行なってみようと思う。

一号戦と二号戦

　まず最初に零戦の開発経緯から二一型、五二型の位置づけを確認してみたい。零戦は当初から高高度性能の向上をめざし段階的に開発される

表1：零戦の開発経緯

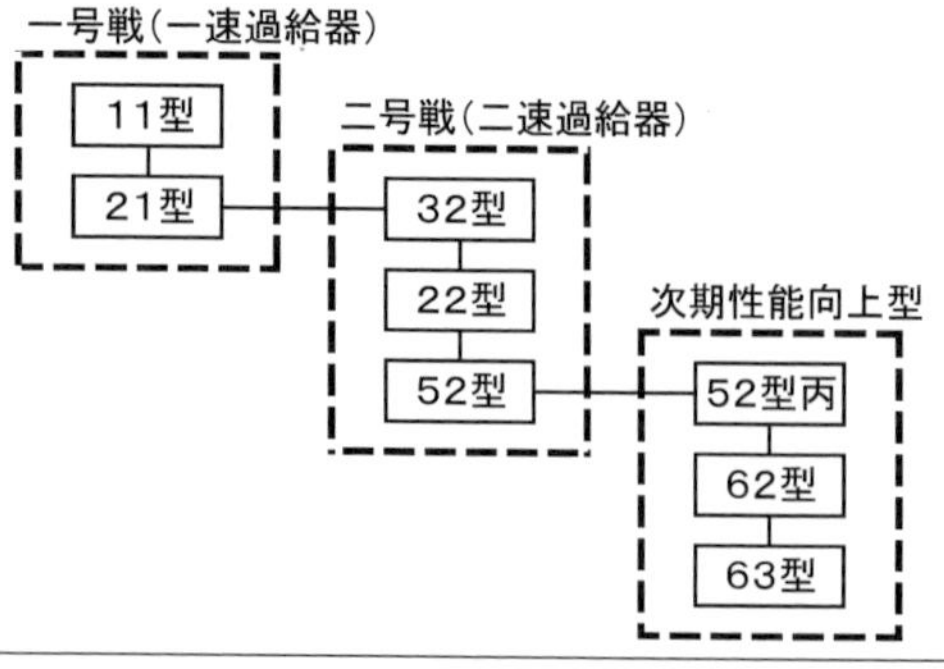
一号戦(一速過給器)
11型
21型
二号戦(二速過給器)
32型
22型
52型
次期性能向上型
52型丙
62型
63型

ことが計画され、最初に一段一速過給器の発動機を使い、次に一段二速過給器を装備した発動機を搭載することになっていた。

この計画に沿って、一段一速過給器の栄一二型を搭載した一号戦が最初に試作され、一段二速過給器の栄二一型に換装した二号戦がそれに続くものとして開発された。一号戦には後の一一型と二一型があるが、急速整備で少数が生産された一一型は増加試作的な部分が多く残っており、最初の大量生産型となった二一型が一号戦の完成形となる。

シンガポール方面で英軍に捕獲された零戦二一型（手前）と五二型

五二型は二号戦というイメージがあまりないが、栄二一型の不調により見込んでいた性能が出なかった三二型、二二型の性能向上型として開発され、二号戦の最終型として完成されている。（表1）

二一型の開発

最初の零戦となる一号戦、後の二一型の試作目的は要求性能と機体仕様から見れば、欧米で出現し始めた一〇〇〇馬力級戦闘機に対抗出来る全金属、片持ち単翼、引込脚で一〇〇〇馬力級発動機を装備した最新鋭戦闘機を独自に設計、製造することだった。要求性能では艦上戦闘機に伴う制約から最大速度を犠牲にしているが、優れた上昇力と二〇㎜機銃の搭載により、世界トップクラスの総合性能を目指している。他国の戦闘機と比べて特殊な点は巡航六時間という航続性能が要求されている位で、その他は一〇〇〇馬力級戦闘機としては妥当な性能が求められていた。

実際の試作開発では発動機に当然一〇〇〇馬力級が

表２：零戦性能表

型式			21型		52型				22型	32型
最高速力（ノット）	3250m							282.5	281	
	3350m				290	同左	同左			
	3450m									280
	4300m		280							
	4400m			275						
	5900m							294	292	
	6000m				302	同左	同左			
	6150m									290
上昇力（分：秒）	3000m迄				3：12					
	6000m迄			7：27	7：01	同左	同左	7：27	7：19	7：05
	8000m迄					10：33	同左			
	11740m迄				34：15					
実用上昇限度（m）					11,740	同左	同左			
自重（kg）				1,754		1,750	同左	1,873	1,863	1,841
正規全備（kg）				2,421	2,686	同左	同左	同左	2,678	2,510
過荷重（kg）				2,757	2,952	同左	同左	同左	2,944	2,840
離昇能力										
正規全備時	離陸速度（ノット）				63.5					
	離陸滑走距離（m）	無風		198	179			192	187	201
		12m/秒		82	72			83	71	85
過荷重時	離陸速度（ノット）				69.5					
	離陸滑走距離（m）	無風			222			251	223	257
		12m/秒			100			110	92	120
着陸速度（ノット）			60				69			
燃料搭載量			540（330）	535（330）		570（330）	同左	588（330）	588（330）	480（330）
航続力（海里）			1200/180/4.0			849/180/4.0 1037	1037/200/4.0			
	空戦30分			774					800	562
	空戦20分			900					962	727
	空戦10分			1,025					1,110	877
翼面荷重（kg／㎡）			104	107.9			126	126.3	120	116.5
馬力過重（kg／馬力）			2.45	2.55			2.73	2.44	2.43	2.28
出典（下記参照）			1	2	3	4	1	2	2	

1：日本海軍航空　制度・技術編　別表　第三　／　航空技術の全貌　要目性能一覧
2：零式艦上戦闘機取扱参考書　昭和18年10月
3：曽根氏ノートにある526号機実測値
4：海鷲の航跡　日本海軍航空史外伝　第一海軍技術廠飛行機部　海軍現用機性能要目一覧表

求められ、最終的に瑞星よりも馬力が大きく将来、二速過給器の実現が有望だった栄が採用されている。この時点で栄の一段一速過給器は欧米発動機の過給器と同程度の能力であり、高高度性能は特に見劣りするものではなかった。

また海軍は欧米諸国でも実用化が始まったばかりの恒速プロペラと二〇mm機銃の導入を進めており、プロペラは住友でライセンス生産が始まったハミルトンの恒速プロペラ、機銃はこれもライセンス生産を決めたエリコンの二〇mm機銃の搭載を零戦の要求仕様にも盛り込み、実際に採用されている。

この様に開発され登場した一号戦は試作機特有の初期トラブ

ルはあったものの海軍からの要求性能は概ね達成し、新規に導入された発動機、プロペラ、機銃、引込脚にも致命的なトラブルは発生せず比較的順調に開発が進み二一型の採用、配備まで進んでいる。

二一型の性能

さてこうして採用された二一型はどの程度の性能を獲得していたのであろうか。表2と表3に各型式の性能、諸元をまとめてみた。

表3にあるように零戦は徹底した重量管理が行なわれ、正規全備重量が二四〇〇kg以下という同クラスの戦闘機と比べて大幅に軽量に仕上げられている。これが性能上大きなアドバンテージとなり、要求性能に対して十分な性能を実現できている。軽量化は優秀な空戦性能をもたらしただけでなく他の性能にも寄与しており、速度は要求性能二七〇ノットに対し、主翼の補強と各部の改修実施後には二八八ノットとなり、上昇力は六〇〇〇mまで七分二三秒を記録した。ただし速度については海軍の性能表に二七五ノットもしくは二八〇ノットという記載があり、実用上は二八〇ノット前後という認識だったのではないかと思われる。

さらに航続性能が他機に比べ突出していたのは間違いない。開戦時の比島攻撃では台湾、フィリピン間五〇〇海里を往復し、ガダルカナル戦ではラバウル〜

表3：零戦重量表

製造会社	形式	製造番号	自重kg	搭載量kg	全備重量kg	完成年月日（年/月/日）	出典
21型　158号機基準			1,754.0	666.9	2,420.9		取扱説明書
三菱	21型	5349号	1,711.3	650.3	2,361.6	S16/10/24	機体銘板
三菱	21型	4593号	1,715.0	650.3	2,365.3	S17/2/19	機体銘板
中島	21型	646号	1,720.0	650.3	2,370.3	S17/2/27	機体銘板
中島	21型	7835号	1,722.0	657.6	2,379.6	S18/3	機体銘板
32型　4号機以降			1,807.1	728.9	2,536.0		取扱説明書
三菱	32型	3148号	1,826.5	717.5	2,544.0	S17/9	機体銘板
三菱	32型	3318号	1,826.4	731.7	2,558.1	S17/11/29	機体銘板
22型　344号機以降			1,863.0	815.6	2,678.6		取扱説明書
三菱	22型	3830号	1,871.4	841.5	2,712.9	S18/7	機体銘板
三菱	52型	4220号	1,833.4	841.3	2,674.7	S18/11/23	機体来歴簿
52型　4274号機以降			1,876.0	857.5	2,733.5		取扱説明書
三菱	52型	4446号	1,851.4	854.5	2,705.9	S19/1	機体銘板
三菱	52型	4526号			2,686.0	S19/1	
三菱	52型甲	4685号	1,848.8	847.0	2,695.8	S19/2	機体銘板
中島	52型	8323号	1,882.0	827.0	2,709.0	S19/5/24	機体来歴簿

ガダルカナル間五六〇海里を往復している。行動半径五〇〇海里の作戦は海軍自身が例外的なものと考えるほど単座戦闘機にとっては長大なものだが、この様な戦闘行動半径を実戦で、しかも島伝いとはいえ洋上進行で実行したのは零戦が世界で最初の例となる。

二一型の性能を同時期の他国戦闘機と比べてみると最初から低く抑えられた最高速度こそ若干物足りないものだったが、空戦性能、航続力は優秀で武装も強力な部類に入っており、その他の性能も世界水準を満たしていたといえるだろう。後に高高度性能が足りないといわれる日本機だが二一型が活躍した昭和一六年、一七年の時点では、高高度性能も過不足のないものであり、軽量な機体によってむしろ優れているといっても良いレベルであった。この様に二一型は、その登場時期には世界トップクラスの性能を誇る戦闘機だった。

五二型の開発

一方、二号戦の最終形である五二型の開発は、一号戦(二一型)とは違い難しいものとなった。一号戦が、空中分解事故があったものの、速度性能などの性能面では比較的順調に開発が進んだのに対し、二号戦は主に栄二一型の不調により、三二型、二二型で予定性能が出ない状態が続いていた。このため様々な性能向上策が検討され、その結果を取り入れて五二型が完成する。堀越二郎氏によれば五二型は「性能向上、急降下制限速度の増大、空中戦の切りかえしを速くすることが主なねらいであった」とされている。

実際に五二型で行なわれた変更は、二号戦の総仕上げに相応しい大がかりなものだった。まず性能向上で不可欠な推進力増加が実施された。馬力が出ていないと評された「栄二一型」自体の馬力向上策も検討されていたが、同時に推力向上策として当時欧州での実績が知られていたロケット排出管の検討も進められ、有効性を確認したうえで採用が決まっている。これは堀越氏も「単排気管(ロケット排出管)として性能を向上させた」と記している様に、五二型に施された性能向上策のなかでも重要なものであった。

機体側は二二型で一二mとした翼幅が三二型と同じ一一mに戻された。ただし翼端は、三二型の角型とは異なり、主桁、副桁を新設計し丸い形状に整えられている。この翼端が丸い主翼は、昭和一七年に三二型の性能向上対策として設計が始まっており、二号戦の主翼として本命だったものである。この変更により、エルロンの重さが軽減され横転性能が向上し、急降下制限速度も三六〇ノットまで引き上げられた。

武装面では、二〇㎜機銃をベルト給弾の二号四型に変更し携行弾数の増大も計画されていたが、これは少し遅れてしまい半年後に五二甲型として実現する。

五二型の性能

この様に大幅な改造が行なわれた五二型の性能を把握するために、ここでも表2、3を参照してほしい。

まず五二型で注目すべき点は、軽量化に成功していることである。各型の重量をまとめた表3にある二二型はおそらく二号銃装備の甲型だが、この重量に比べて初期の五二型では自重、全備重量で四〇kgほど軽くなっている。量産が進むにつれ艤装品の追加等により重量が増えていくが、それでも五二型の自重は二二型より二〇kg軽く、全備重量でも一〇kgほど軽いままであった。ほとんどの戦闘機が新型になるほど重量が増加したことを考えると、零戦が五二型で軽量化されたことは非常に大きな意味を持つ。

これにより五二型の馬力過重は、二二型より改善されている。さらに、表2にあるように三二型とくらべ翼面荷重が増えているにも関わらず上昇力が向上し離陸滑走距離も短くなっており、軽量化に加えロケット排出管による推力増大で実質的な馬力荷重が三二型よりも小さくなっていた可能性も想像できる。

最大速度は量産機での実測値と考えられる数字として三〇二ノットが記録されている。堀越氏のメモにも三〇〇ノットを超える速度があるので、五二型は量産機の実力値としても三〇〇ノット以上の最大速度を発揮した様だ。また上昇性能は六〇〇〇mまで七分一秒と短縮され、零戦各型で最良のものとなっている。

航続性能は五二型の航続距離として一〇三四海里という数字があり、このため大きく減少したと思われているが、これを取扱参考書にある空戦一〇分時の二一型の航続距離一〇二五海里、二二型の航続距離一一一〇海里と比べてみると、一〇三四海里が空戦一〇分時のものであれば、それほどおかしな数字ではない。そもそも五二型の燃料搭載量と燃料消費量は二一型と同じなので、航続距離も二一型と同程度と考えるのが妥当であろう。

さらに航続距離を考える上での参考事例として、芙蓉部隊が九州～沖縄間三七〇海里を往復し実施した夜間攻撃がある。これは一見短く見える距離だが夜間飛行という条件に加え、巡航一時間分の燃料を残しての実績なので、それを考慮に入れれば九〇〇海里以上の飛行が可能だったと思われる。また、硫黄島から出撃したサイパン特別銃撃隊はサイパンまでの片道約六二〇海里を飛び、その後バガンまで約一七〇海里を戻っている。この攻撃では往路の約一八〇海里は燃費が悪くなる超低空飛行を実施しているので、この点を考慮すれば実質一〇〇〇海里程度の飛行と考えてもそれほど大きく違ってはいないだろう。これら二つの例は作戦行動で九〇〇海里程度の飛行が可能だったことを示しており、更に戦闘行動分の消費燃料と、使用された零戦が五二丙型以降の型で重量、空気抵抗が増え燃費が悪くなった点を考慮すると五二型の実用上の航続力は、これと同等以上と考えられる。

こうして性能向上を達成した五二型は昭和一八年後半に登場するが、二一型の時とは違い対峙する米軍機より優れた性能を有していたとは言えない状況となっていた。しかしながら二一型から明らかに向上した性能は、徐々に広がっていた性能差を挽回しないまでも確実に縮めたのは確かである。

二一型、五二型の評価

ここまで二一型と五二型をそれぞれ見てきたが両者の性能を直接比較した場合、どの程度の違いがあるのであろうか。

改めて表2をみると、五二型はここに記載されている全ての性能で二一型を上回っていることが分かる。目立つところでは、最大速度が二〇ノット伸び、六〇〇〇mまでの上昇時間は二〇秒以上短縮され、表に記載していないが急降下制限速度は二〇ノット増加している。

操縦性の面では二一型が優れていたらしいことが奥宮正武氏、堀越二郎氏共著の『零戦』の記述等から察せられるが、戦闘機で重視される他の性能でこれだけの差があれば二一型が五二型より優れた戦闘機と評価することは難しく、五二型が性能上優位にあるのは明らかであろう。

また、大戦初期から終戦まで零戦で闘った岩井勉氏と大原亮治氏は「一番よかった零戦は五二型」と評価しているが、五二型と二一型の性能差を見ればこれも納得が出来るものだ。

一方、二一型と五二型を実績の面から評価すると、見え方は違ってくる。

二一型は登場するタイミングが良く、正式採用されたときには世界トップレベルの性能をもった戦闘機であった。さらに、その性能の優位性が保たれているうちに太平洋大戦が始まるという戦運にも恵まれ、緒戦の機動部隊による真珠湾攻撃や三空、台南空の南東方面での戦い等で大きな戦果を挙げている。さらに大戦中盤以降戦局が悪くなってきた時期には、主力の座を五二型に譲っていたことも幸運といえた。

これに対し五二型は性能向上に成功したとはいえ、出現した時点では世界トップレベルの性能とは言えなくなっていた。これに加えて部隊配備の開始は戦況が不利になっていく時期と重なり、大きな作戦での大勝利も経験していない。しかしながら最も早く五二型が配備された前線基地の一つであるラバウルでは、昭和一九年二月になっても米軍の新鋭機と対等に戦っており、第一線機として必要な性能は維持できていた。また、五二型が登場した昭和一八年八月から半年以上の間、総合性能で五二型を超える戦闘機は試作機を除いて海軍にも陸軍にも存在せず、日本の最良戦闘機だったことも事実である。

この様に実績からみてみると、二一型には月並みではあるが大戦初期の昭和一六年から一七年における第二次大戦最優秀戦闘機の一つという評価がやはりふさわしく思える。そして五二型は、悪化する戦況の中で米軍戦闘機と対等に戦うための性能向上を成功させ、戦局に対応出来た優秀戦闘機という評価が妥当ではないだろうか。

こがしゅうとのゼロ戦大図解①

零戦二一型

「空中線支柱」。
五度、左に捻った形で固定される。ペラの偏流に対応しての意味。

「枠形空中線」。
「クルシー式無線帰投装置」の空中線。
機内操作により回転する。

「手掛」竝「足掛」。
釦を押込むと飛び出る構造だ。

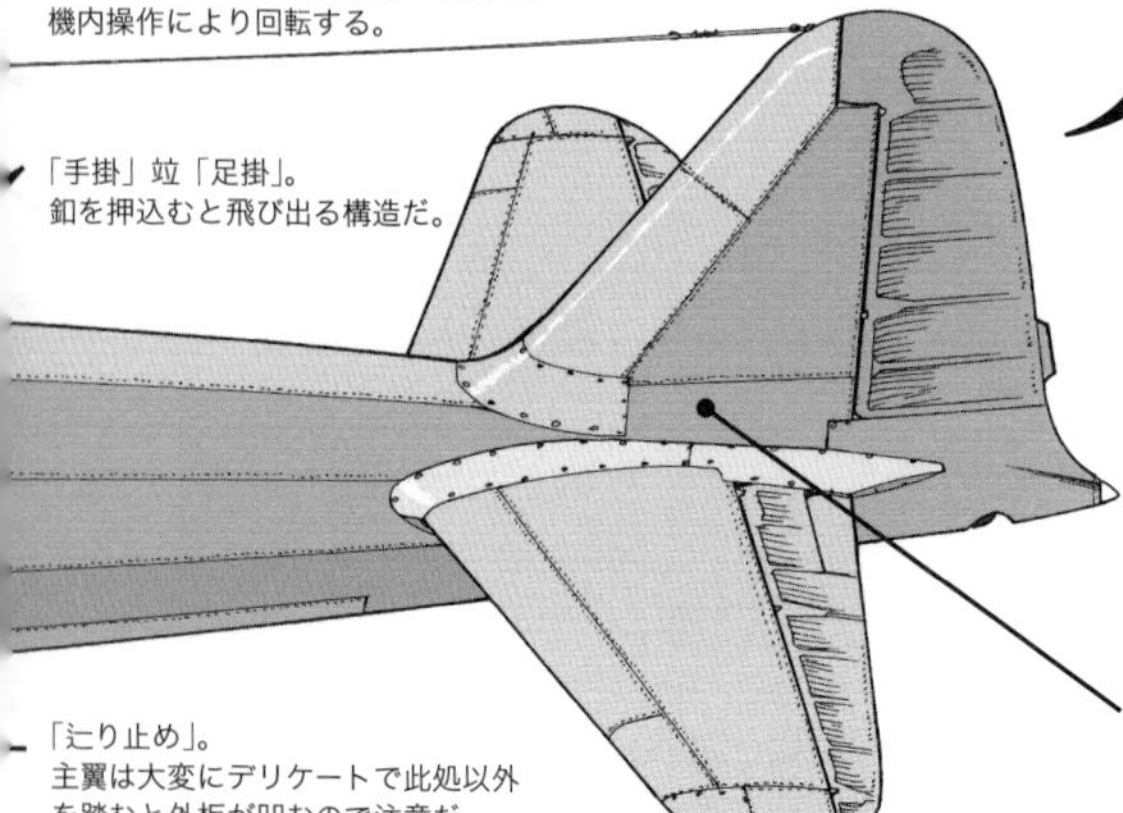

「零戦」で見馴れたこの部分にある特徴的な「方向舵点検用口」が「二一型」には存在しない。

「辷り止め」。
主翼は大変にデリケートで此処以外を踏むと外板が凹むので注意だ。

「フラップ起動器点検孔」。

「明り取り孔」。

「恵式機銃前方取付用孔覆」と「恵式機銃前方取付用孔覆」。
「恵式」とは『エリコン』の頭文字。

「補助翼修正装置」。
公式図には右翼ノミと記載があるのだが…。実際機には両翼付いている。幅三〇〇ミリの単なる板を鋲接しているだけだ。巡航飛行時に水平になるように地上でペンチ等で曲げて修正する。

「上方気流覆」。
公式資料によると主翼下面と接する上部は調整するようにとのこと。…個々のバラつきが大きいのだろうし、「零戦」自体もバラつきがあるからだろう。整備員の方々が夜な夜な工具を使ってここのすり合わせをしていた姿が目に浮かぶようだ。

「支柱覆点検孔蓋」。
ここは取り外せる。

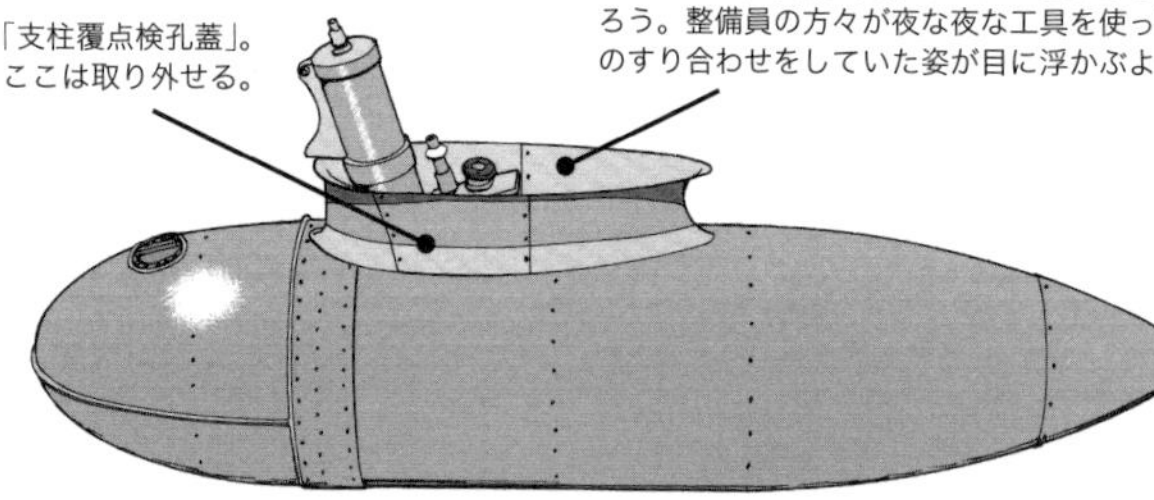

「零戦」の特徴として航続距離が大きいという点がある。それを陰で支えるのが「増槽」こと「落下増設タンク」の存在だ。全長は二三〇〇ミリ。容量三三〇リットル。「二一型」に懸吊されたものは軽金属製で非常に丁寧な工作で製作されたものだ。…基地間を移動はともかく、実戦では基本使い捨てだ。高技量者ともなると「零戦」一時間当たりの燃料消費量を七〇リットル以下（恐らく「二一型」でのことだろう）にする事が出来るそうだが本増槽だけで概算四時間以上飛べる計算だ。しかしいくら流線型に纏めたとはいえ、大きな空気抵抗があるので実際どれくらいの航続距離を伸長出来るのだろうか。

ここからしばらくのページは各種「零戦」派生型における進化と強化、変遷を述べていきたい。それはありふれた世間に流布することかもしれないし、筆者の『こうすればいいのになあ』という後知恵だったりする。また「零戦」全体を指す時は「零戦」と、またその派生型についての特徴を述べるときは「零戦○○型」とは述べずに「○○型」とだけ述べることを断っておく。

「零戦」…。

語り尽くされた表現であるがここまで日本国民に、モトイ、世界中から愛されている戦闘機はそう無いと思う。見開きの全体図を御覧になってくだされば幸甚だがカッコよいではないか。卑近な云い方で恐縮だが。

筆者の独白で恐縮だが、筆者は「零戦」に関し明確な好き嫌いがあると自負していた。大戦劈頭で大活躍していた「二一型」は正直な処、好きではなかったのだ。寸詰まりな感じがする機首部、特に奥行きの無く円筒形に近く、上部に弾道用の凹みがある「発動機整流環」はどうにも好きではない…という先入観

「発動機整流環」。
左右八ヵ所にある「発動機整流環緊締装置」の「緊締ねぢ」を回転させることにより上下の「発動機整流環」を締めつけ固定する。図の楕円形のがその「緊締ねぢ」の覆だ。ねぢを全て緩める必要なく、三ミリ程緩めるとフックが外れる仕組みだ。これらは左舷側は胴体基準線より上側に、右舷は胴体基準線よりも下側にある。非常に完成された手段で以降の「零戦」には全て採用されている。

発動機は「栄一二型」。空冷星型十四気筒、離昇九四〇馬力。

ペラは「住友ハミルトン式恒速三翼」。直径は二九〇〇Φ。回転方向は操縦席から見て時計方向。

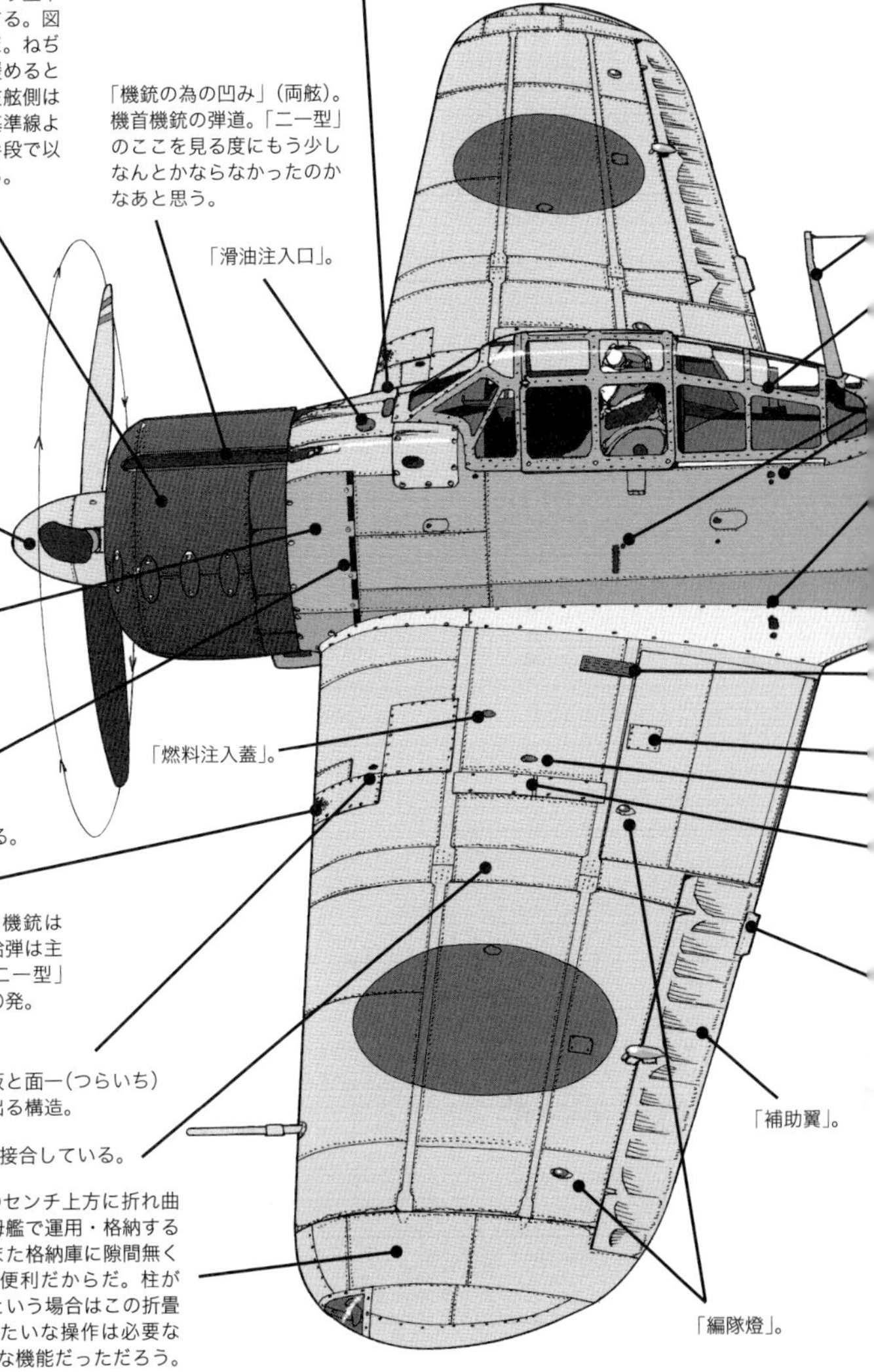
「胴体燃料槽注入口」。
「機銃の為の凹み」（両舷）。
機首機銃の弾道。「二一型」のここを見る度にもう少しなんとかならなかったのかなあと思う。
「滑油注入口」。
「燃料注入蓋」。
「補助翼」。
「編隊燈」。

「発動機架覆」。
「発動機整流環」に潜り込む部分と胴体外板部分で構成される。胴体側は「ばね止メピン」で固定される。

「防火壁」。
この面で発動機架を固定する。

「恵式機銃取付取外孔覆」。
銃口が設けられている。内蔵される機銃は「九九式二〇粍一號固定機銃二型」。給弾は主翼下面の「弾倉取付用孔」から。「二一型」は鼓胴弾倉方式。携行弾数は片翼六〇発。

「脚位置指示装置」。
主脚を格納すると図のように主翼外板と面一（つらいち）になるが主脚使用時はここより棒が出る構造。

この部分で内翼と外翼を接合している。

「二一型」型の特長として翼端が五〇センチ上方に折れ曲がる構造になっている。これは航空母艦で運用・格納する工夫からだ。昇降機に載せる場合、また格納庫に隙間無く格納するときに少しでも小さい方が便利だからだ。柱があって…や格納口が翼端に当たる…という場合はこの折畳み機能があると自動車の切り返しみたいな操作は必要ない。一刻を争うような作業時には便利な機能だっただろう。

があり、本派生型を描くということをしてこなかったのだが今回、描く機会を得、本派生型（の容姿）も悪くないと思うようになった。何しろ本派生型が『最も「零戦」らしい性能を発揮した型』と称されるのだ。

自分達が考える戦術を形にすべく海軍という組織が設計者と共に心血を注ぎ研ぎ澄まし、鍛えたものが「二一型」となったのだ。当然の評価だろう。

当たり前のハナシだがどんな戦いでも相手の戦術に引きずり込まれたら勝てない。

それはずる賢さとそれを補佐する性能とそれを維持出来る数が必要だ。

それが持続出来たのが「二一型」が活躍出来た時期でもある。

イラスト&文＝こがしゅうと

こがしゅうとのゼロ戦大図解②
零戦三二型

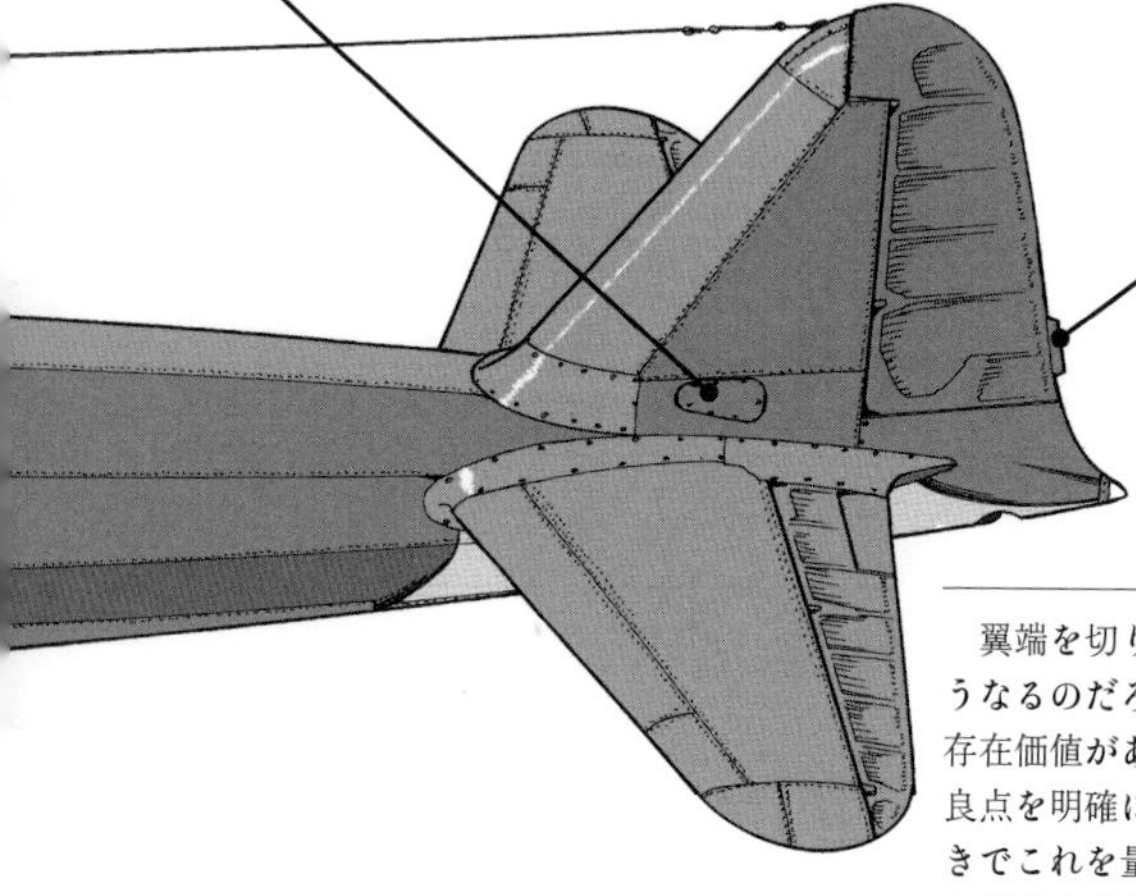

「三二型」に至り「零戦」で見馴れたこの部分にある特徴的な「方向舵点検用口」が付く。

「方向舵修正装置」。
名前は仰々しいが単なる板を鋲接したもの。巡航飛行時に機体が滑らないように地上で工具で折り曲げ修正する。「二一型」からの引き継ぎだ。

「零戦」の隠れた優れた箇所としてこの部分から機体を分離出来るという点だ。貨物船で輸送する時は此処より分離し当時としては嵩張らない見事な梱包が可能だからだ。また尾部に重大な被害があった場合はすげ替えも可能だ。

「圧搾空気補充口」。
初期型「九九式二〇粍固定機銃」の初弾装填と発射管制は圧搾空気が必要だ。発動機直結空気ポンプにより気蓄器に蓄えられるが外部からの補充も考えられている。

「三二型」に対し筆者が思うこと。

翼端を切り詰めかつ、発動機を換装した「零戦」がどうなるのだろう、という試験機として極少数機生産なら存在価値があったと思う。後に記す後期型「零戦」の改良点を明確に顕す教材として、活かすべき機材とみるべきでこれを量産するという派生型であって欲しくない…と筆者は考える次第だ。

ただ、「三二型」を全否定する訳でもない。大問題が発生する発動機の換装に踏み切った点、それも対米戦の前に決断した点は高く高く評価すべきだ。発動機の選定とそれの換装は気が狂わんばかりに苦労する。よって時間が莫大に必要だ。一日でも早い前倒しな実施は必要不可欠だ。それを極力早い時期に踏み切った点だけは「三二型」の価値はある。しかし他はどうだろう。

これは後知恵でしかないのだが「三二型」以降の派生型に施された『答』、具体的には以降に述べる「五二型」、さらに言うことを許されるなら「五二丙型」に施された構成材の強化を「三二型」に盛り込んで欲しかった。…「三二型」の翼端部は前述のとおり『工作簡略化の為』だ。「五二型」に施した加工とは「三二型」の主旨と異る点が辛く悲しい点だ。

「九七式七粍七固定機銃」実包。

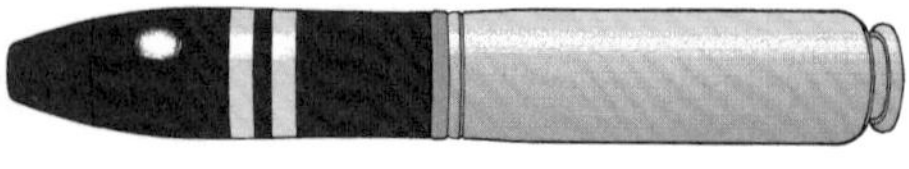

「九九式二〇粍一號機銃」実包。

※「九七式七粍七固定機銃」実包と「九九式二〇粍一號機銃」実包は同縮尺率で描いた。

「零戦」の三大特長として旋回性能、大航続距離、そして重武装が挙げられる。ペラの回転圏内には「九七式七粍七固定機銃」二挺、そして主翼前縁のペラ回転圏外には「九九式二〇粍一號機銃」が装備されている。図はそれに使われる実包達だ。「九七式七粍七固定機銃」の携行弾数は「三二型」も「二一型」も変化無く二挺合わせて七〇〇発。口径二〇ミリ、炸薬内包した弾頭威力は凄いが、携行弾数が少なかった「二一型」の「九九式二〇粍一號機銃二型」だがこの不満を改良し「三二型」に搭載したものが「九九式二〇粍一號機銃三型」。携行弾数は六〇発から一〇〇発になった。しかし弾倉形態は鼓胴弾倉なので額面通り一〇〇発を押込むと動作不良を起す。従って三～四発抜く発数が実際だ。主翼上面部分でも述べたが、この鼓胴弾倉は重い。整備員の方々が主翼下面から高い位置の機銃に装填するのは…非常に面倒であった。そこで主翼上面の改良された「明り取り孔」から索を通し、弾倉を引揚げてもらう…という寸法だ。

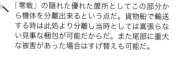

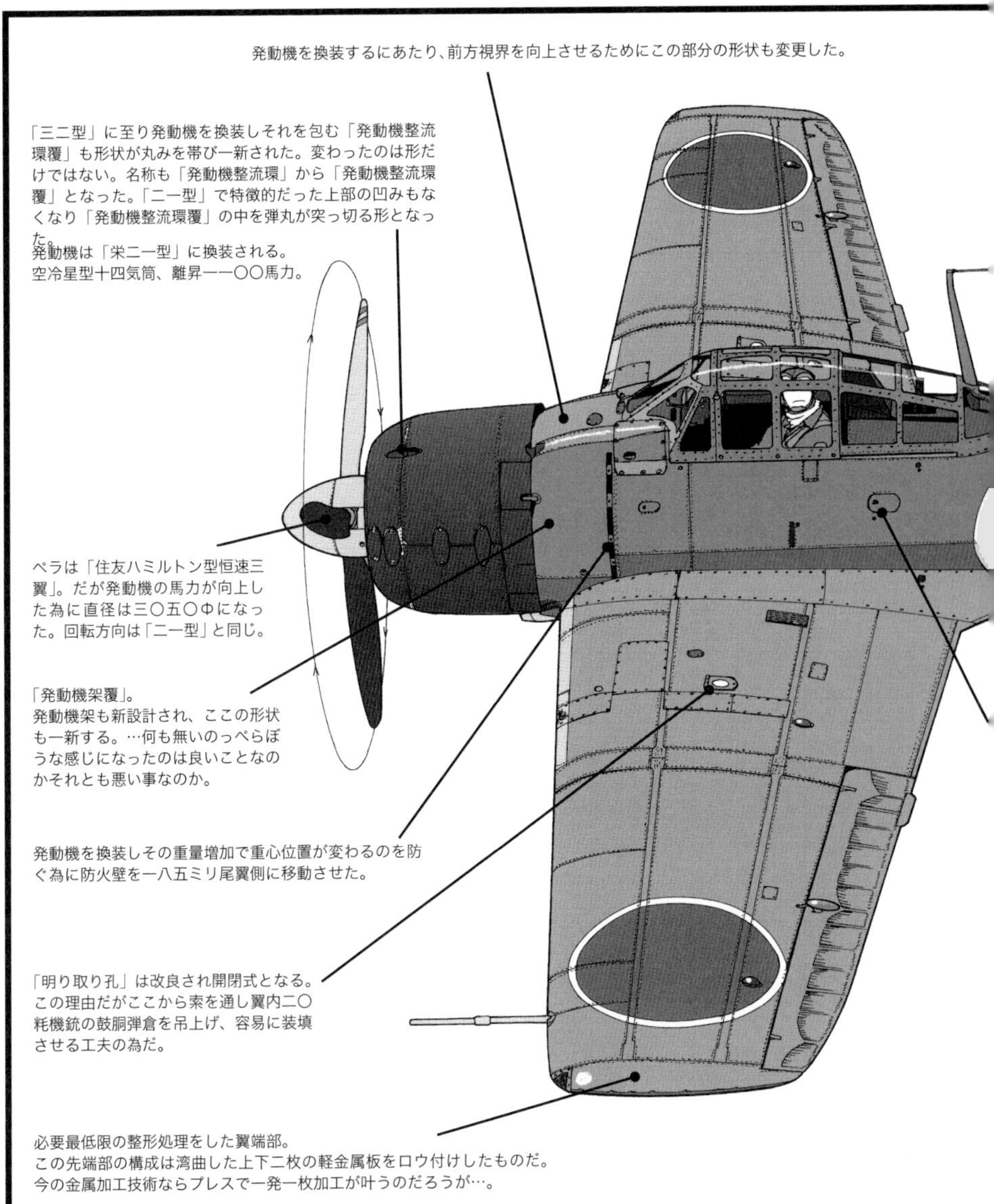

発動機を換装するにあたり、前方視界を向上させるためにこの部分の形状も変更した。

「三二型」に至り発動機を換装しそれを包む「発動機整流環覆」も形状が丸みを帯び一新された。変わったのは形だけではない。名称も「発動機整流環」から「発動機整流環覆」となった。「二一型」で特徴的だった上部の凹みもなくなり「発動機整流環覆」の中を弾丸が突っ切る形となった。

発動機は「栄二一型」に換装される。空冷星型十四気筒、離昇一一〇〇馬力。

ペラは「住友ハミルトン型恒速三翼」。だが発動機の馬力が向上した為に直径は三〇五〇Φになった。回転方向は「二一型」と同じ。

「発動機架覆」。発動機架も新設計され、ここの形状も一新する。…何も無いのっぺらぼうな感じになったのは良いことなのかそれとも悪い事なのか。

発動機を換装しその重量増加で重心位置が変わるのを防ぐ為に防火壁を一八五ミリ尾翼側に移動させた。

「明り取り孔」は改良され開閉式となる。この理由だがここから索を通し翼内二〇粍機銃の鼓胴弾倉を吊上げ、容易に装填させる工夫の為だ。

必要最低限の整形処理をした翼端部。この先端部の構成は湾曲した上下二枚の軽金属板をロウ付けしたものだ。今の金属加工技術ならプレスで一発一枚加工が叶うのだろうが…。


目に見えた「零戦」の変遷で最も衝撃的容姿がこの見開きに描いた「三二型」だろう。

米軍が本派生型のみに異る呼称名を付けたのがよくわかる。ここまで印象が変わるか…と描いた筆者自身も思うくらいだ。容姿と印象だけでも激変したのだ。「三二型」を操縦した搭乗員はもっと大きな衝撃を受けただろう。

前見開きと比較してくださると幸甚だが、均整のとれた主翼幅が目に見えてばっさりと短縮されたのは劇的かつ衝撃的な変化だ。

これは「二一型」の特長である翼端折畳み機能を廃止、必要最低限な整形を施しただけなので米軍機のような、それから戦後機のような印象を「三二型」は発する。更に発動機が換装され、それを被う「発動機整流環覆」の形状が一新され、この容姿となった。優美な「二一型」から一転、空気を切り裂いて驀進するような印象を受ける。翼端の切詰めに至った理由は『工作簡略化の為』。

イラスト&文＝**こがしゅうと**

こがしゅうとのゼロ戦大図解③
零戦五二型

「風房後部」。
こちらの透明部分は四ミリ厚の「プレキシー硝子」（アクリル）で構成される。「移動風房」と同じ厚さにすればいいのに…と思ったりするが一グラムでも重量を軽くしようとする設計者の意気込みを感じる箇所でもあるかもしれない。…曲面が多いので薄い方が工作が楽、という意味もあるだろう。

「二二型」で改められた補強し短縮した空中線支柱。引込む方法は図のような支柱を通電させる簡素なものの他に根元の小窓から引込む型等多様だ。また搭載無線機も旧式の「九六式」から小型軽量、送信機と受信機が同じ筐体に入った「三式空一號無線電話機」になった。

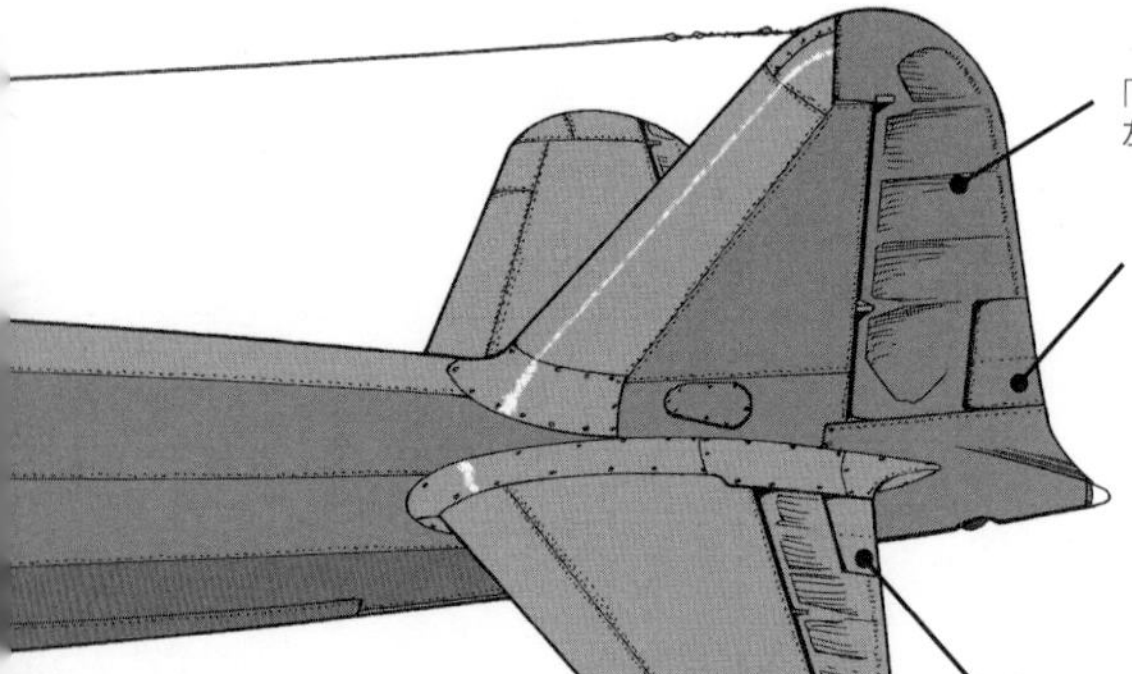

「方向舵」。
左右に三三度可動。

「方向舵修正装置」。
「五二型」に至り、今まで後付け感に充ち満ちていたここは方向舵の一部に組み入れられる容姿となった。これで飛行中でも搭乗員の手により真っ直ぐ飛行出来る位置に調整が出来るようになった。

「枠形空中線」。
輸入した「クルシー式無線帰投装置」が「五二型」の頃にはこれを国産化した（と云っても見取り品という名目でのモグリ生産）「一式空三號無線帰投方位測定機」に切り替わった。空中線部分の線輪は布テープで巻いたものだ。

「昇降舵修正装置」。
「零戦」一般的な数値として「上舵」二八度、「下舵」二〇度。

「昇降舵」。
「零戦」一般的な数値として「上舵」二七度、「下舵」二一・五度。

「五二型」以降の「零戦」には手動装填式で電動発射の「九九式二〇粍二号機銃三型」が搭載される。…ここの「圧搾空気補充口」は形骸化しているように思うのだが。尚、手動装填は飛行中に搭乗員が行なうというものではなく、地上で整備員の方々がクランク状の転把を使い、卑近な表現で恐縮だがクソ重たい発條を圧縮させて行なう。

「機体釣上装置」後方釣上部。
『吊上』ではなく『釣上』なのが面白い。
ここと防火隔壁の発動機架にシャックルを掛け機体を吊る。

主文にて外鈑を増した…と述べたがこれは全てではない。主翼後縁部分は「二一型」らと同じ厚みだ。

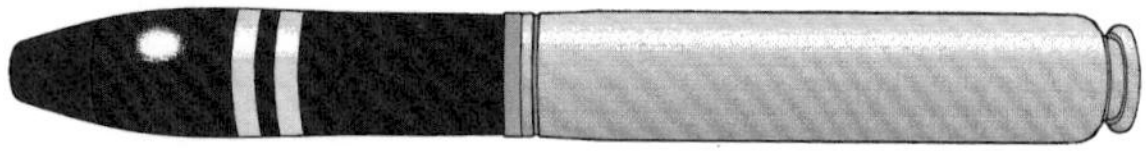

「五二型」は「二二型」まで搭載されていた「一號銃」と称された短銃身のものではなく「九九式二〇粍二號機銃三型」となった。銃身が長くなっただけではなく、図の「二〇粍二號実包」を御覧になってくだされば幸甚だが弾頭竝薬莢が一新され長いものになった。発射薬も増えたのだ。弾道は低伸する。しかし弾倉は相も変わらずの鼓胴弾倉。携行弾数も一〇〇発のままだ。

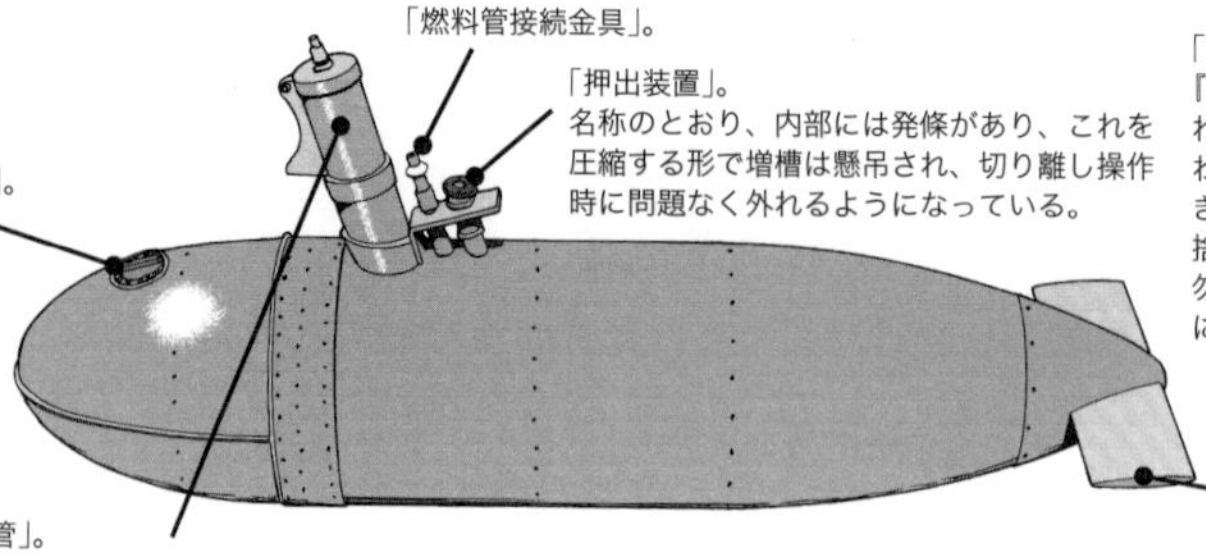

「燃料管接続金具」。

「押出装置」。
名称のとおり、内部には発條があり、これを圧縮する形で増槽は懸吊され、切り離し操作時に問題なく外れるようになっている。

「燃料積入口」。

「二一型」のページでも述べた『増槽』だが「五二型」で使われるころには色々と容姿が変わってきた。材質も軽金属が引き続き使用されていたが、使い捨てに準ずる扱い故にこれでは勿体無いということになり木材に切り替わって行く。

追加された「安定板」。

「増槽支持導管」。
この筒だけで重さ三〇〇キログラム以上を吊下げ、かつ高速の風圧に堪えるのだ。…少々不安になるではないか。

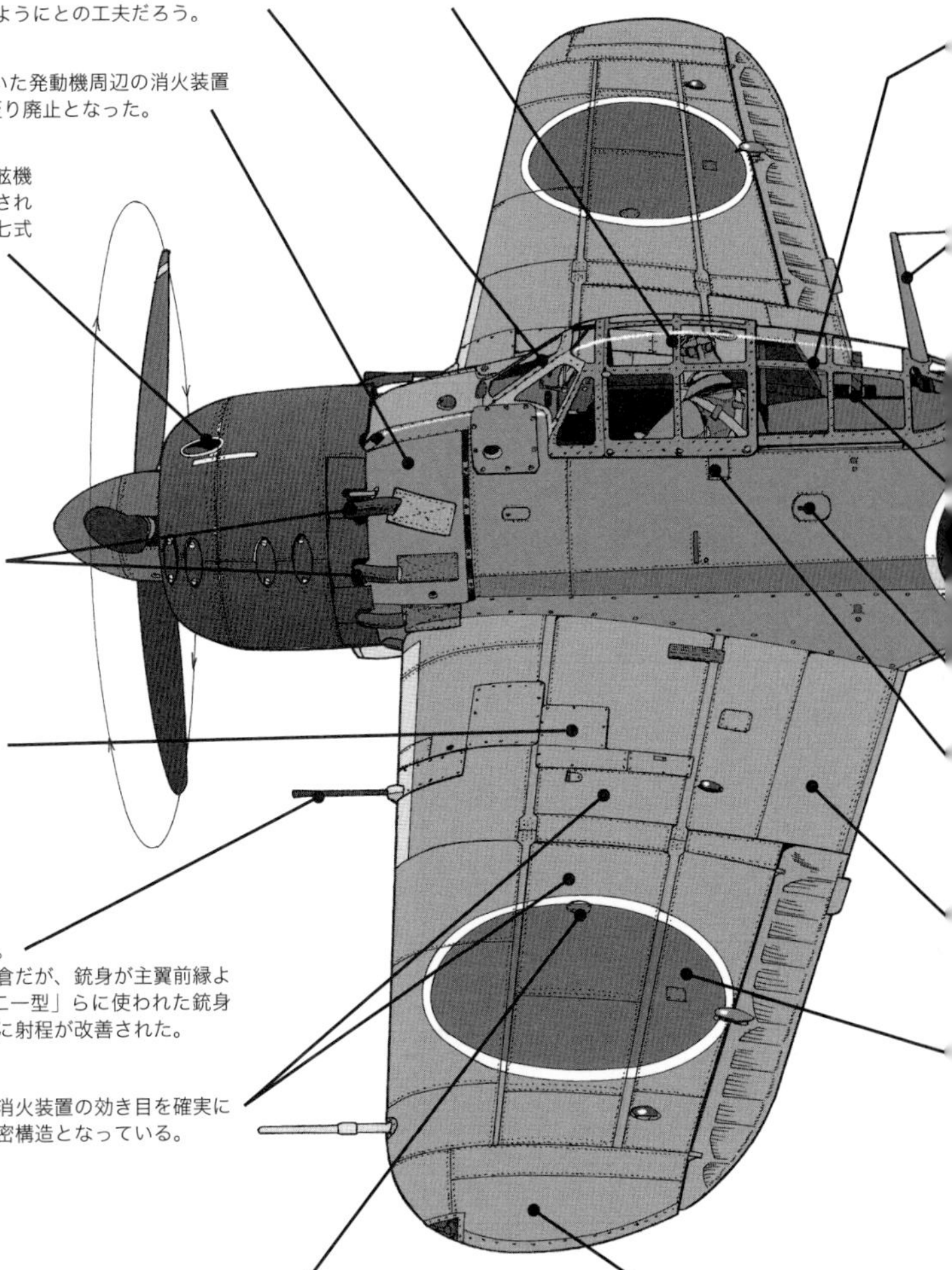

「遮風板」。

頂部以外の五面は六ミリ厚の「強化磨硝子」。資料によって解釈が異るが二ミリ硝子を三枚貼合せたものだ。防弾云々よりも割れた時に飛び散らないようにとの工夫だろう。

「移動風房」。

戦後の我々が使う『風防』でないのが面白い。透明部分は五ミリ厚の「プレキシー硝子」（アクリル）で構成される。

「二二型」までに装備されていた発動機周辺の消火装置（手動操作）は「五二型」に至り廃止となった。

「五二乙型」に至り、機首右舷機銃のみは十三ミリ機銃に換装された。左舷の機銃は延々と「九七式七粍七固定機銃」のままだ。

「二二型」まで使われていた集合排気管は「五二型」に至り廃止。集合排気管部分は部分的に存在するが大部分は単排気管となった。集合排気管と比較し重量は三キログラム増したが製造工程は明確に減った上に交換が楽になった。その上で単排気管の『ロケット効果』により、最大速度を増すことが叶った。

搭載機銃の変更に伴い「機銃前方取付用孔覆」竝「機銃前方取付用孔覆」の形状と留めピンの数が変更となる。

「九九式二〇粍二號機銃三型」。

弾倉は相も変わらずの鼓胴弾倉だが、銃身が主翼前縁より突き出したものになる。「二一型」らに使われた銃身の短い「一號銃」に比べ明確に射程が改善された。

この区画は自動消火装置の効き目を確実にさせるために気密構造となっている。

「二二型」以降に追加された外翼燃料槽。

全幅は「三二型」と変化はないが本格的整形を施した翼端部。補助翼の先端部も「丸型」とした。


翼端の簡易化と発動機を換装し、期待をした「三二型」だったが想定していた性能が出なかった。そこで「二一型」の主翼に燃料槽を追加し、「三二型」に搭載した発動機とそれにより発生する重心点の移動に伴い防火壁位置を尾翼側にずらす云わば折衷案たる「二二型」が誕生したのだが…それでもまだ物足りない出来であった。そこで「三二型」の急造感漂う翼端部を丁寧な整形を施し、それに伴い補助翼も形状変更、主翼燃料槽には自動消火装置を追加、機銃は低伸弾道のモノに…と本格的な改装となった。具体的には前ページと同じく目に見える変遷はこの見開きの引出線で述べるが「三二型」に施した改造が小改造に思えるほどに大々的な手直しをしたのが「五二型」と呼称される派生型だ。「五二型」の特筆すべき点はそれ以前の派生型を構成する外鈑厚より〇・二ミリ増した点だ。これにより強度が増し、急降下制限速度が三六〇節まで引上げられた。

イラスト&文＝こがしゅうと

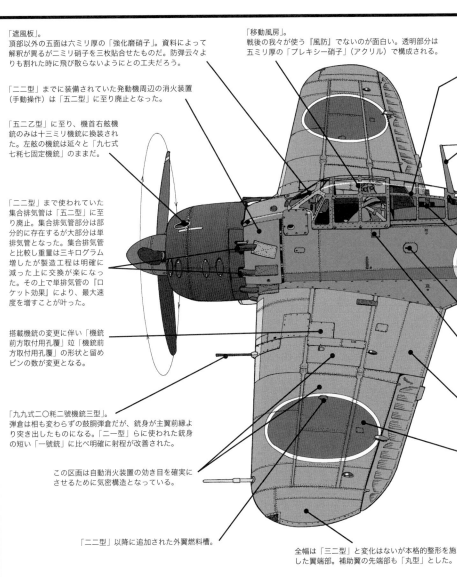

こがしゅうとのゼロ戦大図解④
零戦五二丙型

前胴体と後方胴体の結合金具を軽金属製から鋼鈑製にし、結合ボルト径を増大。

重量増加に伴い尾輪に負担が掛かる為に設置隔壁を補強。

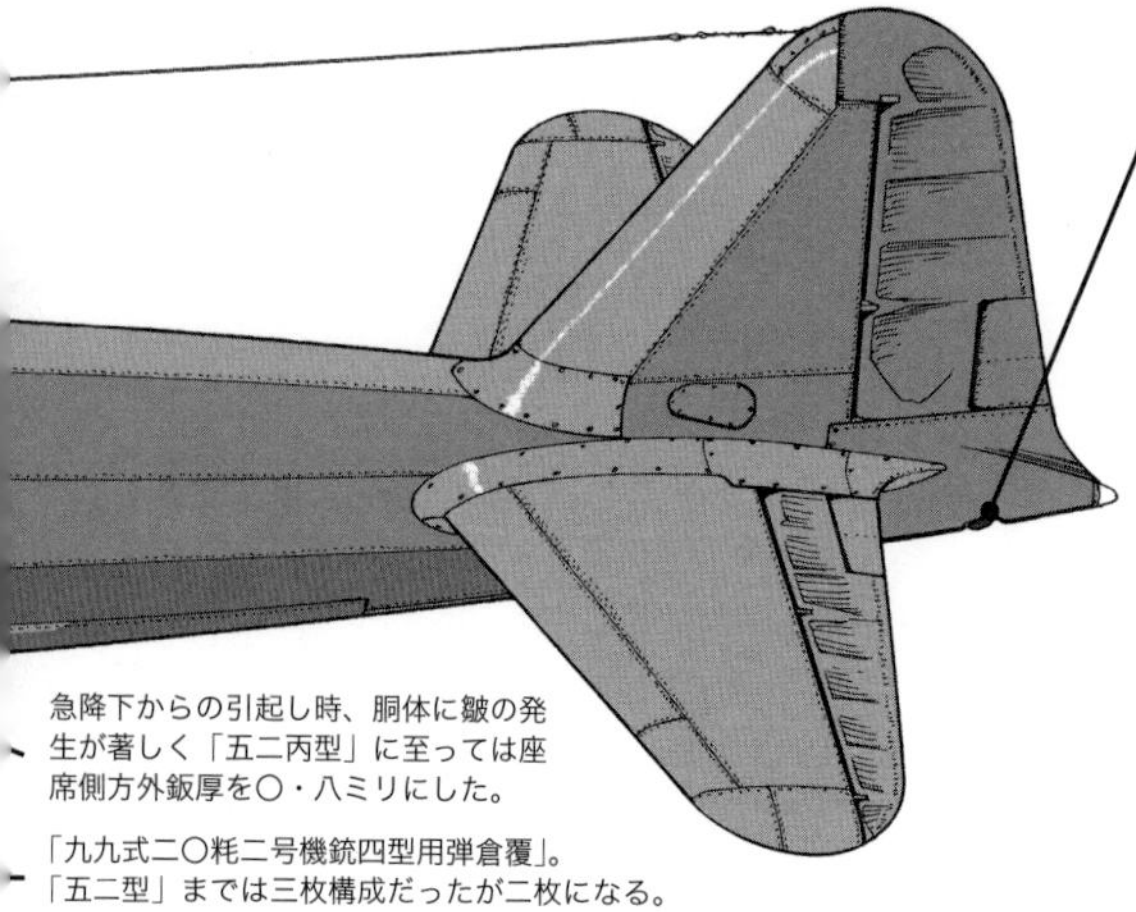

急降下からの引起し時、胴体に皺の発生が著しく「五二丙型」に至っては座席側方外鈑厚を〇・八ミリにした。

「九九式二〇粍二号機銃四型用弾倉覆」。「五二型」までは三枚構成だったが二枚になる。

「三式十三粍固定機銃実包」。「假稱三式一番二十八號爆弾」と同寸で描いていないことを断っておく。「三式十三粍固定機銃」の実包は艦艇搭載機銃の「九三式十三ミリ機銃」と同じものだ。「三式十三粍固定機銃」自体は米軍の主力機銃の「M二」を見取り品（デットコピー）したもの。弾丸もそうすればいいものを…と一瞬思ったのだが他の銃との共用が可能という方がもっと良い。口径が二〇ミリ機銃よりも小さいが「一號銃」の実包とほぼ同じ長さが示すとおり、発射薬の量が多く、従って強力で低伸弾道のテッポウだ。これは「M二」の良い部分を受け継いだのか、それとも「九三式十三ミリ機銃」のを受け継いだのか。あるいは両方の善きトコロを受け継いだのか。

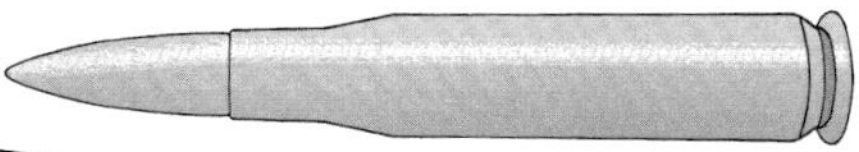

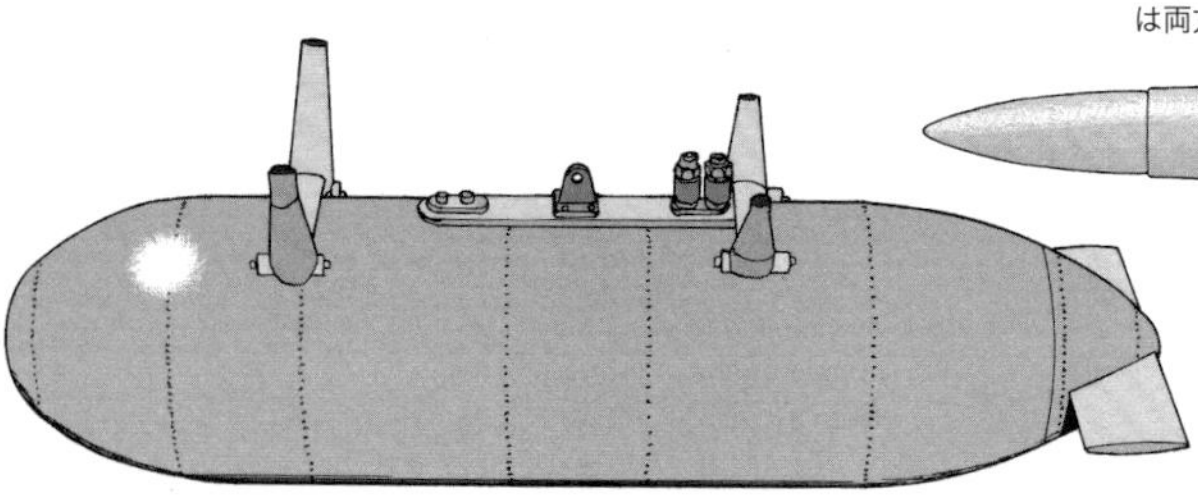

「五二丙型」に使われた増槽は「三三〇立型」とは異り「三〇〇立型」と称する他の航空機にも使用される統一型増槽だ。材質も軽金属は極力使用しないように改められ木材を使っている。蒸したベニヤ板を円筒形に加工して外板を構成する。

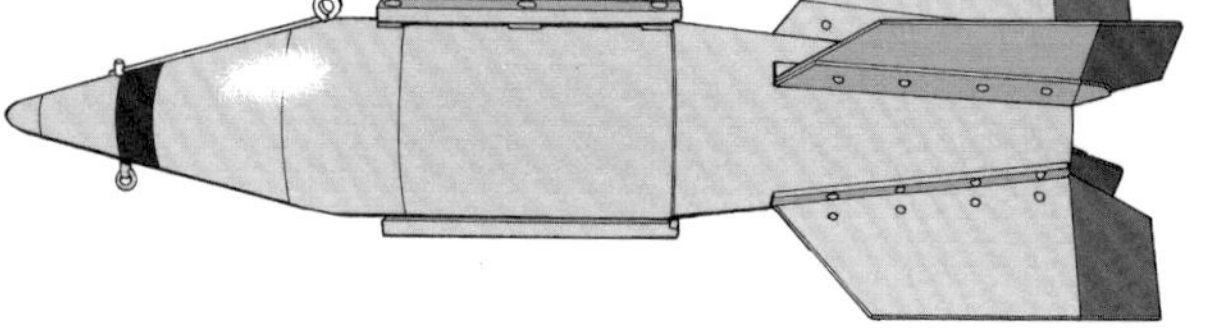

「五二丙型」は重武装だと述べた。その中で特に目立った装備として「假稱三式一番二十八號爆弾」の存在を挙げることが出来る。筆者はこの爆弾を愛している。これが発射出来るから「五二丙型」を愛している、とも云えるのかもしれない。…おや、爆弾ならば『投下』ではないかと思われた貴兄貴女らには補足説明を。名称こそ『爆弾』だがその実体は噴進弾。四〇〇メートル／秒と高速だし、炸薬も多く内蔵され、これが一発でも当たれば「B二九」ですらも粉々になる威力を持つ凄い兵器なのだ。「五二丙型」は両主翼下に格子状の如何にも空気抵抗の大きそうな投射器を設置、この爆弾を両翼で一〇発懸吊する。この為に「五二丙型」は主翼前縁下面には専用の投射器固定用の懸吊装置を追加した。

「三二型」で性能向上のヒントを得、「五二型」でそれを実現化させた。そしてその欲求を更に高めたのが本見開きで描く「五二丙型」だ。筆者にとっての「零戦」とは本派生型を指す代名詞でもある。本派生型を筆者は愛している。それは追々各所で述べるとして無印「五二型」から「五二丙型」へ至った変遷箇所を本主文と引出線部分で述べたい。

総じて云える点として「五二型」以上に外鈑厚を増すことにより急降下制限速度を引上げ、敵射弾が搭乗員に及ばないよう防弾鋼鈑と防弾硝子を追加、更に武装も強化した派生型だ。「三二型」が発動

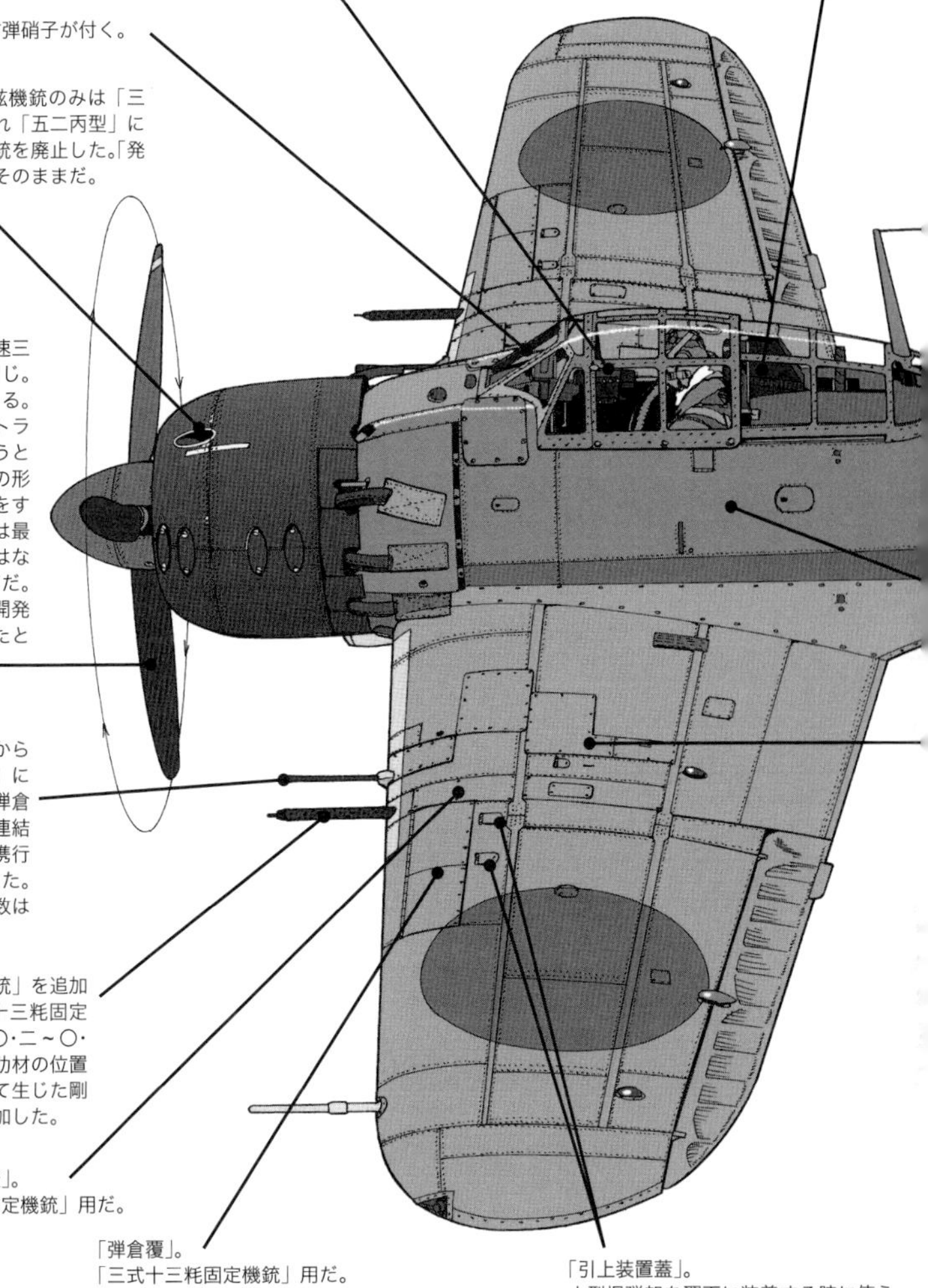

「三式十三粍固定機銃」は長い。この機銃を胴体銃とすると操縦席内に飛び出し、搭乗員の右肩に当たりそうな位置まで突き出る。

操縦席後部には五五ミリ厚の台形状をした防弾硝子が装着される。また操縦席後部には取り外し式の八ミリ厚防弾鋼鈑が付く。

「遮風板」には四五ミリ厚の防弾硝子が付く。

「五二乙型」に至り、機首右舷機銃のみは「三式十三粍固定機銃」に換装され「五二丙型」に至っては胴体内左舷七粍七機銃を廃止した。「発動機整流環覆」に残る銃口はそのままだ。

ペラは「住友ハミルトン型恒速三翼」。「三二型」からずっと同じ。一種妄信的な使用感すら感じる。この使い慣れたペラの選択でトラブル等は出尽くしているだろうとは思うのだがもう少しペラ翼の形状を幅広にする等の形状改良をすれば推進効率も高まり、それは最大速度の向上に繋がったのではないだろうか…と愚考する次第だ。戦中の流体力学はホントに未開発だった。故に挑んで欲しかったと筆者は悔しく思う。

主翼二〇機銃も「五二甲型」から「九九式二〇粍二号機銃四型」に改められた。それまでの鼓胴弾倉方式から「挿弾子」で実包を連結するするベルト給弾となり、携行弾数も一二五発（片翼）となった。尚外側の十三粍機銃の携行弾数は倍の二四〇発（片翼）だ。

主翼内に「三式十三粍固定機銃」を追加（両舷）。それに伴い、「三式十三粍固定機銃」弾倉部は外鈑厚を更に〇・二～〇・四ミリ増し、その都合で主翼肋材の位置を胴体側に移動、これによって生じた剛性力を補強する為に当鈑を追加した。

「機銃作業孔蓋」。

「三式十三粍固定機銃」用だ。

「弾倉覆」。

「三式十三粍固定機銃」用だ。

「引上装置蓋」。

小型爆弾架を翼下に装着する時に使う。

イラスト&文＝**こがしゅうと**

機換装をし速度向上型とするなら「五二丙型」は安全性を高めた派生型と云えるだろう。

増えた重量を相殺させる為に発動機は性能向上型に換装するつもりだったがこれが頓挫という悲しい結果で本「五二丙型」は離陸距離も各種「零戦」派生型中最も長く、旋回性能、航続距離、上昇力等、軒並み低下したが前述のとおり物理的な安全性の向上が盛り込まれた。画期的「零戦」派生型だと筆者は考える次第だ。当時の搭乗員達は「五二丙型」を『改良型じゃない、改悪型だ』と述べていたそうだが、その真意を真顔で述べる熟練搭乗員の数も大幅に減ってしまった中だ。残った若い搭乗員達の命を守る装備は必要不可欠であると思うし、同時期に最新鋭機と持て囃された戦闘機達は整備と操縦の難しさで稼働率も能力も低下する一方の中、飛べて使える戦闘機として「五二丙型」は相応に存在価値があった機材だと筆者は考えている。では「五二丙型」とはどんな「零戦」だったのか。引出線を御覧になってもらうと筆者は幸甚だ。

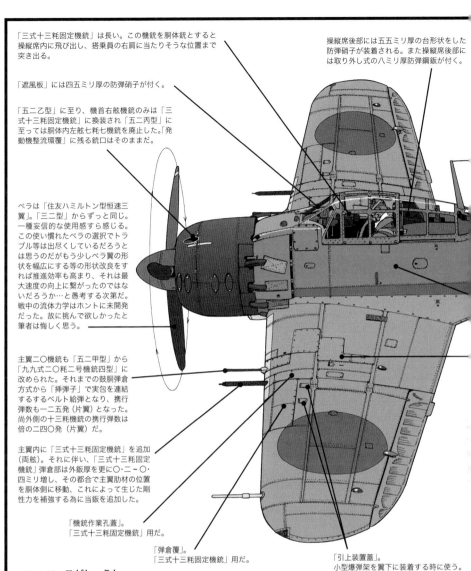

坂井三郎がガダルカナル島付近で被弾した時に身に着けていた
飛行帽・飛行眼鏡と血染めのマフラー〔写真提供：坂井スマート道子〕

坂井三郎（さかい・さぶろう）

1916（大正5）年8月26日、佐賀県に生まれる。青山学院中学部を中退し、1933（昭和8）年に海軍に入る。戦艦「霧島」、「榛名」の砲手をへて、1937（昭和12）年に霞ヶ浦海軍航空隊操縦練習生となり首席で卒業、戦闘機操縦者となる。1938（昭和13）年の初陣以来、九六艦戦、零戦を駆って太平洋戦争の最後まで大空で活躍。200回以上の空戦で敵機大小64機を撃墜したエース（撃墜王）。海軍中尉。2000（平成12）年9月22日、逝去。

坂井三郎「大空のサムライ」と零戦の真実

2023年1月21日　第1刷発行

編　者　「丸」編集部

発行者　皆川豪志

発行所　株式会社　潮書房光人新社

〒100-8077
東京都千代田区大手町1-7-2
電話番号／03-6281-9891（代）
http://www.kojinsha.co.jp

装　幀　天野昌樹

印刷製本　サンケイ総合印刷株式会社

定価はカバーに表示してあります。
乱丁、落丁のものはお取り替え致します。本文は中性紙を使用

ISBN978-4-7698-1696-6 C0095